周裕锴禅学书系

中國禪宗與詩歌

周裕锴 著

復旦大學出版社

周裕锴，1954年生，成都华阳人。文学博士，四川大学文学与新闻学院二级教授、博士生导师，中国俗文化研究所研究员。四川省学术与技术带头人，国务院特殊津贴获得者。任中国苏轼学会会长，韩国东方学会、中国宋代文学学会、中华诗教学会副会长，《文学遗产》、《中国诗学》、人大复印资料《古代近代文学研究》等刊编委，日本大阪大学客座研究员，台湾东华大学、台湾大学客座教授。著有《中国禅宗与诗歌》《宋代诗学通论》《中国古代阐释学研究》《文字禅与宋代诗学》《禅宗语言》《法眼与诗心》《宋僧惠洪行履著述编年总案》《语言的张力》等书，为《苏轼全集校注》三位主编之一。

目　录 ○

前言

佛种东传，遍播华土，与中国固有的传统文化相杂交，经过选择、淘汰、同化、变异，在中国思想、文化、艺术领域绽开了缤纷的花朵，而禅学与诗学的相互渗透无疑是其中最绚丽多姿而又久开不败的奇葩。

诗禅相通是中国智慧和印度智慧相融合的象征。人们常说，中国是诗歌的国度。又说，禅宗是中国化的佛教。因而，佛教的中国化在很大程度上是指佛教的诗化，禅宗发展史的种种事实正鲜明地展现了这一诗化过程。由“背境观心”的闭目冥想到“对境观心”的凝神观照，由“孤峰顶上”的避世苦行到“十字街头”的随缘适意，由枯燥繁琐的经典教义到活泼隽永的公案机锋，无论是静观顿悟还是说法传教，由于中国诗文化的熏染，禅宗日益抛弃了宗教的戒律而指向诗意的审美。至于禅宗对诗歌的渗透，更不待言。唐宋以来的诗论及创作，到处闪现着禅学的影子。我们可以开出一长串习禅诗人的名单，可以编成若干册禅意盎然的诗集，可以纂辑一大本以禅喻诗的诗论资料，还可以从影响深远的意境、韵味、活法、饱参、妙悟、兴趣、童心、性灵、神韵等一系列诗论中，发现与禅宗的千丝万缕的联系。由于禅宗意识的渗入，中国诗人从观照、欣赏到构思、表现的方式都发生了深刻的变化，艺术思维日益由浅直粗糙走向深微精美，中国古典诗歌也开辟出不同于儒家传统诗教的新境界。

诗禅相通而互为参照系，显然为中国的宗教与艺术研究提供了新的视角。且不说从诗的角度谈禅有助于我们把握禅宗作为宗教哲学的特殊性质（我以为禅宗的本质是一种诗化的宗教哲学），单就禅对诗的影响而言，就涉及中国诗学的创作论、鉴赏论、风格论、艺术史哲学、思维方式、语言符号结构等重要理论问题，涉及诗歌理论、诗歌史、诗歌批评三方面诗学内容。正因如此，研究诗歌和禅宗之间的种种关系，对于我们认识中国的诗学传统、总结中国文学史的发展规律、构建富有民族特色的诗学理论体系，尤有重要的启示意义。

本书正是力求成为一部系统研究中国禅宗史和诗歌史关系的专著：勾勒禅宗的嬗递轨迹，探讨诗人和禅、禅僧和诗的联系，追寻偈颂的诗化过程，描述在不同禅风影响下中国诗歌各个历史时期、不同流派诗人的风格特点，揭示诗禅契合的各个层面，阐释以禅喻诗的各种形态及其美学内涵，进而展示中国诗学的演进规律及其民族特征。

“禅玄无可示，诗妙有何评？”（齐己《逢诗僧》）参禅作诗是一种神秘的直觉思维过程，禅与诗的妙处有如“羚羊挂角，无迹可求”。谈禅说诗，岂容易哉！然而，禅对诗的渗透或诗对禅的吸收，最终都凝固成一个个语言符号，而且禅宗虽标榜“不立文字”，最终还是“不离文字”，有那么多偈颂语录、公案话头供学人参究领会。所以，我有这样的信念：完全可以通过诗和禅留下的语言符号，去剥开其物质外壳下包藏着的精神内核，去发掘其表层结构下覆盖着的深层结构。诚然，对语言符号的剖析难免有“死于句下”、“堕入理障”之嫌，难免会丧失诗和禅某些精妙的东西，但总比“只可意会，不可言传”的搪塞要真诚切实一点，何况这种剖析或许还能揭示出禅师和诗人都尚未自觉到的精彩内容呢！

其实，谈禅说诗的真正困难之处不在于二者本身的玄妙精微，而在于一千多年的双向渗透过程中产生的极为庞杂的现象。如果把我们的考察对象比作名山大川，那么，如何选择一种与此庞大景观相对应的观照方式就显得尤为重要。从时间角度看，诗禅相通好比一条源远流长、波澜变化的大河，其上游、中游、下游各有不同的形态。禅在变迁，诗在发展，静态地考察诗禅的异同，有如分析河流的横截面，只能得到片面的知识。“随流始得妙，住岸却成迷”（《五灯会元》卷十四兴元大浪和尚语），因而本书尽可能沿着这条长河顺流而下，寻幽访胜，阐明不同时期禅宗与诗歌相互融合的主要特点，从历史发展中把握诗禅精神。从空间角度看，诗禅相通好似叠嶂起伏、云遮雾绕的大山，“横看成岭侧成峰，远近高低各不同”，其“真面目”是极难把握的。不过，我想通过横看、侧看、远看、近看、高处看、低处看等不同的角度去观照，毕竟比站在一个地方去仰观俯察更能接近把握山的“真面目”。因而本书尽可能运用多视角透视：微观的诗法讨论，宏观的美学概括，横向的诗禅相通的内在机制，纵向的诗风禅风的演变轨迹，以期勾勒出这座大山的总体风貌。

由于研究对象涉及不同的文化领域，所以我有意无意地采用了比较文学常用的两种研究方法：一是影响与模仿的研究（Influence & Imitation Study），注意发掘诗与禅的“事实联系”；二是平行研究（Parallel Study），着重比较诗与禅作为两种不同的文化形态在文化精神方面的共通性。或许，前一种方法可以避免生拉硬扯的牵强附会，后一种方法可以防止执著一端的偏激狭隘。我始终相信，人类的心智概念的形式具有某种普遍性，这不仅表现在诗与禅两种文化的双向渗透和彼此对应上，也体现于中国和西方在思维方式、语言艺术、审美意识方面的某些默契暗合上。基于这种认识，本书在注意探讨总结民族诗学特征和规律的同时，也力图将其纳入具有世界文化背景的现代诗学体系之中。总之，从比较中认识对象，发现特征，总结规律，是我研究诗禅奉行的基本准则。各种内容、各个层次的比较，构成本书的主要骨架，如渐修与顿悟、公案禅与看话禅、禅偈与僧诗、唐诗与宋诗、参禅与打诨等，单看目录就可略见一斑。

由于研究对象的关系，本书既未过多挞伐禅宗的唯心主义实质和精神鸦片的作用，也未特别指出禅宗对国民心理封闭性的消极影响，因为批判的工作早已有人做了并还会有人去做，读者也早具备了免疫力，用不着我饶舌。本书倒是更多地注意禅宗对艺术思维的积极影响，注意禅宗对中国诗学发展举足轻重的意义。因为我相信，一个延续了上千年的文化现象必然有其现实的合理性，必然蕴含着一个民族甚至整个人类都能理解接受的智慧的结晶。

面对着玄妙而又庞杂的研究对象，我常常感到苦恼和困惑，好在有前人和时贤的宏论巨著供我参考借鉴，往往在山穷水尽之处，又见柳暗花明。为了使研究更系统全面，本书汲取了不少他人的研究成果，博采众长而“夺胎换骨”。不过，这“百衲衣”的基本样式和主要布料还是笔者自己裁剪的，并自信有“自家实证实悟者”，有“自家闭门凿破此片田地，即非傍人篱壁、拾人涕唾者”。至于是否能“断千百年公案”，读者自会鉴别，而我则真诚地期待着批评和指教。

一九九一年六月二十五日

于川大铮楼

第一章 ◎ 禅学的诗意

一、拈花微笑与面壁九年

无论是禅宗典籍记载的禅宗发展史，还是禅宗的思想观念和行为方式的发展史，都是对印度佛教繁琐经义的背叛，对印度佛教所提倡的苦行、戒律、禁欲等以长期艰苦磨难为解脱途径的方式的背叛。从世俗生活中体会宗教感情，从审美过程中获得神学启悟，这就是中国禅宗的特色，它从一开始就染上神秘的诗意色彩，一开始就和诗学结下不解之缘。

先看一则禅宗最早的“教外别传”的传说，据《五灯会元》卷一记载，当年佛祖释迦牟尼在灵山聚众说法，拈花示众，听者都不明白其中的奥妙，只有迦叶尊者破颜微笑。佛祖对他的心领神会格外赏识，当众宣布把“正法眼藏”付嘱摩诃（梵语“大”之意）迦叶。于是，聪明的迦叶成了禅宗的开山祖师。所谓“正法”，即全体佛法；“眼”，指朗照宇宙；“藏”，指包含万物。“正法眼藏”即佛家所指至高无上的真谛妙论。这种伟大佛法的内容是："涅槃妙心，实相无相，微妙法门，不立文字，教外别传。"也就是所谓"以心传心"的禅宗宗旨。这则传说当然是禅宗门徒为争佛门正统而臆造出来的，不过，它却集中鲜明地展示了禅宗精神。

佛祖拈花，迦叶微笑，这是一幅多么动人的画面。没有谆谆教诲，也没有滔滔雄辩，只有两位智者间的"心有灵犀一点通"，那拈花的动作中包含着无穷的妙谛，那微笑的神态中闪烁着悟性的光辉。繁缛严肃的宗教承传在这里成为一种简洁平易的心灵交流，是这则传说的第一个意义。禅宗认为，佛教的真谛只有靠内心神秘的体验才能体会到，而任何语言文字都无法表达这种体验，"悠然心会，妙处难与君说"，以沉默的微笑来代替悟道的喜悦，是这则传说的第二个意义。佛教典籍中常以花喻佛性，拈花示众，即以暗示象征代替言说阐释。用花作为传教的媒介，实质上就是用形象直觉的方式来表达和传递那些被认为本不可以表达和传递的东西，是这则传说的第三个意义。一花一世界，一叶一乾坤，花既是可供观赏的自然物象，又是体现佛性的一种符号，因观花而悟道，由诗的审美情味指向禅的神学领悟，是这则传说的第四个意义。

禅宗称自己为"宗门"，称别的佛教宗派为"教门"。所谓"不立文字，教外别传"，实际上是"教上别传"，超佛越祖之谈。禅宗并非不要佛教教义，而是把教义看作宗门的"第一义"。"第一义"是不可言说的，所以南岳怀让禅师说"说似一物即不中"（《古尊宿语录》卷一），清凉文益禅师说"我向尔道"的已是"第二义"（《五灯会元》卷十）。拈花微笑的传说的精神实质正在于此。《云峰悦禅师语录》的一则公案很典型：

上堂，僧问："灵山拈花，意旨如何？"师云："一言才出，

驷马难追。”进云：“迦叶微笑，意旨如何？”师云：“口是祸门。”（《古尊宿语录》卷四十）

一落言筌，便成谬误；若经道破，已非真实。因而驷不及舌，“口是祸门”。后世的宗门公案里之所以有那么多莫名其妙的动作，如天龙、俱胝禅师的“一指头禅”（见《五灯会元》卷四），百丈、黄檗禅师师徒间的耳掴相见（见《景德传灯录》卷九），还有所谓“德山棒、临济喝”，其实都和拈花微笑如出一辙，不用言语，而用动作来示教或示悟。

据说摩诃迦叶所领悟的“正法眼藏”在印度传了二十七代，到了第二十八代菩提达摩，正当中国的南北朝时代。达摩渡南海到中国传教，于梁武帝普通七年（526年）到达广州，舍筏登岸，受到了刺史萧昂的礼遇。达摩在金陵见到笃信佛教的梁武帝：

梁武帝问达摩大师：“如何是圣谛第一义？”摩云：“廓然无圣。”帝云：“对朕者谁？”摩云：“不识。”帝不契。（达摩）遂渡江，至少林，面壁九年。（《从容庵录》卷一）

梁武帝哪里知道“正法眼藏”的精义，被达摩没头没脑的话给懵住了。达摩知他是个钝根，大失所望，渡江北上。他在嵩山少林寺，“面壁而坐，终日默然，人莫之测，谓之壁观婆罗门”（《五灯会元》卷一）。因此，后人把达摩的禅法（习禅方式）称为壁观禅。

壁观禅是早期禅宗的一种重要禅法。《续高僧传》说明壁观禅的相貌是：“舍伪归真，凝住壁观，无自无他，凡圣等一，坚住不移，不随他教，与道冥符，寂然无为。”也就是所谓“参禅打坐”（凝神静坐）。旧的禅定方法，有种种繁琐的规定，坐禅有五大法门——调息、不净、慈悲、因缘、念佛，还有四禅定——坐禅修行的四个阶段。而达摩打破了这些规定，提出了“理入”和“行入”的修行方法，“理入”就是在禅定中体悟到超越现实的真如境界，“行入”就是在禅定中得失随缘，在精神上排除苦难、忧患和欲求。不过，这种禅法还带着印度禅学的痕迹，与后来南宗禅的通脱大不相同。虽然南宗兴起后反对坐禅，但禅定的方式却不仅流行于隋、唐时期，而且贯穿于整个禅宗发展史的始终。因为坐禅与中国道家思想中的“心斋”、“坐忘”有相通之处，在封建士大夫中间始终很有市场。

禅在梵语中是沉思，译为思维修或静虑，它的意思是将散乱的心念集中，进行冥想，止息意念，得到无我无念的境界。然而，根据现代心理学的研究，这种凝神沉思的状态，正是人的潜意识十分活跃的时候，往往能使人下意识产生无数奇幻的联想。另一方面，以禅定的方式进行直觉观照与沉思瞑想，人的思维就会摒弃逻辑和理性的制约，观照的对象与人的心灵相互交融，浑然莫辨。这对于哲学和逻辑学是一种谬误，但对于艺术创作与欣赏却有极宝贵的价值。

不少诗人意识到禅定式的观照对诗歌创作的重要意义。唐人刘禹锡曾经夸赞一位和尚的诗，认为这与僧人的禅定有着密切的关系，即所谓“因定而得境”，“能离欲，则方寸地虚，虚而万景入”(《秋日过鸿举法师院便送归江陵引》)。最著名的是苏轼在《送参寥师》诗中提出的观点：

> 颇怪浮屠人，视身如丘井。颓然寄淡泊，谁与发豪猛？细思乃不然，真巧非幻影。欲令诗语妙，无厌空且静：静故了群动，空故纳万境。

空和静就是一种禅定状态，排除一切外界干扰的空心澄虑的静默观照，万象毕来，呈现眼前，景象不知不觉进入脑中，没有理智和逻辑的介入，这就是诗思的状态。这里没有“斗酒诗百篇”的豪猛，只有“诗从静境生”（齐己《寄酬高辇推官》）的淡泊。

二、渐修与顿悟

少林寺的达摩被禅宗奉为东土初祖，他把禅学奥旨又传给了一个中国高僧慧可，是为二祖；慧可传给僧璨，为三祖；僧璨传给道信，为四祖；道信传给弘忍，为五祖。弘忍有两个得意弟子：神秀（606—706年）和慧能（638—713年）。据《坛经》记载，慧能二十四岁往蕲州黄梅（今属湖北省）东山寺参拜弘忍。弘忍先令慧能在寺内随众作劳役，于碓房踏碓舂米。弘忍将传法衣，上座弟子神秀先写了一个得法偈于廊壁上，其偈说：

身是菩提树，心如明镜台。时时勤拂拭，莫使有尘埃。

然而这一偈未得弘忍心许。慧能虽不识字，也请人于壁上代书一偈，其偈说：

菩提本无树，明镜亦非台。佛性常清净，何处有尘埃。

慧能这一偈，把菩提树、明镜台都看成虚无的，自然要比神秀对“空”的理解彻底得多，因而得到弘忍的赏识，密授以法衣（袈裟）。于是慧能成为禅宗六祖。他得到法衣后，立即南下到岭南，后于曹溪（今广东省曲江县）宝林寺弘扬佛法，提倡顿悟自性，开创禅宗之南宗。神秀在荆州玉泉寺说法，后来被武则天召至长安，倡渐修之说，称为禅宗之北宗。于是禅宗有所谓南顿北渐之分。

《坛经》记载的传衣故事不可尽信，事实上，敦煌抄本《楞伽师资记》卷一就是把神秀当作弘忍的接班人的。而且，据神秀和弘忍禅法之间的关系来看，《楞伽师资记》的说法更为可信。弘忍的“东山法门”，主张“背境观心，息灭妄念”，而神秀的北宗则要求人们“凝心入定，住心看净，起心外照，摄心内证”（《荷泽神会禅师语录》）。所以，神秀当年寻师访道，遇五祖弘忍以坐禅为务，乃叹伏曰：“此真吾师也。”（《五灯会元》卷二）可见他们的禅法都接近于达摩的壁观禅。

神秀的中心理论是：心如明镜，本自清净，只因为心不净才产生善恶差别，所以须“时时勤拂拭，莫使有尘埃”。也就是说，必须通过长期修习才能逐步领悟佛理而成佛，禅定工夫必须持之以恒，莫使心灵受外界尘埃的污染。他的偈语，完整地浓缩了佛教“戒（防非止恶）——定（息虑静缘）——慧（破惑证真）”三阶段方式，形象而又通俗地表明了佛教对于世界的理解以及对解脱方式的理解。

然而，在慧能看来，这种时时拂拭、天天坐禅实在太麻烦。既然众生都有佛性，佛即在自性中，又何必向外去求，成佛只在一念之悟、刹那之间，顿悟自性，便可成佛，“一念愚即般若绝，一念智即般若生”（《坛经》）。这是一种何等简捷的功夫！既然成佛在于“一念”，在于刹那顿悟，那么传统佛教所主张的读经、明律、念佛、坐禅等一系列修行功夫，也就失去了重要意义。慧能对坐禅的理解也不同于神秀，他只管坐禅的实质和功能，而不在乎其静坐的形式，“无障无碍，外于一切善恶境界，心念不起，名为坐；内见自性不动，名为禅”（《坛经·坐禅品》）。从此，行住坐卧皆是禅，再不必像达摩那样面壁九年。当然，慧能并不是要完全否定渐修，他认为佛法无顿、渐之分，但人有利（聪明）、钝（愚笨）之分，有迷、悟之分，对于愚迷之人，还是要先通过渐劝手段，才能最后达到顿悟。

我们这里且不谈慧能这次宗教革新的意义，只是想说明“渐修”和“顿悟”两种修行方式对中国古代诗论的启示。慧能的弟子神会曾对顿悟说有过一段详尽完整的解释：

> 自心从本已来空寂者，是顿悟；即心无所得者，为顿悟；即心是道，为顿悟；即心无所住，为顿悟；存法悟心，心无所得，是顿悟；知一切法是一切法，为顿悟；闻说空，不着空，即不取不空，是顿悟；闻说我不着，即不取无我，是顿悟；不舍生死而入涅槃，是顿悟。（《荷泽神会禅师语录》）

这里所说的“即心是道”、“存法悟心”、“知一切法是一切法”、“不舍生死”等，都悟到诸法“如实”的存在，具有肯定现实的方面。正因如此，顿悟的结果，不是指向彼岸世界，而是指向现实人生，这就与表现现实人生的诗歌有了携手的可能。从盛唐孟浩然的“弃象玄应悟，忘言理必该”（《来阇黎新亭作》）的悟道，到晚唐齐己的“禅关悟后宁疑物，诗格玄来不傍人”（《道林寺居寄岳麓禅师二首》）的禅悟诗玄的对举，再到北宋吴可的“凡作诗如参禅，须有悟门”（《藏海诗话》）的诗禅相通说，可见随着晚唐两宋时期禅宗影响的深入，人们越来越自觉地将禅之悟与诗之悟沟通起来了。

禅悟是东方思维中的一种特有表现方式，它关系哲学心理学中常说的直觉、体验、灵感、想象、独创等，但却非其中每一概念所能涵盖，它与艺术思维能力有共通性。“禅则一悟之后，万法皆空，棒喝怒呵，无非至理。诗则一悟之后，万象冥会，呻吟咳唾，动触天真。”（胡应麟《诗薮》内编卷二）日本学者铃木大拙先生说：“禅如果没有悟，就像太阳没有光和热一样，禅可以失去它所有的文献、所有的寺庙以及所有的行头，但是，只要其中有悟，就会永远存在。”（《禅与生活》第四章）同样，诗的思维也离不开悟性，没有悟性的诗人，就像没有翅膀的鸟。悟使人心花开放，茅塞顿开，左右逢源，纵横自在，悟使诗人获得自己本心的创造能力，这种创造力正如禅家所谓的“般若智”一样，本来就潜藏在他心中。所以宋人严羽的《沧浪诗话》说：“禅道惟在妙悟，诗道亦在妙悟。”

过去学术界往往把诗之妙悟等同于禅之顿悟，其实妙悟应当包括“渐修”和“顿悟”两个阶段。一个不识字的和尚，可能不暇修持，灵心一动，即可悟道。然而，一个没有丝毫艺术修养的人，却不可能灵心一动，而写出优美的诗来。因为，禅不需用语言，诗却离不开语言。禅可以一念悟众生即佛，一念迷佛即众生（照《坛经》的说法），而诗却“意翻空而易奇，言征实而难巧”（《文心雕龙·神思》）。所以，严羽尽管声称他的学诗方法“谓之顿门，谓之单刀直入”（《沧浪诗话》），但实际上，他开的一长串须熟参的诗人的名单，以及“朝夕讽咏”的熟读方法，何尝不是“时时勤拂拭”的渐修过程。从这个意义上说，诗人的妙悟是一种渐悟，在长期艺术实践的基础上，掌握写诗的精微规律。这一精微规律如禅家的正法眼藏，必须在熟读前人大量作品的基础上，通过直觉、经验领悟到它，这就需要渐修的功夫。因此，唐宋以降以禅喻诗的诗人们常把学诗过程比作由渐修而至于顿悟的过程：

> 虽然，方外之学，有为道日损之说，又有学至于无学之说，诗家亦有之。子美夔州以后，乐天香山以后，东坡海南以后，皆不烦绳削而自合，非技进于道者能之乎！（元好问《陶然集诗序》，《遗山先生文集》卷三十七）

> 然偈不在工，取其顿悟而已。诗则一字不可不工。悟而工，以渐不以顿。（方回《清渭滨上人诗集序》，《桐江续集》卷三十三）
>
> 盖积之不厚，则其发之也浅；发之不秾，则其感之也薄。彼禅者或面壁九年，雪立齐腰，后之学诗者，其工夫能尔耶？（刘将孙《如禅集序》，《养吾斋集》卷十）

所谓技进于道，厚积工夫，都是禅家的渐修法门。吴可的一首《学诗诗》写得最为形象：

> 学诗浑似学参禅，竹榻蒲团不计年。直待自家都了得，等闲拈出便超然。

没有“竹榻蒲团”的渐修，哪来“自家了得”的顿悟，这就是诗人们的共识。

三、平常心是道

神秀的北宗在初盛唐时期红极一时，其时长安、洛阳两都之间，皆宗神秀。开元年间，慧能的弟子神会（688—762年）在滑台（今河南省滑县）大云寺设无遮大会，论定达摩禅的宗旨，阐扬慧能的顿悟法门。接着，又在洛阳楷定宗旨。自此神秀门庭渐衰，到安史之乱以后，南宗禅完全压倒了北宗禅。

然而，慧能宗风后来之所以兴旺发达，历久不衰，却不是神会的功劳，而是慧能的另外两个弟子青原行思（？—740年）和南岳怀让（677—744年）及其门人的倡导弘扬，继承发展。禅宗的心性观念在青原、南岳两系那里更进一步沿着肯定个性、肯定世俗生活的路线深化。其中，怀让的弟子马祖道一（709—788年）是开风气之先的重要人物。马祖出身于四川，初到南岳，也是结庵而居，常日坐禅。怀让知他是法器（具备传承佛法条件的人），有意去启示他，于是就有下面一则著名的公案：

> 师（怀让）乃取一砖，于彼庵前石上磨。一（道一）曰："磨作甚么？"师曰："磨作镜。"一曰："磨砖岂得成镜邪？"师曰："磨砖既不成镜，坐禅岂得作佛？"（《五灯会元》卷三，案：亦见《景德传灯录》卷五南岳怀让传，文字稍异）

马祖顿时恍然大悟，放弃了苦苦坐禅的旧法。也许是吃尽了坐禅的苦头，所以他悟道后，变本加厉，不仅排斥"时时勤拂拭"的心性修养功夫，甚至也不提顿悟自性清净心，而是认为人们的日常生活本身就具有终极真理，现实的心灵活动的全部就是佛性的显现——"平常心是道"。《马祖语录》有一段话最能代表他的观点：

> 道不用修，但莫污染。何为污染？但有生死心，造作趋向，皆是污染。若欲直会其道，平常心是道。何谓平常心？无造作，无是非，无取舍，无断常，无凡无圣。经云："非凡夫行，非圣贤行，是菩萨行。"只如今行住坐卧，应机接物，尽是道。

既然，道不用修，平常心即是佛心，所以不必断烦恼而得涅槃（指脱离一切烦恼的自由无碍的境界），烦恼本身就是涅槃；不必透过受污染的平常心去发现清净心，平常心的本来面目就是清净心。陷入迷惑的心灵本身，已经是觉悟的源头。马祖悟道后，到江西洪州聚徒说法，法嗣有百丈怀海（720—814年）等百余人，门庭极盛，形成了“触类是道”的“洪州宗”。圭峰宗密在《中华传心地禅门师资承袭图》中这样概括洪州宗的主张：

> 洪州意者，起心动念，弹指动目，所作所为，皆是佛性全体之用，更无别用。全体贪嗔痴，造善造恶，受乐受苦，此皆是佛性。

怀海的再传弟子临济义玄说得更痛快明白：“佛法无用功处。只是平常无事，屙屎送尿，着衣吃饭，困来即卧。……你且随处作主，立处皆真。”（《古尊宿语录》卷四）于一切事不执著，不粘滞，无念无心，顺应本性。这就是南宗禅活杀的自在性，随心所欲而不逾矩。禅不是体系的逻辑，而是贯穿于最寻常的世俗行为的实践。它不是有目的的修行，也不是本来的觉悟，它自身就是最充实饱满的。真理并非求于外界，也并非借助内心的理想化，它就寓于日常生活中，发挥着使人生活泼无碍的作用。撇开吃饭睡觉这些事情而去苦苦追求悟道，是根本不可能的。妙悟的奇迹不再出现于山间的冥想或静室的坐禅，而是存在于尘嚣世俗的生活之中。于是，慧能的明心见性功夫，变成了随缘自在的生活和纯任主观的体验。于是，作为宗教的中国禅，已不再向思想方面发展了，而是渗入无限的个体之中，与日常生活血肉相连。

南宗的慧能、怀让、马祖等人都在较为偏远的广东、湖南、江西一带传教，不少禅师都有参加体力劳动（如砍柴、割草、挖地、种菜）的经验，与那些出入宫禁、平交王侯的北宗禅师们有很大的不同。“平常心是道”的提出，从某种意义上来说，是对贵族僧侣的一种反抗，是对门阀世族传统观念的反抗，是对平民生活的神圣与尊严的肯定。曾受马祖教诲的庞蕴居士在一首诗偈中写道：

> 日用事无别，唯吾自偶谐；头头非取舍，处处没张乖。朱紫谁为号？丘山绝点埃。神通并妙用，运水与搬柴。

肯定人们全部的日常生活的价值与真理，这已具有历史的人文主义的意义。中国佛教从此撕下神秘尊严的面纱，走向简易平实的现实人生。因此，在禅宗的语录里，我们能看到农夫、村妇的影子，能听到驴马牛羊的嘶叫，能嗅到烧饼、豆腐的气味。也正因如此，南宗禅受到下层平民的欢迎。

“平常心是道”也是对禁欲主义的一种解放，它不须坐禅，不须苦行，也不须念佛诵经。“孤峰顶上，盘结草庵；十字街头，解开布袋”，既可遁隐山林，又可混迹市朝。声色名利场中，不妨与世推移，和光同尘，能出污泥而不染，成为尘世之中的解脱人。也正因如此，南宗禅才受到了既有出世修养、又有入世精神的士大夫的一致推崇。

既然日常生活都可以是禅的经验，那么，禅也就不再执著于“不立文字”，离文字是禅，用文字也是禅，文字的基础里有禅的世界，禅的表现里有文字的世界。所以禅僧说：“台阁山林本无异，故应文字不离禅。”（苏轼《书辩才次韵参寥诗》）再则，在禅宗看来，“对境心不起”是禅，“对境心数起”也是禅（见《坛经·机缘品》），诗的神思里有禅的冥想，禅的通脱里有诗的灵性。所以诗人说：“禅想宁（岂）妨藻思通”（钱起《同王锖起居程浩郎中韩翃舍人题安国寺用上人院》），“佳句纵横不废禅”（皎然《支公诗》）。这样，作诗吟诗也就是禅的生活的一种了，我们也不会惊讶“不立文字”的禅宗门下竟会有那么多“日日为诗苦”(唐僧归仁《自遣》)、“搜诗病入神”(唐僧善生《旅中答喻军事问客情》)的禅僧了。皎然说得好:

> 市隐何妨道,禅栖不废诗。与君为此说,长破小乘痴。(《酬崔侍御见赠》)

作诗通于悟道,市隐犹如禅栖,这就是“触类是道”的新禅宗精神。

此外,禅宗的这种随意而适、唯心任运的人生态度,进一步剥离宗教观念而肯定人的主观心性,推进了诗歌创作中纵情、自然、浪漫思想的发展。正如悟道不须强求思虑一样,诗歌也不必呕心沥血的苦吟,只需要有活泼泼平常自在的心境。关于这一问题,我将在第六章详细论及,兹不赘言。

四、离经慢教与呵佛骂祖

北宗禅是主张“藉教悟宗”、“方便通经”的。南宗慧能虽然提倡顿悟自性见佛,但他的《坛经》还是尊教、尊经的,这从他劝人奉持《金刚经》以及广引《维摩》《法华》《涅槃》诸经可以看出。神会及其门下“荷泽宗”也是主张教禅合一的。然而,禅宗发展到中晚唐,却变为极端的离经慢教和呵佛骂祖。

首开风气者是青原系石头希迁(700—790年)门下的丹霞天然(739—824年)。他生性放任自由,自称“无事僧”。他参见马祖时,就先入僧堂,“骑圣僧颈而坐”,“后于慧林寺遇天大寒,取木佛烧火”(《五灯会元》卷五)。集其大成的是希迁的三传弟子德山宣鉴(782—865年)。德山曾经精究律藏,不服南宗的直指人心、见性成佛之说，没想到在去南方的路上被一个卖饼的婆子问得哑口无言，满腹律藏竟无以对答。后来去参见龙潭崇信禅师。一夜，德山告别龙潭出门，“却回曰：‘外面黑。’潭点纸烛度与师（德山）。师拟接，潭复吹灭。师于此大悟，便礼拜”（《五灯会元》卷七）。德山悟到的是什么呢？这就是不应指靠外在的光明，而应循由自己的本性去征服黑暗，找到路途。佛的真理就在自己心中，真是踏破铁鞋无觅处，得来全不费功夫。既然佛教的真谛只有凭个体自己的亲身感受、领悟、体会才有可能获得，那么，悟道就不应该也不可能借重或依靠任何外在的经典、权威和偶像。德山悟至此，想到栽在一个婆子手里的尴尬场面，于是先将经书《青龙疏钞》付之一炬，然后到孤峰顶上愤怒地破口大骂：

> 这里无祖无佛，达磨是老臊胡，释迦老子是干屎橛，文殊普贤是担屎汉。等觉妙觉是破执凡夫，菩提涅槃是系驴橛，十二分教是鬼神簿、拭疮疣纸。四果三贤、初心十地是守古冢鬼，自救不了。（《五灯会元》卷七）

真个痛快淋漓！把佛教各种偶像、教条骂了个遍。这些半疯半傻的话并非德山一人才有，当时的一些著名禅师都有过类似的话头：

> 师问仰山：“《涅槃经》四十卷，多少是佛说？多少是魔说？”仰曰：“总是魔说。”（《五灯会元》卷九）
>
> 只如今作佛见作佛解，但有所见所求所著，尽名戏论之粪，亦名粗言，亦名死语。（《古尊宿语录》卷二）

连佛家经典和各种佛学理论都被看作“魔说”、“戏论之粪”、“粗言”、“死语”，可见他们离经慢教之彻底。一时间，焚像毁经、呵佛骂祖蔚成风气，从青原系石头希迁门下蔓延到南岳系马祖门下。

台湾学者杨惠南先生认为，这种风气的形成，不是慧能的曹溪禅本有的，而是受了牛头宗的影响。牛头法融（？—656年）是四祖道信的弟子，其思想明显受道家玄学的影响。他说："（道）体遍虚空，同于法界；畜生、蚁子、有情、无情，皆是佛子。"（详《净名私记》）这和道家所说“道在瓦砾、蝼蚁”没有差别。而且由于《楞伽经》的佛性（如来藏），不但具足一切功德，也能幻生万法，老庄化的牛头禅，就顺理成章地与禅宗（《楞伽经》）结合了。因此，一切本自解脱，本自合道，“青青翠竹总是法身，郁郁黄花无非般若”（《五灯会元》卷三），“高卧放任，不作一个，名为行道”（法融《绝观论》）。那还用经教、礼佛、念佛干什么？于是，棒喝比划固然合乎道，呵佛骂祖又何尝背道（详见《佛学的革命——六祖坛经》后记）。

杨先生的论述固然很精彩，不过我以为，呵佛骂祖也是慧能曹溪禅的必然归宿之一。首先，慧能的主要教义之一是“见性成佛”，人人皆有佛性，这佛性就是真我，无须向外求。这样，悟道或见性就纯粹是个体自己亲身的感受或领悟，“如人饮水，冷暖自知”（《坛经·行由品》）。这种强调自解、自悟、自立的精神，必然导致对任何外在的权威、偶像的否定。其次，慧能的另一教义是“不立文字”，即不在思辨推理中去作“知解宗徒”。他说："诸佛妙理，非关文字。"（《坛经·机缘品》）在他看来，任何语言文字，只是人为的枷锁，它不仅是僵死的、片面的、有限的、外在的东西，无法传达真实的本体（佛性），而且正是由于这些语言文字的束缚，妨碍了人们用直觉方式去感悟。执著于言语、概念、逻辑、思辨和理论，根本不可能见性成佛。这种破除文字执的精神，必然导致对一切佛家经典、理论、教条的否定。因此，在南宗禅师们看来，德山宣鉴的呵佛骂祖，正是对慧能精神的真正继承，如云门文偃所说："赞佛，赞祖，须是德山老人始得!"（《指月录》卷十五）

禅宗的这种反叛精神不仅导致佛教的革命，而且波及整个思想领域，由毁佛进而非圣，从反对佛经束缚进而到反对六经及儒家思想的统治，带来一场非圣、非经、非理的对传统观念的破坏运动。当然，禅宗的解放个性，肯定自我，完全不可与资产阶级革命时期要求个性自由平等相混同，因为它的阶级基础是由于各种原因游离于封建统治体制之外的士大夫。这些人即使离经叛道、呵佛骂祖，也是软弱空虚而浅薄的，毕竟他们在"破"的同时，并没有"立"起什么先进的思想。

尽管如此，禅宗的反对传统，反对偶像崇拜，肯定个性、提倡独创，在历史上还是有一定积极意义的，而且给诗坛提供了不少新意念、新感受、新题材。首先，诗人们汲取了禅宗的独创自立精神。"丈夫皆有冲天志，莫向如来行处行"（《景德传灯录》卷二十九），这是禅师的说法。诗人借鉴而来说诗："学诗浑似学参禅，头上安头不足传。跳出少陵窠臼外，丈夫志气本冲天。"（吴可《学诗诗》）"文章自得方为贵，衣钵相传岂是真。已觉祖师低一着，纷纷嗣法复何人?"（王若虚《山谷于诗每与东坡相抗……予尝戏作四绝》之四）反对死参不悟，株守陈法，迷信前哲，强调诗人自己内心的独特体会，敢于标新立异，独辟蹊径。一般说来，盛唐以前的诗坛，诗人的个性特征并不太突出，而具有一种群体风格或时代风格，如建安体、正始体、齐梁体等。诗人写诗也爱拟古或用乐府旧题。而盛唐以后，诗人的个体风格越来越鲜明，同为元和年间诗人，就有"元（稹）轻白（居易）俗，（孟）郊寒（贾）岛瘦"之分，很多齐名的诗人个体风格差异都相当明显。这种现象的出现正好和离经慢教的禅风的出现在时间上同步，难道仅仅是一种偶合？以自得脱俗为光荣，以传宗接派为耻辱，成为诗坛的一般原则，这不能说和禅宗的反叛精神没有关系。

其次，诗人们还汲取了禅宗离经叛教的非理性精神，这包括反对抽象哲理思辨对诗歌的介入和理学观念对诗歌的制约两方面。如宋代诗人揭出了“诗有别材，非关书也；诗有别趣，非关理也”（严羽《沧浪诗话》）、“诗必与诗人评之”（刘克庄《跋刘澜诗集》）的观点，排斥“学问人”（理学家）、“文章人”（散文家）、“功名人”（政治家）对诗歌的干预。而明末李贽和公安派则提倡“随其意之所欲言，以求自适”，尊重“本心”和“性灵”，尊重个人思考的权威性，打破“天理”（伦理纲常）的桎梏，打开了诗人心灵与感情的闸门。

五、公案语录与棒喝机锋

南宗禅以其“直指人心，见性成佛”的悟道方式，为平民和士大夫阶层大开方便之门，“上而君相王公，下而儒老百氏，皆慕心向道”（《百丈清规》第五）。特别是唐武宗会昌（841—846年）灭佛以后，佛教各宗渐寖式微，唯有禅宗因其简易朴素的传教方式得以幸免，并大有取代各宗、独步天下之势。这时的寺院，不仅律宗、净土宗的寺院要改为禅院，而且华严宗、天台宗也相继改为禅院。不论法师、论师、律师，都纷纷称为禅师，可谓天下都归之于禅。从晚唐到五代，禅宗风靡一时，繁衍特盛。南岳一系，经马祖道一、百丈怀海等数传，由沩山灵祐（771—853年）与弟子仰山慧寂（807—883年）开创了沩仰宗。怀海另一门人黄檗希运（？—850年），再传临济义玄（？—867年），开创了临济宗。青原一系，经石头希迁、药山惟俨、云岩昙晟等数传，由洞山良价（807—869年）与弟子曹山本寂（840—901年）开创了曹洞宗。石头另一支，经天皇道悟、龙潭崇信、德山宣鉴、雪峰义存（822—908年）数传，由云门文偃（？—949年）开创了云门宗。雪峰门下的玄沙师备经二传至清凉文益（885—958年），谥号法眼，开创了法眼宗。这就是禅宗的五家。相传初祖达摩有一首偈："吾本来兹土，传法救迷情。一花开五叶，结果自然成。"（《坛经·付嘱品》）他的预言终于在晚唐五代应验了。

尽管禅宗一再声称"以心传心"、"不立文字"，但是传宗立派毕竟不可能完全逃避语言，打哑语、猜哑谜毕竟无法传递佛教真谛。这是一个悖论，不可言说又不得不言说，于是，随着南宗禅的迅速发展，就有了记载禅宗公案的各种语录和灯录（传灯录）。语录是僧徒对师父言行的记录，因为文字多用口语而得名。灯录是禅宗历代传法机缘的记录，以法传人，譬如灯火相传，辗转不绝，所以叫传灯录。灯录一般都是由各种语录汇编而成，如宋释道原的《景德传灯录》。语录和灯录内容相似，其区别在于灯录兼有史传性质。这两种典籍所记师徒间传教悟道的故事，称为公案。公案本指官府待决的案件，禅宗认为用教理来解决疑难问题，如官府判案，所以也称公案。元代三教老人的《碧岩集序》对"公案"二字的含义有最为详细生动的说明：

> 二字乃世间法中吏牍语，其用有三：面壁功成，行脚事了，定槃之星难明，野狐之趣易堕。具眼为之勘辨，一呵一喝，要见实诣。如老吏据狱谳罪，底里悉见，情款不遗，一也。其次则岭南初来，西江未吸，亡羊之歧易泣，指海之针必南。悲心为之接引，一棒一痕，要令证悟。如廷尉执法平反，出人于死，二也。又其次则犯稼忧深，系驴事重，学奕之志须专，染

> 丝之色易悲。大善知识为之付嘱，俾之心死蒲团，一动一参，如官府颁示条令，令人读律知法，恶念才生，旋即寝灭，三也。（《禅宗集成》第十册）

把“公案”的功能说得有板有眼，头头是道。

由于禅宗的流派众多，而且禅风随时代而演变，因此，各种公案的接引方式也有差异。如沩仰宗的“三生”及“九十七圆相”，临济宗的“四料简”、“四宾主”、“四照用”，曹洞宗的“五位君臣”、“宝镜三昧”，云门宗的“三句”，法眼宗的“六相”等。这些方式虽有峻峭、绵密、稳实、简明的区别，但大致可归为开张峻利的棒喝和妙语连珠的机锋两大类。

禅宗祖师重触机，接待初学之时，或当头一棒，或大喝一声，提出莫名其妙的问题，令初学者回答，藉以考验其悟境，叫做棒喝。棒喝是以一种极端手段来警醒人们的迷误，打断人们的正常思维逻辑，使之进入非理性、非逻辑的直觉状态，抓住常理所不能及的玄奥义蕴，在幽暗处豁然开朗。棒喝最开始是无成法的，如百丈怀海回答野鸭子飞过去而被老师扭痛鼻子从而悟道（见《五灯会元》卷三）、一童子指头被俱胝和尚所砍从而悟道（见《五灯会元》卷四）的公案，都属此类，不过是强调悟道的偶然性。自百丈怀海之后，棒喝渐成宗门的传教公式。百丈曾对黄檗希运说：“老僧昔被马大师一喝，直得三日耳聋。”黄檗听了不觉吐舌（见《五灯会元》卷三）。黄檗承此门风，只是又加了一顿棍棒，黄檗接引其弟子临济义玄，基本上是以杖敲棒打为主要方式（详见《五灯会元》卷十一）。临济后来也如法炮制，更把棒与喝二者结合起来。试看一则临济的公案：

> 上堂。僧问：“如何是佛法大意？”师竖起拂子，僧便喝，

> 师便打。又僧问："如何是佛法大意？"师亦竖起拂子，僧便喝，师亦喝。僧拟议，师便打。师乃云："大众，夫为法者，不避丧身失命。我二十年在黄檗先师处，三度问佛法的大意，三度蒙他赐杖。"（《镇州临济慧照禅师语录》）

临济颇有点十年的媳妇熬成婆，便要在新媳妇身上出口气的味道。其实，这种似乎已成为公式的一问便打的回答法都是为了使人破除文字执，打破参学者对语言的迷信和幻想。既然"第一义"是不可说的，因此，"如何是佛法大意"这个问题本身就提错了，该挨打。此外，"师便打"还有个意义，就是因"第一义"不可道破，所以用棒喝来代替回答或避免回答。这样，棒喝就不光有警醒的作用，也有了象征暗示的功能，如佛祖迦叶的拈花微笑、沩仰宗的"九十七圆相"（圆形为本的种种符号）一样。

如果说棒喝采用的是一种避免回答的消极手段的话，那么，机锋则是一种积极的语言对答艺术。魏晋时期的名士们就常以机警锋利的玄言相尚，王导曾称赞顾和"此子珪璋特达，机警有锋"（《世说新语·言语》）。不过，禅宗的机锋却似乎导源于慧能的教导："若有人问汝义，问有将无对，问无将有对，问凡以圣对，问圣以凡对。二道相因，生中道义。"（《坛经·付嘱品》）这不是教人指东道西、装疯卖傻吗？慧能的本意是想以"中道之义"消除任何极端的观点和执著的态度，后来在禅宗公案中发展为随心所欲、故弄玄虚的胡言乱语。最典型的是关于"如何是佛法大意"这一提问，每个禅师都可以任意杜撰一个答案，诸如："十年卖炭汉，不知秤畔星"（《景德传灯录》卷八）；"填沟塞壑"（《抚州曹山元证禅师语录》）；"春来草自青"（《云门文偃禅师语录》）；"贫女抱子渡，恩爱逐水流"（《景德传灯录》卷二十），如此等等，不胜枚举。其实，这些无意义的回答和棒喝一样，也是暗示佛法的不可言说。

瑞士语言学家索绪尔在《普通语言学教程》中把语言符号看作是一个概念与一个有声意象（image acoustique）的统一体，有声意象又称能指（signifiant），概念又称所指（signifié）。在同一个符号系统中，能指和所指是统一的，符号的意义是固定的。而在禅宗看来，任何语言文字都是第二性的东西，经书（语言）并非真如（实在），能指并非所指。所谓“迷人从文字中求，悟人向心而觉”（《大珠禅师语录》卷下），就是指出语言的幻觉性质以及如何以体验代替研读。语言与实在、能指与所指之间的关系是随意性的，因而，佛法大意既可以是“填沟塞壑”，又可以是“春来草自青”，语言与能指可以随时变换，而实在与所指丝毫不受影响。禅宗公案里之所以有那么多古怪的话头，除了有佛学研究家所说的禅理障、象征障、譬喻障、谚语障以外，我看更主要的是禅师故意说些荒诞奇怪的话，以强调语言与能指的随意性，使人对语言文字不再迷信，而以自己的身心去直观实在真如。禅宗宗师们也承认这一点，因而常常把使用语言比作“看风使帆”的艺术（见《碧岩集》卷七）。也正因如此，禅宗公案里既有极其粗朴的野语俗谈，也有极其典雅的诗句韵语；既有痴愚的疯话，也有机敏的戏言，构成了一个丰富多彩的语言世界。

禅家的机锋方式特多，它有时也说佛法大意，而出之以戏言。比如，有僧问马祖：“和尚为什么说即心即佛？”答曰：“为止小儿啼。”又问：“啼止时将如何？”答曰：“非心非佛。”（见《古尊宿语录》卷一）所谓“即心即佛”与“非心非佛”的说法都是“戏论”，这种回答就是游戏三昧，逢场设施，无可不可。机锋中还有一种重复叙述的命题，如《文益禅师语录》：“师一日上堂，僧问：‘如何是曹源一滴水？’师云：‘是曹源一滴水。’”这种重复等于什么都没说，对于“第一义”所拟说者不作任何肯定。机锋有时表现为一种斗智和辩难,《续传灯录》卷二十记苏轼:“抵荆南,闻玉泉皓禅师机锋不可触,公拟抑之,即微服求见。泉问:‘尊官高姓?’公曰:‘姓秤,乃秤天下长老底秤。’泉喝道:‘且道这一喝重多少?’公无对,于是尊礼之。”这就纯粹是比赛谁的反应敏捷了,充满机智。

机锋作为一种迅捷锐利、不落迹象、含意深刻的语言,与诗歌语言有天然的内在联系。元好问说:“诗为禅客添花锦,禅是诗家切玉刀。”(《答俊书记学诗》,《遗山先生文集》卷十四)从前者来看,禅家常借用诗句以斗机锋,妙语连珠,八面翻滚。如临济义玄与凤林禅师的一段对问:

> 林问:“有事相借问,得么?”师云:“何得剜肉作疮?”林云:“海月澄无影,游鱼独自迷。”师云:“海月既无影,游鱼何得迷?”凤林云:“观风知浪起,玩水野帆飘。”师云:“孤轮独照江山静,自笑一声天地惊。”林云:“任将三尺挥天地,一句临机试道看。”师云:“路逢剑客须呈剑,不是诗人莫献诗。”凤林便休。(《镇州临济慧照禅师语录》)

真所谓言藏箭括,口吐珠玑。其他如临济宗讲“四料简”,云门宗讲“三句”,也都用诗句来作譬喻。可以说,公案的世界是一个充满诗意的世界。从后者来看,禅的机锋有时即便不采用诗句的形式,也是绝妙的“诗家语”。《抚州曹山元证禅师语录》中有一段公案:

> 师又问:“佛真法身犹若虚空,应物现形如水中月,作么生说应底道理?”德曰:“如驴觑井。”师曰:“道则太杀道,只道得八成。”德曰:“和尚又如何?”师曰:“如井觑驴。”

德上座的回答运用了比喻联想，但曹山本寂禅师仍嫌不够，因为“驴觑井”尚属合逻辑的比喻。他要求的是彻底破坏语言的逻辑性，“如井觑驴”。这是为了否定客观界限的区别，打破“事法界”、“理法界”的障碍。而在诗人看来，“井觑驴”这种主宾关系的舛误，正是强化了诗歌语言的特质，宋人孙奕说：“凡倒着字句，自爽健也。”（《履斋示儿编》卷十）王安石曾亲自将王仲至的诗句“日斜奏罢长杨赋”改作“日斜奏赋长杨罢”，并认为：“诗家语，如此乃健。”（见陈善《扪虱新话》下集卷一）

禅家机锋对诗人更重要的影响是随心所欲的任意联想和随机应变的表达方式，即所谓“参禅学诗无两法，死蛇解弄活泼泼”（葛天民《寄杨诚斋》）。苏轼的“横说竖说，了无剩语”，江西诗派的“活句”、“活参”、“活法”，可以说都是从禅家机锋中化出。诗人得此“切玉刀”，从此灵根透脱，游刃有余，不主故常，变化万方。

六、看话禅与默照禅

经五代至两宋，五宗发展极不平衡。其中沩仰、法眼、曹洞先后衰微，只有云门与临济一直鼎盛于两宋。临济宗次第相传数代至石霜楚圆（986—1039年），其下有洪州黄龙慧南（1002—1069年），开创黄龙派；袁州杨岐方会（992—1049年），开创杨岐派。自此，黄龙、杨岐与五宗并称，号为“五宗七家”。诚如有的学者指出的那样，这两个新增的宗派“在实际的理论和方法上并没有什么变化”（见葛兆光《禅宗与中国文化》第60页）。然而，这两个宗派越来越从无字禅走向有字禅、从讲哲理走向讲机锋、从直截清晰走向神秘主义的倾向，无疑对那些富有艺术修养的士大夫更有吸引力。宋代诗坛的两个巨擘苏轼和黄庭坚，都出自黄龙派的门下（苏出自慧南法嗣东林常总禅师门下，黄出自慧南另一法嗣黄龙祖心禅师门下），就决不仅仅是一种巧合。黄龙派接引初学有“三转语”：

> 师（慧南）室中常问僧曰：“人人尽有生缘，上座生缘在何处？”正当问答交锋，却复伸手曰：“我手何似佛手？”又问诸方参请宗师所得，却复垂脚云：“我脚何似驴脚？”（《五灯会元》卷十七）

这没头没脑的三问，便是著名的“黄龙三关”。其意是要学人触机即悟，而不死煞句下。宋诗重理趣、讲活脱的诗风显然和这种风靡丛林的禅风薰染有关。

南宋初期出现的“看话禅”与“默照禅”，更能透出禅家与诗家在思维形式上相一致的消息。看话禅和默照禅是宋代临济宗和曹洞宗两种不同的禅观法门。曹洞、临济两家宗风不同：曹洞主知见稳实，临济尚机锋峻烈；曹洞贵宛转，临济尚直截。流衍到北宋末南宋初，一变而为临济的大慧宗杲（1089—1163年）倡导的看话禅和曹洞的宏智正觉（1091—1157年）倡导的默照禅相对立。

正觉著有《默照铭》及《坐禅箴》等。所谓默照禅，就是要摄心静坐，潜神内观，息虑静缘，彻见诸法本源，以至于悟道，用正觉的话来说，就是“默默忘言，昭昭现前，鉴时廓尔，体处灵然”（《默照铭》）。正觉强调寂然静坐，进入一种无思虑的直觉状态，而反对一切感性、理性的认知：“默为至言，照惟普应。应不堕于功，言不涉于听。”（《默照铭》）“不触事而知，不对缘而照。”（《坐禅箴》）只管闭目合眼、沉思冥想，般若智慧自然会冒出来。显然，默照禅的法门渊源应始于达摩的壁观禅，北宗神秀也令大众住心观静，长坐不卧。初唐时禅德们都说：“欲得会道，必须坐禅习定。”到南宗的慧能才说：“道由心悟，岂在坐也。”（《五灯会元》卷一）各种灯录对于系出慧能的禅师，只记载了许多机缘公案，未提诵经坐禅之事。所以正觉虽出自曹洞宗，其禅法却和曹洞大异其趣，是上承达摩的壁观禅并把它和一般禅家所乐道的“回光返照”相结合而发展形成的。大慧宗杲在《答刘宝学书》中力诋默照禅是“杜撰长老辈”（指正觉）自无所证，捏合出达摩禅法，以贻误学人，也可从反面证实这一点。

大慧宗杲出自圆悟克勤门下，克勤曾编著《碧岩集》，为参禅之人大开方便之门，禅风大变。宗杲虽承师门，对此禅风却痛心疾首，其时又有正觉鼓吹默照禅，南宗禅之正脉日见衰歇。宗杲颇有挽狂澜于既倒的气概，大声疾呼，痛斥文字禅与默照禅：

> 今时学道人，不问僧俗，皆有二种大病。一种多学言句，于言句中作奇特想（指参究《碧岩集》之人）。一种不能见月亡指，于言句悟入，而闻说佛法禅道，不在言句上，便尽拨弃。一向闭眉合眼，做死模样，谓之静坐观心默照。更以此邪见，诱引无识庸流曰：“静得一日，便是一日工夫。”苦哉！殊不知尽是鬼家活计。去得此二种大病，始有参学分。（《大慧普觉禅师语录》卷二十《示真如道人》）

对于前一种病，宗杲试图以毁掉《碧岩集》刻板来加以杜绝。对于后一种病，他在与僧徒、居士、友人的书信中，大肆挞伐，不遗余力。其实，宗杲虽反对“不明根本，专尚语言，以图口舌”的禅病，但他骨子里还是走的文字禅的路子。他所倡导的看话禅，就是要人捧着公案，就其中一则话头死死参究，因此大发疑情，力求透脱。如咬铁丸一般，定要嚼碎。看话是为了参悟，但心中不要想什么悟不悟，这样，“心无所之，忽然如睡梦觉，如莲花开，如披云见日，到恁么时自然成一片矣”（《大慧普觉禅师语录》卷二十八《答宗直阁书》）。他常常叫人参究的话头就是赵州从谂禅师所说的“狗子无佛性”一句。这虽不同于有些学禅者记《碧岩集》中语以逞博辩，但也是从古德话头中参悟，也需看公案语录。因此，宗杲真正势不两立的死对头是完全舍弃语言、闭眉合眼的默照禅，从他那些“邪师”、“邪说”、“邪见”、“杜撰长老”、“鬼家活计”的大骂中可窥见其真实心态，对文字禅可以说是“阳挤而阴助之”。此外，据《五灯会元》卷十九记载，宗杲屏居衡阳之时，曾“裒先德机语，间与拈提，离为三帙，目曰《正法眼藏》”。这显然和克勤作《碧岩集》是一样的目的，为了后学参究公案时有捷径可循。

宗杲在南宋初期红极一时，王公大臣与之往来者甚众，著名的有张九成、李邴、汪藻、吕本中等人。南宋诗人作诗讲究熟参悟入，我怀疑就是受了“看话禅”思维方式的影响。最明显的是吕本中的被人称引颇多的一段话：“作文必要悟入处，悟入必自工夫中来，非侥幸可得也。”（《童蒙诗训》，见《宋诗话辑佚》）这与宗杲对他参禅的指教如出一辙：“承日用不辍做工夫，工夫熟则撞发关棙子矣。”（《大慧普觉禅师语录》卷二十八《答吕舍人书》）宗杲的工夫是参究一则话头，吕本中的工夫是指对前人作品的研读讽咏，烂熟于心。其共同点都是从文字出发，寻取“悟入”的关捩，最后达到“会意即超声律界”的豁然贯通的境界。对于诗人来说，“悟入”具有两个层次的飞跃：一是欣赏作品时从表层语义的理解到深层结构（审美情趣、内在情感与哲理体验）的把握的飞跃；二是创作时从雕章琢句到信笔挥洒的飞跃。总之，是从必然到自由的飞跃。这就是宗杲所说的“撞发关棙子”。

同时，默照禅也并未因宗杲的排斥抵制而销声匿迹，在南宋还是很盛行的，静室禅房焚香默坐者大有人在。而且，这种“不起宴坐澄心源”（晁冲之《送一上人还滁州琅琊山》）的思维方式，对诗人也很有吸引力，如永嘉四灵之一徐照就有过这种“掩关人迹外，得句佛香中”（《宿寺》）的经历。有不少诗人承认，清心潜神的默照状态最能唤起诗的灵感：

> 学禅见性本，学诗事之余。二者若异致，其归岂殊途。方其空洞间，寂默一念无。感物赋万象，如镜悬太虚。不将亦不迎，其应常如如。向非悟本性，未免声律拘。（史浩《鄮峰真隐漫录》卷一《赠天童英书记》）
>
> 学诗如学禅，所贵在观妙。肺肝剧雕锼，乃自凿其窍。冥心游象外，何物可供眺？空山散云雾，仰日避初照。旷观宇宙间，璀璨同辉耀。但以此理参，而自足诗料。持以问观空，无心但一笑。（张汝勤《戏徐观空》，见《宋诗纪事补遗》卷八十）

这是另一种“悟入”，不借助前人话头，只是默默地沉思冥想，非理性的直觉突破了物象的界限，人的大脑如空虚透明的镜子，外部世界形成的各种表象纷至沓来，但这种表象已不是对外部世界照相式的反映，而是渗入了主体潜意识和无意识的复合表象。这就是一种物我冥契的诗的境界，“寂然凝虑，思接千载；悄焉动容，视通万里”（《文心雕龙·神思》），也就是泯灭一切界限的禅的境界，“廓尔而灵，本光自照；寂然而应，大用现前”（《宏智禅师广录》卷一）。

看话禅与默照禅当然不是在南宋初期突然冒出来的。事实上，自中唐语录流行以来，参究公案就成了一种极普遍的禅观法门；默照禅的渊源更早，自达摩、神秀以来，壁观坐禅的方式在禅门中一直存在，不绝如缕。我始终相信，这两种禅法的盛衰消长与诗歌的发展演变是同步的。德国学者卡西尔说：

> 不论语言和神话在内容上有多么大的差异，同样一种心智概念的形式却在两者中相同地作用着。这就是可称作隐喻式思维的那种形式。(《语言与神话》第六章《隐喻的力量》，三联书店中译本第102页）

同样，诗和禅中间也存在着同样一种对应的心智概念的形式。默照的禅法在盛中唐流行，相对应的是盛中唐山水诗人重凝神静观，沉思冥想，所谓“宴坐寂不动，大千入毫发”（李白《庐山东林寺夜怀》)，追求一种宁静空寂、物我浑然一体的境界。而南宋那些受默照禅影响的诗人，很可能正是稍复唐音的四灵和江湖诗派。另一方面，宋诗人特别是江西诗派却和看话禅以及其他文字禅有千丝万缕的联系，参究前人语言，以求自性之悟，在文字上翻新出奇，在构思上标新立异，追求一种机巧灵动、新奇活泼的境界。究竟是禅的思维渗入诗的思维？还是诗的思维反馈禅的思维？抑或是双向交流？抑或是人类心智概念的普遍性？我们还是先看看再下结论。

第二章 ◎ 习诗的禅僧

一、偈颂的流变

通过对禅宗公案史的匆匆巡礼，我们似乎可以这样认为：禅宗的哲学其实就是一种诗化哲学，至少在它的方法论、认识论、行为论方面是如此。用李泽厚先生的话来说："中国哲学思想的道路不是由认识、道德到宗教，而是由它们到审美。"（《漫述庄禅》，上海人民出版社《关于思维科学》）这是就形而上而言。从形而下来看，禅宗宗师们在示法、开悟、颂古方面，动辄吟诗引句，为传授教法之用。虽然禅宗认为第一义不可言说，但是到启悟后学之时还是须勉强去说。每遇此际，大师们就拈出各种象征方式，如棒喝，如机锋，借模拟动作，引人入悟。诗因其象征性极大，所以禅宗诸师常常爱借用作得鱼之筌、示月之指。而且又因诗的形式易于使人记诵，所以诸师常以诗偈表示自身开悟或向别人示法。这样，禅宗公案里的语言可以说绝大部分由诗的语言组成。随便举一则公案就可略知一斑：

> 上堂："瘦竹长松滴翠香，流风疏月度炎凉。不知谁住原西寺，每日钟声送夕阳。"上堂："声色头上睡眠，虎狼群里安禅。荆棘林内翻身，雪刃丛中游戏。竹影扫阶尘不动，月穿潭底水无痕。"上堂："不是风动，不是幡动，衲僧失却鼻孔。是风动，是幡动，分明是个漆桶。两段不同，眼暗耳聋。涧水如蓝碧，山花似火红。"(《五灯会元》卷十六《云峰志璿禅师》)

三次上堂（指为演说佛法上法堂）垂语示众，都用的诗句韵语。第一次是音韵谐和、意境清新的绝句，第二次是几句对仗工整、平仄协调的偶句，第三次是句式多变、风格诙谐的韵文。可见出禅师们示法相当讲究语言的修饰。

袁行霈先生认为："诗和禅的沟通，表面上看来似乎是双向的，其实主要是禅对诗的单向渗透，诗赋予禅的不过是一种形式而已。"(《诗与禅》,《文史知识》1986年第10期）实际情况果真如此吗？难道诗仅仅是为禅客"添花锦"而已？让我们来看看偈颂的演变过程，再想想这种演变中是否还包含着除形式以外的因素。

偈颂是佛教经典中的一种文体，梵文作伽陀，是佛经中的赞颂词。伽陀是古印度的诗歌，本来在梵文里，偈颂的体制很严密，讲究音节格律，但在汉译佛典时，译场师为了便于读诵与理解，不惜削足适履，把它们通通依照中国诗的传统形式（主要是五言，也有四言、六言、七言）翻译出来。由于既要借用中国诗的形式，又受原典内容与形式的限制，因此传译的偈颂不得不放弃梵文的辞藻与韵律，形成一种非文非诗的体裁。所以在佛典三藏（经藏、论藏、律藏）中，偈颂一般是拙朴粗糙的，仅做到了每句的字数整齐一致，连节奏与押韵都无暇顾及。如反映原始佛教教义的《杂阿含经》中的一些偈颂：

法无有吾我，亦复无我所。我既非当有，我所何由生。比丘解脱此，则断下分结。（卷三）

佛者是世间，超渡之胜者。为是父母制，名之为佛耶？（卷四）

除了五言的整齐形式外，再没有任何可称为诗的因素。这一方面受到译者文化水平与翻译文体的限制，另一方面是因佛经主要是对大众宣讲的，必须采用一种通俗朴实的接近口语的语言。这时的偈颂，不过是佛经散文（长行）的分行排列形式，说理叙事，基本上与中国传统的诗歌无关。

六祖慧能开宗以后，偈颂开始盛行，并成为押韵的精炼的诗偈。禅宗所谓不立文字，很大程度上是排斥概念化的、说教式的佛经中的文字，而非象征性的、非逻辑性的诗的文字。所以，从禅宗出现时起，诸大师就以诗偈作为传心示法的主要工具。不过，在早期的禅宗祖师中间，除了前面所举神秀的“身是菩提树”和慧能的“菩提本无树”两首示法偈算是较生动形象的说理诗外，其余诸大师的偈却是相当枯燥乏味的。例如，南岳怀让的示法偈：

心地含诸种，遇泽悉皆萌。三昧华无相，何坏复何成！（《五灯会元》卷三）

又如马祖道一的示法偈：

心地随时说，菩提亦只宁。事理俱无碍，当生即不生。

（《五灯会元》卷三）

完全是在阐述佛教哲理，没有丝毫诗意可言。这种情况在中唐开始出现转折，偈颂的诗意开始越来越浓。如马祖道一的法嗣明州大梅山法常禅师的偈：

摧残枯木倚寒林，几度逢春不变心。樵客遇之犹不顾，郢人那得苦追寻？

一池荷叶衣无尽，数树松花食有余。刚被世人知住处，又移茅舍入深居。（《五灯会元》卷三）

又如灵云志勤禅师因见桃花而悟道所写的诗偈：

三十年来寻剑客，几逢落叶几抽枝。自从一见桃花后，直至如今更不疑。（《景德传灯录》卷十一）

平仄音韵完全符合近体诗格律，而且运用比兴手法，虽也是说理之作，但比起初期的偈颂来，已经非常像诗了。就是比起王梵志、寒山、拾得等诗僧那些直白浅显的诗来，也毫不逊色，甚而更有诗味。

从诗偈的体制来看，中晚唐后也变化更多，逐渐出现五律和七律这样格律精严、对仗工整的诗体。著名的如法眼宗的创立者清凉文益的一则故事：

宋太祖将问罪江南，李后主用谋臣计，欲拒王师。法眼禅师观牡丹于大内，因作偈讽之曰："拥毳对芳丛，由来趣不同。

发从今日白，花是去年红。艳冶随朝露，馨香逐晚风。何须待零落，然后始知空。”后主不省，王师旋渡江。（《冷斋夜话》卷一）

文益的这首偈简直就是一首咏牡丹的咏物诗，他采用的是五律的格式，全用譬喻和象征来说理，意在言外，余味无穷。

学术界一般都只注意到偈颂文体对诗坛的影响，如带来诗风的通俗化、哲理化等（关于这一点，我将在第七章再作论述），却忽视了诗对偈颂的反馈作用，以及在此后面蕴藏着的诗的审美特质对禅的渗透。在我看来，这些反馈或渗透表现在以下几个方面。

首先，佛经中的偈颂或早期禅宗的诗偈由于着意要用某种类比来表述意蕴，常常因陷入概念化而变为论理诗、说教诗，这恰好违反了禅宗的本旨。聪明的禅师发现，不少唐代诗人的作品实际上比许多偈颂更真正接近于禅，所以在各种语录、灯录里，著名诗人的佳句被大量用来说法，如王维的“行到水穷处，坐看云起时”（《终南别业》）、韦应物的“野渡无人舟自横”（《滁州西涧》）、齐己的“前村深雪里，昨夜一枝开”（《早梅》）等，就分别被雪窦重显、开先善暹、翠岩可真等禅师所引用（见《续传灯录》卷二、卷七），来暗示禅所追求的意蕴和“道体”，或是神秘的悟道体验。甚至禅家有时就直接把诗人的名句嵌到自己的诗偈里，如《人天眼目》卷四所载法眼宗的“三界惟心”颂：

三界惟心万法澄，盘环钗钏一同金。映阶碧草自春色，隔叶黄鹂空好音。

后两句就完全是生吞活剥杜甫《蜀相》诗的颔联。这种大量的引用、点化或摹仿的结果，无疑使诗的审美趣味不知不觉渗透到禅中来。

其次，不少禅师具有深厚的文学修养，比如清凉文益“好为文笔，特慕支、汤（指六朝诗僧支遁、汤惠休）之体，时作偈颂真赞，别形纂录”（《宋高僧传》卷十三），曹洞宗开山祖师曹山本寂“素修举业”，“文辞遒丽”，“注《对寒山子诗》，流行寓（宇）内”（《宋高僧传》卷十三）。唐以诗赋取士，本寂所修举业，即指诗赋。像这样富有文学修养的大师加盟禅宗，并开宗立派，必然带来禅风的变化，前面所举文益的那首诗偈就是一个例子。从晚唐到北宋，所谓禅宗由无字禅越来越发展为文字禅，并不是重新回到佛典的繁琐教义中去，回到思辨推理的文字中去，而毋宁说是发展为一种指向审美的诗禅。

其三，诗歌体制与风格的演变直接导致偈颂风格的演变。近体格律诗奠基于初唐，定型于盛唐，因而早期的偈颂，多为五古或不入律的五绝，盛中唐以后，禅偈始为律句，我怀疑《坛经》中达摩、神秀、慧能的偈（均见前）都出自盛唐后禅和子的伪造。最早以五律为禅偈的是庞蕴居士那首“神通并妙用，运水及搬柴”的示法偈。最早以七律为禅偈的是裴休（唐宣宗大中年间宰相）呈示黄檗希运禅师的那首：

> 自从大士传心印，额有圆珠七尺身。挂锡十年栖蜀水，浮杯今日渡漳滨。一千龙象随高步，万里香花结胜因。拟欲事师为弟子，不知将法付何人。

这当然算不上好诗，但可看出禅门外的人对偈颂形式的贡献。另外，五代北宋偈颂，有近艳体诗者；南宋诗偈，又多类江西诗派，如南宋诗人曾几就称秀峰空和尚的偈得“江西句法”，从“派（江西诗派）中来”（见《罗湖野录》卷三）。可见诗风的变化直接影响偈颂风格的变化。

那么，以上这几方面的渗透是否仅仅是诗赋予禅的一种形式而已呢？我看并不是这样。既然人们都承认禅宗是一种中国化的佛教，那也就是承认禅宗渗透了中国文化的精神。日本学者吉川幸次郎认为中国文化中有一重要特色，就是尊重文学的空气很浓，而中国文学的最大特点，一是取材于日常经验的诗文为文学的主流；二是文学的修辞性极强，例证之一就是律诗；三是对典范的尊崇（见其《中国文学史》第一章“中国文学的特色”，岩波书店1975年版）。中国诗对偈颂的影响，其实就是中国文学这三大特点对偈颂的渗透过程，也可以从某种意义上说是中国文化精神对禅的改造过程。

先说第一大特点，取材于日常经验的诗歌对禅宗的世俗化起了不可忽视的影响。早期的偈颂偏重于直接阐述教义，宗教意味很强。后期的诗偈偏重于用日常生活经验来作象征譬喻，直接取材于日常生活，带着世俗人的各种复杂感情。比如有两首关于楼子和尚听唱“你若无心我也休”一句曲而悟道的偈颂：

> 因过花街卖酒楼，忽闻语唱惹离愁。利刀剪断红丝线，你若无心我也休。
>
> 唱歌楼上语风流，你既无心我也休。打着奴奴心里事，平生恩爱冷啾啾。(《禅宗颂古联珠通集》卷四十）

离愁别恨，情韵深婉，哪里还有半点宗教的影子。这显然是诗坛流行的艳体诗影响的结果。

再说第二大特点，修辞性极强的诗歌对禅宗日益演变为文字禅起了很大作用。大约从晚唐五代开始，禅师们就已非常自觉地提倡语言修饰，反对缺乏诗意、不讲修辞的野谈俗语，文益禅师《宗门十规论》里的观点就集中代表了这种倾向：

> 稍睹诸方宗匠，参学上流，以歌颂为等闲，将制作为末事。任情直吐，多类于野谈；率意便成，绝肖于俗语。自谓不拘粗犷，匪择秽孱，拟他出俗之辞，标归第一之义。识者览之嗤笑，愚者信之流传。使名理而寖消，累教门之愈薄。不见华严万偈，祖颂千篇，俱烂漫而有文，悉精纯而靡染，岂同猥俗，兼糅戏谐。在后世以作经，在群口而为实，亦须稽古，乃要合宜。

所谓“烂漫有文，精纯靡染”，完全是遵循中国传统文化中“心生而言立，言立而文明”（《文心雕龙·原道》）的古训，把美的感动作为伦理的、宗教的感动的前提。与此同时，就是用一种文学的语言去代替任情直吐的口语白话。

最后说说第三大特点，尊崇典范的诗歌对禅宗颂古拈古之风的潜移默化的影响。诗歌对典范的尊崇表现为仿拟大作家、点化前人诗句及用典故成语等，这种现象在宋代表现得尤为突出，如西昆体仿李商隐，江西诗派学杜甫，永嘉四灵效贾岛、姚合等。值得注意的是，宋代禅师的诗偈用典的风气也相当浓厚，如惠洪觉范禅师的一首偈：

> 天下心知不可藏，纷纷嗅迹但寻香。端能百尺竿头步，始见林梢挂角羊。（《林间录》卷上）

“百尺竿头”语出《景德传灯录》卷十，“挂角羊”出自《景德传灯录》卷十六雪峰义存的一个著名比喻。更值得注意的是，禅家的颂古、拈古也开始出现于宋初，并蔚成风气，愈演愈烈。所谓颂古，是举一则古德（佛教徒对先辈的尊称）的公案，为作韵语，发明其意；拈古，是拈起古德公案作批评。前面说过，禅门在中晚唐曾掀起过一股离经慢教、呵佛骂祖之风，似与此相矛盾。但正如冯友兰先生所说的那样："它打倒了佛教经典的权威，但是，代之而起的是禅宗祖师们的语录的权威。"（见《论禅宗》，《中国文化与中国哲学》，东方出版社1986年版）这可以从"看话禅"那里得到证明，从颂古与拈古中更能确定这一点。当我们注意欣赏颂古拈古那些优美诗句之时，是否想到过诗人尊崇典范的文化心理也随之渗入禅门之中，使那些曾一度呵佛骂祖的禅宗门徒，也逐渐跪倒在古德公案脚下，到古德的话头中去讨灵丹妙药。

世俗化、文学化、典范化，这就是诗在赋予偈颂形式的同时赋予禅的精神内容。因而，从某种意义上来说，偈颂的诗化过程，也就是禅宗的中国化过程。

二、宗门第一书

禅宗发展到唐末五代，逐渐由下层民众转向士大夫。禅宗门下的野老村婆日趋减少，幢幢往来的尽是士大夫的身影。与大字不识的六祖慧能不同，也与南岳怀让、马祖道一那些粗通文墨的祖师有别，唐末五代的禅僧在与士大夫的密切交往中，已日益变得言谈优雅、文采风流。而到了北宋，禅僧就基本士大夫化了。这里且不谈禅僧的心理结构、性格趋向、思维方式的变化，仅仅从偈颂语言的日趋典雅就可略见一斑。颂古的出现、《碧岩集》的流行就是这种演变的重要证明。

颂古作为一种诗偈的新形式，集中体现了诗的精神对禅偈的渗透，这就是意象选择的世俗性、题材的典范性以及描写的修辞性。首创颂古的汾阳善昭禅师（946—1023年）正是一位颇有文学修养的诗僧。《补续高僧传》卷六说："颂古自汾阳始。观其颂布毛公案曰：'侍者初心慕胜缘，辞师拟去学参禅。鸟窠知是根机熟，吹毛当下获心安。'与胡僧金锡光偈，看他吐露，终是作家，真实宗师，一拈一举，皆从性中流出，殊不以攒华叠锦为贵也。"其实，善昭作诗偈很讲究辞藻与韵律。《汾阳无德禅师语录》中记载的一则公案，就是他和郑工部之间的酬唱赓和的故事。一日，郑工部叩见善昭，在其墙上写了一偈：

黄纸休遮眼，青云自有阴。莫将间学解，埋没祖师心。

善昭当即奉和一偈说：

荒草劳寻径，岩松迥布阴。几多玄解客，失却本来心。

形象生动地暗示出佛教真谛的难以领悟。文思敏捷，意味深长，步韵而不受局限，虽为唱和之作，而诗境高于原作。虽不"攒华叠锦"，却做到了遣词精炼，音韵和谐。

在《汾阳无德禅师语录》里，诗歌偈颂占了三分之二的篇幅，虽说大都是有关禅理的说教之作，但语言本身却是"烂漫有文，精纯靡染"。

稍后于善昭的雪窦重显禅师（980—1052年）是宗门的一代重要作家，有《祖英集》二卷，辑诗二百二十首。雪窦素工翰墨，在未悟道时曾追慕诗僧禅月贯休，诗歌有晚唐五代遗意，如下面两首诗：

红芍药边方舞蝶，碧梧桐里正啼莺。离亭不折依依柳，况有青山送又迎。(《送僧》,《祖英集》卷下)

门外春将半，闲花处处开。山童不用折，幽鸟自衔来。(同上)

色调明丽、造语清新、饶有情韵，为诗中上品。他得法于云门宗的智门光祚禅师之后，意境更高，造句更奇。比如他在就任雪窦寺住持的时候，上堂就吟诗一首:“春山叠乱青，春水漾虚碧。寥寥天地间，独立望何极。”(见《续传灯录》卷二)气象雄浑，具有一种永恒的宇宙意识，暗示禅所追求的无所不在的“道体”。雪窦既有文学天才，又深契宗门悟境，因此他将诗骨禅心融结为“颂古百则”，能做到情理并茂，成为法眼文益所期待的“歌颂制作”的典型。他的“颂古百则”，根据不同的内容，选择不同的诗体，有律诗绝句，也有古风歌行，或村朴，或典雅，或轻灵，或凝重，大多能通过形象思维来阐明公案之禅理，如下面几首:

曾骑铁马入重城，敕下传闻六国清。犹握金鞭问归客，夜深谁共御街行?(《碧岩集》卷三第二十四则“刘铁磨老牸牛”)

问既有宗，答亦攸同。三句可辨，一镞辽空。大野兮凉飙飒飒，长天兮疏雨濛濛。君不见少林久坐未归客，静依熊耳一丛丛。(《碧岩集》卷三第二十七则“云门体露金风”)

有禅理而无禅语，完全可以当作独立的文学作品来欣赏。过去，云门宗的开山祖师文偃虽也用偈颂说法，但语句不免有野谈俗语，当时就有人嫌他“太粗生”。而到了雪窦，上堂、小参(非按时的说法)、垂示(指授弟子)所用语句，大都是优美的诗句，再加上“颂古百则”的创制，一代宗风大变，对舞文弄墨的士大夫更有吸引力。所以《补续高僧传》卷七说：“云门一宗，得雪窦而中兴。”

然而，“颂古百则”的广为流传，应得力于圆悟克勤（？—1135年）编纂的《碧岩集》。圆悟是临济宗杨岐派五祖（山名）法演的弟子。《五灯会元》卷十九载有一段圆悟悟道的公案：

> 会部使者解印还蜀，诣祖（法演）问道。祖曰：“提刑少年，曾读小艳诗否？有两句颇相近：‘频呼小玉元无事，只要檀郎认得声。’”提刑应喏喏。祖曰：“且子细。”师（圆悟）适归侍立次，问曰：“闻和尚举小艳诗，提刑会否？”祖曰：“他只认得声。”师曰：“只要檀郎认得声。他既认得声，为甚么却不是？”祖曰：“如何是祖师西来意？”“庭前柏树子。”“聻！”师忽有省。遽出，见鸡飞上栏干，鼓翅而鸣，复自谓曰：“此岂不是声！”遂袖香入室，通所得，呈偈曰：“金鸭香消锦绣帏，笙歌丛里醉扶归。少年一段风流事，只许佳人独自知。”祖曰：“佛祖大事，非小根劣器所能造诣，吾助汝喜。”祖遍谓山中耆旧曰：“我侍者参得禅也。”

这段故事至少说明两点：一是法演稔熟小艳诗，并以之举示士大夫，可见出当时的宗师常常是熟读记诵诗人的佳作，随时拈出以作示道启悟之用；二是圆悟能从小艳诗悟入，所作诗偈，深得诗家和禅家三昧，如“只许佳人独自知”，其实就是禅家所谓“如人饮水，冷暖自知”的个体一得之悟，可见出当时的宗师已有意识地将诗的意境和禅的妙悟沟通起来。也许是由于圆悟有因诗悟道的经历，所以后来政和年间（1111—1118年）他住持夹山灵泉禅院时，于碧岩方丈内将雪窦重显的“颂古百则”加上评述，编成《碧岩集》（又名《碧岩录》）十卷，试图给参禅之人提供一条新的终南捷径。“碧岩”二字出自一则公案：唐懿宗咸通年间（860—874年），有僧问夹山灵泉禅院的善会禅师：“如何是夹山境？”善会答道：“猿抱子归青嶂里，鸟衔花落碧岩前。”禅境诗情，极为浓郁，因而传诵一时，夹山也被禅僧们称为“碧岩”。圆悟就在这充满诗情画意的地方，沉浸于雪窦颂古的精纯奥妙的文词之中。他在“颂古百则”的每一则公案和偈颂的前面加上总论式的“垂示”，又在公案和偈颂的每一句下附以精炼简短的“著语”，然后分别在公案和偈颂的后面，用大段文字拈提宗旨和交代公案的源委，有的部分简直如同禅诗的赏析。比如《碧岩集》卷一第七则“慧超问佛”中有一段：

> 端师翁有颂云：“一文大光钱，买得个油糍。吃向肚里了，当下不闻饥。”此颂极好，只是太拙。雪窦颂得极巧，不伤锋犯手。

按，这则雪窦颂是：“江国春风吹不起，鹧鸪啼在深花里。三级浪高鱼化龙，痴人犹戽夜塘水。”端师翁即杨歧方会的法嗣白云守端禅师，是圆悟的师祖，但由于他的颂语言太粗俗，不为圆悟所取。这里，圆悟对雪窦和守端两首颂的优劣品评，已完全抛开门户之见，纯粹以辞藻的精巧与否作为品评标准。

《碧岩集》的成书，说明禅宗由唐末到北宋，语句修辞空前成熟，宗派之间（至少是临济宗和云门宗）倾向合流。《碧岩集》给参禅的人很大方便，有敲门砖可寻，被当时禅僧称为“宗门第一书”。然而，学禅者并非都有圆悟那种由艳诗而悟道的灵根慧骨，所以成天醉心于《碧岩集》的公案，荡而不返。僧徒不再去顿悟自性，而是到公案中去乞求灵感，到颂古中去剽窃语言。这种风气也引起了部分禅师的愤慨。心闻昙贲禅师就追根溯源，连汾阳善昭、雪窦重显也一并痛斥：

> 天禧间，雪窦以辩博之才，美意变弄，求新琢巧，继汾阳为颂古，笼络当世学者，宗风由此一变矣。逮宣、政间，圆悟又出己意，离之为《碧岩集》。彼时迈古淳全之士，如宁道者、死心、灵源、佛鉴诸老，皆莫能回其说，于是新近后生，珍重其语，朝诵暮习，谓之至学，莫有悟其非者，痛哉！学者之心术坏矣。(《禅林宝训》卷下引)

圆悟的弟子大慧宗杲也对此禅风深恶痛绝。据说，宗杲因为初学者入室参禅出语不凡，感到可疑，于是细细地考问一番，初学者终于招供："我《碧岩集》中记来，实非有悟。"(见元代径山住持希陵《碧岩集后序》）于是，宗杲一怒之下，便把《碧岩集》刻板毁掉，企图杜绝"不明根本，专尚语言，以图口舌"的禅病。

然而，这种禅病已是病入膏肓了，宗杲自己的看话禅不过是这种病的隐性遗传而已。隔了几代以后，元大德年间（1297—1307年）《碧岩集》由张炜重新刻板印行，又由黄檗大智为之注释，书名改作《种电钞》，更是踵事增华，变本加厉。禅宗不立文字的宗旨，至此丧失殆尽。《禅林宝训》卷下说："今人杜撰四句落韵诗，唤作钓话；一人突出众前，高吟古诗一联，唤作骂阵。俗恶俗恶，可悲可痛！"这是对禅僧吟诗的痛斥。《缁门警训》卷一《姑苏景德寺云法师务学十门》中第六条"不学诗无以言"，这又是对禅僧吟诗的鼓励。不管怎么说，从宋代开始，禅宗越来越失去了它早期那种开阔自由的野性精神，越来越沾染上士大夫特有的温文尔雅的习气。

不立文字之禅变为不离文字之禅，呵佛骂祖之禅变为颂古看话之禅，自证自悟之禅变为傍人门户之禅，这就是禅宗诗化过程中付出的重大代价。从更广阔的角度看，这也是宋代文化中特有的崇古精神和书卷精神在禅宗思想中的曲折反映。诗和禅在宋代携起手来，相得益彰，然而那些“钓话”、“骂阵”、剽窃古德的吟诗作颂的僧徒们，则不仅是对禅的玷污，而且是对诗的亵渎。

三、诗僧与僧诗

僧人写诗开始于东晋，历宋、齐、梁、陈、北周、隋诸朝，代有其人。这些僧人的诗虽也有表现禅理的，但和赞颂阐述佛教教义的偈颂大不相同。如支遁（314—366年）的《咏怀诗五首》之三就是把“抱朴镇有心，挥玄拂无想”的禅玄之思纳入“感物思所托”的心理历程之中。慧远（334—416年）的《庐山东林杂诗》中“妙同趣自均，一悟超三益”的禅悟也是来自“有客独冥游，径然忘所适”的内心体验。通过心灵的沉思去体会佛理，是这类僧诗异于偈颂宗教说理的独特之处。同时，这些诗注意通过模山范水来表现哲理，能客观精确地描绘自然山水的形态，如支遁诗中的“丹砂映翠濑，芳芝曜五爽。苕苕重岫深，寥寥石室朗”，慧远诗中的“崇岩吐清气，幽岫栖神迹。希声奏群籁，响出山溜滴”等句，都有这样的特点。至于若耶山僧帛道猷（东晋人）竟已知“触兴为诗”，并写出“茅茨隐不见，鸡鸣知有人”这样意境深远的佳句（以上诸作均见《古今禅藻集》卷一）。另外，南朝的僧人如汤惠休、宝月等人还留下了一些如《怨诗行》《估客乐》这样纯粹写世俗感情的作品。总之，僧诗和偈颂从一开始就是走的两条不同的路。

诗僧作为一个特殊的阶层，出现于唐代，严格说来，形成于中唐大历之后。宋人姚勉说:“汉僧译,晋僧讲,梁、魏至唐初,僧始禅,犹未诗也。唐晚禅大盛,诗亦大盛。”(《雪坡舍人集》卷三十七《赠俊上人诗序》)唐以前虽也有僧人写诗,但人数很少,东晋至隋近三百年间,仅有诗僧三十余人,而且作品寥寥。而据《全唐诗》记载,唐诗僧共百余人,诗作有四十六卷,并且其中绝大部分诗僧和僧诗都集中在大历以后的百多年间。正如姚勉所说,诗僧这一特殊阶层的形成,僧诗这一重要的文学现象的出现,是和禅宗的兴盛分不开的。

禅宗的宗教改革带来僧侣阶层的分化。既然“本性即佛”、“平常心是道”,那么其他宗门教理、清规戒律只不过是个形式而已,无足轻重。吃斋念佛是禅,运水搬柴是禅,吟诗作画也是禅。丹霞天然可以由儒生而削发出家,贾岛(僧名无本)、周贺(僧名清塞)也可以由僧徒而蓄发还俗,是僧是俗并不重要,学禅作诗两不相妨,这是诗僧阶层形成的第一个因素。此外,“渔阳鼙鼓动地来”,惊破了许多士大夫“直挂云帆济沧海”的封建盛世之梦。“自从苦学空门法,销尽平生种种心。唯有诗魔降未得,每逢风月一闲吟。”(白居易《闲吟》)于是那些失意于仕宦之途、厌倦政治、已出家而又难舍尘缘的人,便做了一种僧不僧、俗不俗的诗文和尚。这样,名教与自然、出世与入世这些贯穿整个封建社会历史中的士大夫内心的矛盾,便在特殊的历史条件下以一种特殊的方式表现出来,这是诗僧阶层形成的第二个因素。僧诗大盛的时期,正是南宗势焰正炽的时期,也是安史之乱后社会动荡的时期,这是有其深刻的政治文化背景的。

诗僧的生活,用齐己的话来说,主要是“吟疲即坐禅”(《喻吟》)或“一念禅余味《国风》”(《谢孙郎中寄示》),诗禅兼习,并行不悖,从骨子说甚至对吟诗的嗜好超过参禅。尽管唐以后的僧诗基本出自禅僧之手，尽管唐以后的禅偈逐步诗化，但僧诗和禅偈仍然各不相同。一是两者的功能不同，禅师作偈是为了示法启悟，着眼点在宗教；诗僧作诗主要是为了娱情适意，着眼点在审美。二是两者的创作过程不同，禅偈因机致教，唯重简捷，“偈不在工，取其顿悟而已；诗则一字不可不工”（方回《清渭滨上人诗集序》），所以僧诗常常是由苦吟而成，冥思苦想，句斟字酌，费尽推敲。三是两者的语言风格不同，从诗家的角度来看，偈颂中的禅语入诗即成理障；从禅家的角度来看，诗歌的藻饰修辞又有执著文字之嫌。正因如此，绝大部分诗僧在禅宗史上并不太重要，而那些开宗立派的禅宗大师在诗歌史上也往往名不见经传。

唐僧人诗篇，大致见于南宋李龏编辑的《唐僧弘秀集》十卷，起皎然讫至智暹。李龏自序说：“诗教湮微，取以为缁流砥柱。”宋僧诗的总集，有南宋书商陈起所辑的《宋高僧诗选》前集、后集（上、中、下卷）、续集和补遗，共收六十一位诗僧三百三十八首诗。而厉鹗的《宋诗纪事》，共收诗僧二百四十人，比唐诗僧人数多出一倍以上。此后还有明人毛晋辑《明僧弘秀集》十三卷，明释正勉、性涵辑《古今禅藻集》二十八卷（收历代僧诗三千余篇），清释含澈辑《方外诗选》八卷（其中含清僧诗三卷，诗僧一百一十七人）等。总之，诗僧作为一种重要的文化现象，僧诗作为一种重要的文学现象，我们没有理由等闲视之。正如禅宗在宋代以后渐趋衰落一样，僧诗在宋代以后也再没有什么新风格出现，因此，在讨论僧诗时，我们主要集中在唐宋时期。

唐僧诗的风格，大致可划分为两大类，一是以王梵志、寒山、拾得为代表的通俗派，二是以皎然、灵澈等人为代表的清境派。这种划分只是相对的，有时同一位诗人就有两种不同风格，如寒山的三百多首诗中，也有“众星罗列夜明深，岩点孤灯月未沉”（《全唐诗》卷八〇六）这样清幽敻绝的意境。

通俗派的诗深受偈颂形式的影响，比较拙朴浅易，主要内容是虔诚的宗教说教以及道德训诫，也有些是利用佛教思想批判现实人生，或表现任运随缘、无所挂碍的人生情趣。如下面这些诗可看出此派诗风的主要特点：

我昔未生时，冥冥无所知。天公强生我，生我复何为？无衣使我寒，无食使我饥。还你天公我，还我未生时。(《王梵志诗校辑》卷六)

凡读我诗者，心中须护净。悭贪继日廉，谄曲登时正。驱遣除恶业，归依受真性。今日得佛身，急急如律令。(寒山诗，《全唐诗》卷八〇六)

城中娥眉女，珠珮珂珊珊。鹦鹉花前弄，琵琶月下弹；长歌三月响，短舞万人看。未必长如此，芙蓉不耐寒。(同上)

这类诗与早期偈颂的渊源甚深，拾得就公然宣称："我诗也是诗，有人唤作偈。诗偈总一般，读时须子细。"(《全唐诗》卷八〇七）可见他们是有意识地以偈颂的通俗来改造诗的表达方式，并以有意提倡一种新诗风而自豪。寒山就对那些嘲笑他的诗不识"蜂腰"、"鹤膝"、平仄、押韵的人予以反击，堂而皇之地自称"我诗合典雅"，并预言"忽遇明眼人，即自流天下"(见《全唐诗》卷八〇六)。的确，寒山、拾得的诗风在晚唐以后的诗僧中很有市场，比如怀濬多写"歌诗鄙俚之词"(《宋高僧传》卷二十二)，常达"于五、七言诗，追用元和之体"(《宋高僧传》卷十六)，晚唐五代之际的著名诗僧贯休称自己的作品"风调野俗"，"概山讴之例"(《山居诗二十四首序》,《全唐诗》卷八三七)。不过，应该承认，王梵志、寒山、拾得的诗主要流行于民间，这从敦煌文献中发现的大量民间手抄本可以证明。他们的诗在唐代士大夫中影响不大，他们的活动年代无法得到确证就很能说明问题。至于宋代的王安石、黄庭坚等人对王梵志、寒山诗颇感兴趣，那不过是想给日趋精美的诗歌带来点野性的破坏而已，做到所谓的“以俗为雅”，达到标新立异的效果。

清境派的诗歌更接近唐诗正统的、传统的审美特征，语言典雅，格律精严，诗风清幽淡远，注意意境的创造。权德舆称灵澈的诗如“松风相韵，冰玉相叩”，“语甚夷易”，“淡然天和”，称他作诗的过程是“深入空寂，万虑洗然”，“心不待境静而静”（《送灵澈上人庐山回归沃洲序》，《全唐文》卷四九三），可以说概括出这派诗僧的共同特点。如果说通俗派的诗过于直露无遗的话，那么清境派则非常注意语言的精炼和意境的含蓄空灵。如皎然的《闻钟》：“古寺寒山上，远钟扬好风。声余月树动，响尽霜天空。永夜一禅子，泠然心境中。”古刹钟声在万籁俱寂的月夜之中飘扬回旋，余音袅袅，消散在布满秋霜的夜空里。这钟声融进了禅僧宁静空明的心境之中，钟声月色，灵境禅心，浑然一体。

在僧诗里出现频率最高的意象是明月和白云，这一方面和唐代禅僧清幽静谧的生活环境有关，另一方面也和他们空寂澄明、自由闲散的心境分不开。这正如姚合所说：“看月空门里，诗家境有余。”（《酬李廓精舍南台望月见寄》）也如皎然所说：“逸民对云效高致，禅子逢云增道意。”（《白云歌寄陆中丞使君长言》）在唐僧诗里，我们到处都可以看到这两个带着禅意的意象：

寂寂孤月心，亭亭圆泉影。（皎然《宿山寺寄李中丞洪》）
月影沉秋水，风声落暮山。（灵一《酬陈明府舟中见寄》）
月华澄有象，诗思在无形。（齐已《夜坐》）

禅室白云去，故山明月秋。（灵澈《初到汀洲》）

冷色石桥月，素光华顶云。（无可《禅林寺》）

白云供诗用，清吹生座右。（皎然《答裴集阳伯明二贤》）

云影悟身闲。（皎然《奉酬颜使君真卿见过》）

这里的月色云影与诗情禅意完全交融冥契，既是诗人的审美对象，又是禅僧的观照对象，它们在诗中已由自然物象转化为象征性的意象。月是莹洁空明的清净心的象征，如寒山所说："吾心似秋月，碧潭清皎洁。"（《全唐诗》卷八〇六）不过那是譬喻，不像清境派诗人这样通过对明月夜意境的表现，自然传达出"心似秋月"的言外之意。云是禅家淡泊清净的生活与闲适自由的心境的象征，"闲云不系从卷舒"（灵一《题东兰若》），这就是禅僧追求的心灵的解脱。

总之，清境派的诗僧更像披着袈裟的士大夫，自有一种幽深清远的林下风流，在中晚唐以后禅僧日益士大夫化的风气下，逐渐成为僧诗的主流。齐己有几句诗："贾岛存正始，王维留格言"（《寄洛下王彝训先辈》），"昼公（皎然）评众制，姚监（姚合）选诸文"（《寄南徐刘员外》）。可以说勾勒出了晚唐以后诗僧的师承体系，这就是由王维、皎然到贾岛、姚合的艺术典范。其实，这和晚唐五代士大夫的审美趣味完全是一致的，我将在第三章的"贾岛时代"详细说明这一点。参禅入定的观照，心极神劳的构思，清新和谐的语言与含蓄冲淡的意境，是这派僧诗的主要特点。不过，苦吟的态度常常破坏其语言的自然和意境的浑融，这在中唐僧诗中还不太明显，而到晚唐五代却愈来愈过火。

与唐诗僧相比，宋诗僧的世俗味更浓。如宋初九僧（希昼、保暹、文兆、行肇、简长、惟凤、惠崇、宇昭、怀古）的诗中就有"春生桂岭外，人在海门西"（希昼《怀广南转运陈学士》）、"马放降来地，雕盘战后云”（宇昭《塞上赠王太尉》）这样气韵沉雄的诗句。北宋中叶的诗僧更接近士大夫。如仲殊的《润州北固楼》诗：“北固楼前一笛风，断云飞出建昌宫。江南二月多芳草，春在濛濛细雨中。”情韵宛丽，脍炙文人士大夫之口（见《侯鲭录》卷一）。又如诗僧道潜（号参寥子）虽自称“禅心已似沾泥絮，不逐东风上下狂”（见《侯鲭录》卷三），其实他的诗还是很有人情味的，如以下两首诗：

风蒲猎猎弄轻柔，欲立蜻蜓不自由。五月临平山下路，藕花无数满汀洲。（《经临平作》）

赤叶枫林落酒旗，白沙洲渚夕阳微。数声柔橹苍茫外，何处江村人夜归。（《秋江》）

充满对生活的热爱，哪里有半点死寂的禅心。惠洪其人则更是“于禅门本分事”无之，而酷好作诗填词，语言绮丽风流，相传王安石的女儿读惠洪诗至“十分春瘦缘何事，一掬乡心未到家”之句，说道：“此浪子和尚耳!”（《能改斋漫录》卷十一）总之，惠洪的诗在内容上与当时一般士大夫的诗并无多大差别。许颉就称赞他的作品“颇似文章巨公所作，殊不类衲子”（《彦周诗话》）。北宋中后期的诗僧如秘演、清顺、文莹、如璧等人都在不同程度上具有以上这些特点。因而，许多诗僧为人所称赏的名句，往往与禅毫无关系。

诗与禅的沟通，特别是禅宗思维方式对诗歌创作的渗透，诗僧起了重要的催化过渡作用。和那些禅宗大师、士大夫们相比，诗僧兼有两方面的优点：一方面他们通晓佛理，在不同程度上有寂照了悟的体验，为一般士大夫所缺欠；另一方面多具深情，且有诗歌创作的经验，为心身皆空的地道出家人所少有。这种兼二者所长的特点，使他们比较自然地将宗教转化为审美，成为沟通诗与禅的重要中介。在僧诗中，我们常常可看到有意识的诗、禅并举：

> 爱君诗思动禅心。（皎然《酬张明府》）
>
> 道性宜如水，诗情合似冰。（齐己《勉诗僧》）
>
> 诗魔苦不利，禅寂颇相应。（齐己《静坐》）
>
> 时有兴来还觅句，已无心去即安禅。（齐己《山中寄凝密大师兄弟》）
>
> 禅心尽入空无迹，诗句闲搜寂有声。（齐己《寄蜀国广济大师》）
>
> 禅客诗家见。（无可《冬晚姚谏议宅会送元绪上人归南山》）
>
> 禅抛金鼎药，诗和玉壶冰。（贯休《春晚寄卢使君》）

至于以下这些诗句，则完全把诗和禅的内在一致性揭示出来了：

> 律仪通外学，诗思入玄关。（灵澈《送道虔上人游方》）
>
> 诗心何以传，所证自同禅。（齐己《寄郑谷郎中》）
>
> 道妙言何强，诗玄论甚难。（齐己《溪斋二首》之一）
>
> 禅玄无可示，诗妙有何评。（齐己《逢诗僧》）

一是指出诗思、诗心和禅的证悟的一致性，二是指出诗、禅二者的本体都具有逻辑语言难以评说的玄妙意义。这对后来的诗人探讨诗禅关系有一定的启示意义。尤为值得注意的是，皎然的一系列诗论著作引禅入诗，对后世意境理论的形成有深远影响。至于晚唐诗僧的一些诗议、诗格类著作，虽在理论上没有多大贡献，但对我们研究中国古诗的句法、格律、修辞等，也有一定的参考价值。

四、蔬笋气或酸馅气

由于诗僧具有共同的宗教信仰、类似的思维方式、相近的生活环境与审美趣味，相对受社会政治变化、时代风尚转移的影响要小一些，所以历代的僧诗具有大体一致的艺术风格，这就是被人戏谑和讥讽的“蔬笋气”或“酸馅气”。僧徒素食蔬笋、酸馅，因此用来比喻出家人的本色，也用蔬笋气和酸馅气来嘲笑僧人作诗特有的腔调和习气。苏轼《赠诗僧道通诗》说：“语带烟霞从古少，气含蔬笋到公无。”自注：“谓无酸馅气也。”这大概是蔬笋气、酸馅气的最早出处。

蔬笋气也有人称为“蔬茹气”，如宋人黄伯思《东观余论》卷下《跋景福草书卷后》说：“僧书多蔬茹气，古今一也。”虽是说的书法，其实也可移于评诗。也有人称为“菜气”，如欧阳修称赞大觉怀琏禅师的诗说：“此道人作肝脏馒头。”王安石不懂其中的戏谑，问他的意思，欧解答说：“是中无一点菜气。”（见《冷斋夜话》卷六）清贺贻孙《诗筏》又提出所谓“钵盂气”，钵盂是僧徒的饮食器具，钵盂气也指僧诗的本色，和蔬笋气等的意思差不多。

从人们（主要是宋人）对僧诗的嘲讽批评来看，蔬笋气主要包括以下这些弊病：

（一）意境过于清寒，缺乏人世生活的热情。陈善说：“予尝与僧慧空论今之诗僧，如病可（祖可）瘦权（善权）辈，要皆能诗，然尝病其太清。……如人太清则近寒，要非富贵气象，此固文字所忌也。观二僧诗，正所谓其清足以仙，其寒亦足以死者也。”（《扪虱新话》上集卷四）祖可、善权是属于江西诗派的诗僧，作品大多数都写山林的幽栖生活，如祖可这首诗：

> 伛步入萝径，绵延趣最深。僧居不知处，仿佛清磬音。石梁邀屡度，始见青松林。谷口未斜日，数峰生夕阴。凄风薄乔木，万窍作龙吟。摩挲绿苔石，书此慰幽寻。（《苕溪渔隐丛话》后集卷三十七引）

这样幽寂的意境，在僧诗中是有代表性的。所谓“枯木寒岩，全无暖气”（贺贻孙《诗筏》），就是蔬笋气的表现之一。苏轼评唐人司空图的“棋声花院静，幡影石坛高”两句诗说：“吾尝游五老峰，入白鹤院，松荫满庭，不见一人，惟闻棋声，然后知此句之工也。但恨其寒俭有僧态。”（《书司空图诗》）这段话的最后一句就是对蔬笋气的解释。和杜甫的“暗飞萤自照，水宿鸟相呼”、“四更山吐月，残夜水明楼”这样充满生命律动、饱含生活热情的诗句比起来，祖可、司空图之流的“僧态”的确显得过于“寒俭”。这是感情枯寂带来的必然结果。

（二）题材过于狭窄，缺乏广泛深刻的社会生活内容，“其体格不过烟云、草树、山川、鸥鸟”（《庐山志》卷一引《学圃余力》评祖可诗）。宋人李彭（字商老）说：“可（祖可）诗句句是庐山景物，试拈却庐山，不知当道何等语。”（《扪虱新话》上集卷四引）这实际上是僧诗的通病。欧阳修《六一诗话》上介绍了一个很有趣的故事，说的是宋初有一个进士名叫许洞，善为词章。有一次他和著名的九位诗僧（即前面说过的“九僧”）聚会，分题作诗。许洞摆出一张纸，和诸僧相约说：“不得犯此一字。”诸僧看纸上写的字乃是山、水、风、云、竹、石、花、草、雪、霜、星、月、禽、鸟之类，于是纷纷搁笔，不敢作诗。可见，除了自然景物的题材外，诗僧很难写出其他方面的东西，这是诗材不富的另一种寒俭之态。

（三）语言拘谨少变化，篇幅短小少宏放，前者是感情枯寂在语言上的反映，后者是题材狭窄在体裁选择上的表现。宋人郑獬说："浮屠师之善于诗，自唐以来，其遗篇之传于世者，班班可见。缚于其法，不能闳肆而演漾，故多幽独、衰病、枯槁之辞。予尝评其诗，如平山远水，而无豪放飞动之意。"（《文莹师诗集序》，《郧溪集》卷十四）语言是感情的载体。诗僧追求的是"万虑洗然"、"不待境静而静"的禅心，不同于所谓"不平则鸣"或"愤怒出诗人"的躁动不安的诗心，因而平平静静写来，缺乏跳荡飞动、抑扬顿挫的句法、章法。如贺贻孙所说："诗以兴趣为主，兴到故能豪，趣到故能宕。释子兴趣索然，尺幅易窘……求所谓纵横不羁，潇洒自如者，百无一二。"（《诗筏》）统观历代僧诗，五言诗的数量大大超过七言诗，而七言诗中又以七绝数量最多。最具僧诗本色的是五律这种句式简约、篇幅短小的体裁，前面说过，齐己曾以王维、皎然、贾岛、姚合为僧诗效法的典范，而这几位诗人恰巧是以五律见长的。宋初九僧留下来的一百多首诗，几乎全为五律。这充分说明，那种天马行空、鱼龙百变的七言歌行是和缚于禅寂的诗僧无缘的。

（四）作诗好苦吟，缺乏自然天成之趣；又好使用禅语，缺乏空灵蕴藉之韵。叶梦得指出："近世僧学诗者极多，皆无超然自得之气。往往反拾掇摹效士大夫所残弃。又自作一种僧体，格律尤凡俗，世谓之酸馅气。"（《石林诗话》卷中）本来禅宗主张"于诸境上心不染"（《坛经》），任性逍遥，随缘放旷，不受任何外物的滞累束缚。而诗僧却成天醉心于作诗，如他们自己所承认的那样，身心已全部投入搜觅佳句之中：

河薄星疏雪月孤，松枝清气入肌肤。因知好句胜金玉，心

极神劳特地无。(贯休《苦吟》)

诗在混茫前，难搜到极玄。有时还积思，度岁未终篇。(齐己《寄谢高先辈见寄》)

日日为诗苦，谁论春与秋。一联如得意，万事总忘忧。(归仁《自遣》)

吟苦与冥搜，更深物象幽。直疑双鬓白，应感四邻愁。(宋僧用文《夜吟》)

心极神劳，伤身伐性，哪里见得到半点的通脱旷达，真是多“僧”气而少“禅”味。另一方面，诗僧又时时不忘自己出家人的身份，因而常常将禅语嵌入诗中以作标榜，在山光水色之中来点“世事花上尘，慧心空中境”(皎然《白云上精舍寻杼山禅师兼示崔子向何山道上人》)、“护戒避生草，净心观落晖”(清顺《书景舒庵壁》)之类的句子，落入言筌理障之中。这些句子带着出家人特有的腔调，难免透出一股“蔬笋气”。

此外，宋人还常常把“蔬笋气”和读书多寡联系起来，如刘克庄称祖可“默读书，诗料多，无蔬笋气”(《江西诗派》，《后村先生大全集》卷九十五)，而批评祖可的却说他“读书不多，少变态”(《庐山志》卷一引《学圃余力》)，言下之意是有蔬笋气。不管谁是谁非，都把读书少看作僧诗“蔬笋气”的特征之一，所持评判标准相同。严格说来，这并不是僧诗的缺点，反倒说明宋代士大夫的“书卷气”太多了一点。

以上我们总结了宋人对僧诗的指责，其中当然有不少中肯的意见。但是，另一方面，“蔬笋气”正是僧诗作为一种重要的文学现象的独特之处，自有其独立的审美价值，正如有人为它辩护的那样：“诗僧之诗所以自别于诗人者，正以蔬笋气在耳。”(元好问《木庵诗集序》,《遗山先生文集》卷三十七)“僧诗味不蔬笋,是非僧诗也。”(姚勉《题真上人诗稿》,《雪坡舍人集》卷四十一)的确,如苏轼爱道潜(参寥子)的诗无“蔬笋气”,正是因为道潜的诗和一般的士大夫诗没有两样,丧失了僧诗的特色。

那么,“蔬笋气”作为僧诗的艺术风格,除了前面所说的那几点弊病外,还有没有值得肯定或值得研究的地方呢?下面我从选材、构思、表达、意境四个方面,简略谈谈这种艺术风格的主要内涵。

首先,“蔬笋气”表现在僧诗的选材几乎全部面向自然,这固然有诗材不富之嫌,但也正因这种集中的选材,使僧诗在某种意义上来说极大地丰富和开拓了山水诗领域。诗僧生活在环境清幽静谧的深山古寺,远离世俗城镇,他们观照山水,沉思冥想,以期顿悟自性。一方面,“山林大地皆念佛法”,“青青翠竹,尽是法身,郁郁黄花,无非般若”,山水草木都是有佛性的生命;另一方面,“我心即山林大地”,山林草木都是自我心灵的外化形式。因而他们比一般士大夫更多地把整个身心投向了自然山水。翻开《古今禅藻集》《方外诗选》这类总集,扑面而来的大都是千姿百态的山水、风云、竹石、花草、雪霜、雨雾、星月、禽鸟等,随便举唐、宋、元、明几位诗僧的作品可见一斑:

招我郊居宿,开门但苦吟。秋眠山烧尽,暮歇竹园深。寒浦鸿相叫,风窗月欲沉。翻嫌坐禅石,不在此松阴。(唐无可《暮秋宿友人居》)

闻道安禅处,深萝任隔溪。清猿定中发,幽鸟座边栖。云影朝晡别,山峰远近齐。不知谁问法,雪夜立江西。(宋契嵩《湖上晚归》)

红日半衔山,柴门便掩关。绿蒲眠褥软,白木枕头弯。松

> 月来先照，溪云出未还。迢迢清夜梦，不肯到人间。（元清珙《山居》）
>
> 远径通深麓，斋居小更幽。松声四壁雨，湖影满床秋。世路迷真境，僧缘息妄求。开门渔篷近，明月在沧洲。（明法聚《宿云居西麓庵》）

历几百年，僧诗的选材都无多大变化，但它们却相当真实地反映了禅僧们的生活实际，构成了一个远离尘嚣的纯净空寂的充满诗意的世界。自然景物是僧诗的生命，娱情适意、明志说理、参禅示悟、寄感抒怀，无一不是通过景物表现出来的。和士大夫那种“不得犯此一字”（《六一诗话》）、“诗禁体物语”（《石林诗话》卷下）的作诗态度相比，更能看出僧诗倾心自然的鲜明特点。

其次，“蔬笋气”还表现为构思的静默观照与沉思冥想，完全不同于“兴酣落笔摇五岳”式的迷狂。诗僧大都有坐禅的经验，诸如“鹿嗅安禅石”（唐虚中《赠栖禅上人》）、“坐石鸟疑死”（唐清尚《赠樊川长老》）之类的诗句都可证明他们参禅入定的功夫。这样，禅宗的直觉观照与冥想，自然成为诗僧构思时的重要法门，这就是重视直觉观察而忽视客观观察，重视主体感受而忽视客体存在，重视内心体验而忽视外在生活。在僧诗里，我们仿佛可以看到他们正静坐在幽静的山涧里、深邃的峡谷中或恬静的月夜下，倾听松风鸟语，凝视溪流山泉，心与万物冥契，时空界限消失，物我关系混同。真所谓“真风含素发，秋色入灵台”（贯休《诗》），所谓“禅心混沌先，诗思云霞际”（文兆《赠天柱山昕禅老》），物境也是心境，禅心也是诗思。于是，永夜的钟声飘进轻妙的禅境（皎然《闻钟》），濛濛的溪雨洗净世俗的灰尘（可止《精舍遇雨》），飘然的行云如出定的禅僧（栖白《寻山僧真胜上人不遇》），澄澈的潭水如清净的灵台

（拾得《松月冷飕飕》）。在直觉观照中，视觉、听觉往往出现错觉，这是因为人的内心情感与观照对象进行了交流，使物象在情感的作用下变形，在审美情趣影响下重新组合。如《冷斋夜话》卷六所引无可上人诗句“听雨寒更尽，开门落叶深”、“微阳下乔木，远烧入秋山”，前者是一种听错觉，落叶声和雨声浑然莫辨，显然有幽寒惆怅的心境介入。后者是一种视错觉，落日如同天边的野火在燃烧，这里也似乎带着一种悠远开豁的情思。惠洪将这两句诗归纳为唐僧的“象外句”句法，可以说窥见了诗僧构思的某些特点。

再次，在表现方面，僧诗的语言往往简洁平淡。禅宗既主张不立文字，因此即便是不得不用文字之时，也是追求以少胜多、以简为妙，比如著名的云门宗就有“一字禅”之说，逢人提问，只答一字。《五灯会元》卷十五：“问：‘如何是正法眼？’师曰：‘普。’问：‘如何是啐啄机？’师曰：‘响。’”诗僧深谙此禅门秘诀，所以作诗特别讲究锤炼语言，力求含蓄简炼。如灵澈的《天姥岑望天台山》：“天台众峰外，华顶当寒空。有时半不见，崔嵬在云中。”不作渲染铺陈，也不作工笔勾勒，轻描淡写，点到辄止，如神龙见首不见尾，而天台山高耸入云、俯视众山的气势，却传神地表达出来，并给人留下极大的想象空间。又如法振的《月夜泛舟》：

西塞长云尽，南湖片月斜。漾舟人不见，卧入武陵花。

前二句写月夜之景，抹去长云之后的夜空片月斜挂，这是若明若暗的朦胧月色。后二句写泛舟，而特意将人隐去，只有一叶扁舟漾入湖边山脚那一片如武陵源的桃花水中。短短数句，勾划出超然物外的桃源仙境以及禅僧那自然适意的人生真谛。除了简洁之外，僧诗还有个共同的特点，就是用词设色非常素淡。前人说：“唐诗色泽鲜艳，如旦晚脱笔砚者。”（杜荫堂《明人诗品》卷二）而唐诗僧的作品却完全是另一回事，没有帝都的紫陌红尘，没有权贵的珠帘画栋，没有边塞的黄沙金甲，也没有市井的红粉青楼，有的只是寒泉冷月、古寺深林。在僧诗的各种意象前面，除了白云、碧潭这类意象带着冷色调的“白”、“碧”颜色词之外，再也难找到其他鲜艳的词汇。

最后，与语言简洁平淡相关，僧诗的意境都倾向于清寒幽静、恬淡虚寂。禅宗的人生哲学和生活情趣的独特性在于：他们生活在喧嚣嘈杂、纷乱动荡的大千世界里，却总能找到一块只属于自己内心的清幽环境，“境因心寂，道与人随”（李华《润州鹤林寺故径山大师碑铭》），他们以虚融清净、澹泊无为的生活为自我内心精神解脱的途径，所以诗中常常表现出一种与具有功名心、风月情的俗人所不同的寂寞感受。面对大自然，他们倾心的不是暴风雨、艳阳天、江海激浪，不是远上白云的黄河、飞流直下的瀑布，而是“罢磬松枝动，悬灯雪屋明”（无可《冬日寄僧友》）的荒寒，“四面青石床，一峰苔藓色”（灵一《栖霞山夜坐》）的冷僻，“啾啾常有鸟，寂寂更无人”（寒山《杳杳寒山道》）的宁静，“卷帘槐雨滴，扫室竹阴移”（清江《病起》）的闲适。灵一的《溪行纪事》创造了一个典型的充满“禅气”的意境：

> 近夜山更碧，入林溪转清。不知伏牛路，潭洞何纵横。曲岸烟已合，平湖月未生。孤舟屡失道，但听秋泉声。

沿溪荡舟而下，月未上，已黄昏，山林愈加幽深，溪流更加清澈，潭洞更加神秘，“曲岸”见其悠远，暮“烟”见其朦胧，“平湖”见其宁静，一叶孤舟缓缓飘过这片湖光山色之中，只听见秋泉淙淙之声，这是多么神秘幽深、寂寞宁静的无人之境！

宋代诗僧惠诠佯狂垢污，而作诗语辞清婉，曾经在某山寺壁上题诗一首："落日寒蝉鸣，独归林下寺。柴扉夜未掩，片月随行屦。惟闻犬吠声，步入青萝去。"这也是一个宁静、幽深而又神秘、清远的意境。就连那个讨厌"寒俭"的僧态而发明"蔬笋气"一词的苏轼，也忍不住追和惠诠诗一首："但闻烟外钟，不见烟中寺。幽人行未已，草露湿芒屦。惟应山头月，夜夜照来去。"（见《冷斋夜话》卷六）这首和作比原诗更像不食人间烟火的僧徒所作，这不是"蔬笋气"又是什么呢？

士大夫对僧诗的指责往往基于各种世俗的标准，如无富贵气、无书卷气、无潇洒豪放之气等。而正如诗僧灵澈一针见血指出的那样："相逢尽道休官好，林下何曾见一人！"（《东林寺酬韦丹刺史》）士大夫中不少人徘徊于出世与入世两极之间，自然山水不过是他们暂时解脱苦闷的精神寄托；更有一些人"志深轩冕，而泛咏皋壤；心缠几务，而虚述人外"（《文心雕龙·情采》），不过以隐居避世来标榜清高而已。他们不可能像大多数诗僧那样把自然山水看作有佛性的生命以及自己心灵的外化形式，从而全部身心投入其中，彻底避开尘世的喧嚣。可以说，僧诗正是以其"蔬笋气"创造了一种超世俗、超功利的幽深清远的审美范型。这种具有"林下风流"的"蔬笋气"也渗透到士大夫的审美趣味中去了。正如清人黄宗羲所说："唐人之诗，大略多为僧咏……岂不以诗为至清之物，僧中之诗，人境俱夺，能得其至清者，故可与言诗多在僧也。齐己曰：'五七字中苦，百千年后清。'此之谓也。"（《平阳铁夫诗题辞》，《南雷文定》三集卷一）

五、文字禅与儒者禅

尽管佛教经典、祖师语录反复申说"心行处灭，言语道断"，

“无有文字语言，是真入不二法门”（《维摩诘经·入不二法门》），“才涉唇吻，便落意思，尽是死门，终非活路”（《五灯会元》卷十二），强调语言文字的局限性和更深刻的“道”的不可言说性，但是，禅宗从一开始就没有放弃语言文字，而且随着偈颂的诗化、僧诗的泛滥，文字化的倾向越来越明显。只是有一点，早期的禅僧作偈吟诗，舞文弄墨，总还有点胆怯心虚，或是自责：“正堪凝思掩禅扃，又被诗魔恼竺卿。”（齐己《爱吟》）或是辩解：“禅外求诗妙，年来鬓已秋。”（齐己《自题》）“诗来禅外得，愁入静中平。”（保暹《早秋闲寄宇昭》）总认为作诗是禅外之事，谈禅时还是讳言文字的。一直到北宋后期的惠洪（1071—1128年）才明目张胆地打出“文字禅”的旗号，径直为自己的诗文集取名《石门文字禅》。其实，“文字禅”三字不过是将禅门早已存在的事实公开揭橥出来而已，早在惠洪之前的元净（辩才）就已说过“故应文字未离禅”（见《苏轼文集》卷六十八《书辩才次韵参寥诗》）之句，可见当时的禅风所向。

正如《石门文字禅》这一名称所显示的那样，惠洪算得上是沟通文字和禅的重要人物，他“虽僧律多疏，而聪明特绝，故于禅宗微义能得悟门；又素擅词华，工于润色”（《四库全书总目·林间录提要》）。他既撰有《禅林僧宝传》《临济宗旨》《林间录》等重要的禅宗文献，又留下《冷斋夜话》《天厨禁脔》等有一定价值的诗话著作，对于诗和禅都有独特的见解。在惠洪的著述中，可以说外学之诗与内学之禅，殊途而渐趋同归。惠洪对禅的文字化倾向作了理直气壮的辩护：

> 心之妙，不可以语言传，而可以语言见。盖语言者，心之缘，道之标帜也。标帜审则心契，故学者每以语言为得道浅深之候。（《题让和尚传》，《石门文字禅》卷二十五）

在他看来，语言尽管难以传达内心的神秘体验，但语言至少可以作为心灵通向真如（道）的桥梁（缘）和标帜，没有语言，谁能知道一个人究竟在多大程度上悟道了呢？岂不是连痴儿和高僧也无法辨别了吗？所以惠洪针对那些动辄就抬出祖师“教外别传，不立文字”之法的人，也引经据典，大加辩驳：

> 彼独不思达磨已前，马鸣、龙树亦祖师也，而造论则兼百本契经之义，泛观则传读龙宫之书。后达磨而兴者，观音、大寂、百丈、断际亦祖师也，然皆三藏精入，该练诸宗，今其语具在，可取而观之，何独达磨之言乎！（《题宗镜录》，《石门文字禅》卷二十五）

真是痛快淋漓，言之有理。实际上，本来祖师所说的“不立文字”，只是叫人不执著于文字而已。赞宁指出：“经云‘不著文字，不离文字’，非无文字。……云‘不立文字’，乃反权合道。”（《宋高僧传》卷十三《习禅篇论》）意思是“不立文字”之说，虽违背常情，然而合于大道（真理），而事实上，习禅还是应不离文字的。明代达观禅师在《石门文字禅》的序中对“文字禅”作了非常雄辩的阐述：

> 禅如春也，文字则花也。春在于花，全花是春；花在于春，全春是花。而曰禅与文字有二乎哉？故德山、临济，棒喝交驰，未尝非文字也。清凉、天台，疏经造论，未尝非禅也。而曰禅与文字有二乎哉？……因名其所著曰文字禅。

也就是说，禅是抽象的、普遍的春，文字是具象的、特殊的花，抽象是具象的本质概括，具象是抽象本质的体现，普遍中包含特殊，特殊是普遍的显现，文字与禅存在着同一性。

尤为精彩的是，宋僧景淳早就将这种认识移植到他的《诗评》中去了：

> 诗之言为意之壳，如人间果实，厥状未坏者，外壳而内肉也；如铅中金、石中玉、水中盐、色中胶，皆不可见，意在其中。（《格致丛书》本）

这段比喻相当深刻。现代语言学认为，语言是一种符号，是思维的外壳，而思维与存在有一致性。景淳的话和这种观点何其相似乃尔！不过，他的认识却源于佛教思想。佛教也认为语言是符号，文字相是一种虚玄的假相，“应物现形，如水中月”，但又因真空与假有是统一的，所以它与那个唯一真实存在的实相也有某种一致性。这是文字与实相的关系，也是诗中“言”与“意”的关系，言和文字就是意和禅的外壳。

“文字禅”常常被人们视为禅宗的堕落，这实际上是不公正的。把佛教从繁琐的经典戒律中解放出来，使之“直指人心，见性成佛”，并不是废弃语言所做到的，而是将逻辑语言转化为诗的语言——先于逻辑的语言的结果。至于禅宗在宋以后的衰落，自有其复杂的社会文化方面的原因，不能仅归咎于“文字禅”的流行。

“儒者禅”是诗僧对诗的另一种称呼。而且他们毫不掩饰自己的诗就是合于儒家诗教的，这远比对“文字禅”的承认来得痛快。“儒者禅”的说法出现于晚唐，最早见于诗僧尚颜的《读齐已上人集》一诗：

> 诗为儒者禅，此格的惟仙。古雅如周颂，清和甚舜弦。冰

生听瀑句，香发早梅篇。想得吟成夜，文星照楚天。

五代时徐夤的《雅道机要》也说：

夫诗者，儒中之禅也。一言契道，万古咸知。

这种说法显然体现了唐代儒、释、道三教合一的思想倾向。唐代的诗僧一般都是素习儒业的士大夫出身，诗人习气未除。空门之道虽给了他们静心息虑的解脱法门，却并没有提供给他们作诗的宗旨和方法。因此，当他们诗兴大发、“诗魔”难降的时候，就又重新变成了儒者；当他们执笔搦翰之时，儒家的诗教就自然而然地出现在脑海。同时，他们的诗作是写给士大夫看的，并不是呈给祖师的禅偈，因而自然地要迎合士大夫的趣味。尽管由于宗教信仰和生活环境的制约使他们的诗不可避免地沾上“蔬笋气”，但他们追求的和推崇的仍是儒家的诗歌典范，如下面几位晚唐诗僧的诗句：

取尽风骚妙，名高身倍闲。（齐己《酬尚颜》）
十载独扃扉，唯为二雅诗。（贯休《偶作》）
雅颂在于此，浮华致那边。（尚颜《言兴》）
传衣传钵理难论，绮靡销磨二雅尊。（尚颜《寄荆门郑准》）

对诗歌的评判，完全持的是儒家雅、颂、风、骚的标准。甚至有人认为，诗和禅各有其参究仿效的对象，禅去参语录，诗还是得学《大雅》：

诗心全大雅，祖意会诸方。（惟凤《与行肇师宿庐山栖贤寺》）

而晚唐的虚中作《流类手鉴》，持论完全受《毛诗序》的影响，似乎与禅门毫无干系。

然而，正如诗僧是沟通宗教与审美的重要中介一样，他们也是连接儒学与禅学的重要中间环节。“诗为儒者禅”的提出，反映了诗僧们力图融合儒、禅的一片苦心。这一说法，大概基于以下这些认识：

第一，诗的精微之处，难以言说，儒者学诗犹如僧徒参禅。在他们看来，诗的本质包含着儒、释、道三家的精华：“夫诗者，众妙之华实，五经之菁英，虽非圣功，妙均于圣。”（皎然《诗式》）诗的最高艺术境界（“诗道之极”）是“但见情性，不睹文字”，这也是儒、释、道三家经典所追求的最高境界：“向使此道尊之于儒，则冠六经之首；贵之于道，则居众妙之门；崇之于释，则彻空王之奥。”（同前）尽管儒是入世的，释是出世的，但就以上这一意义来看，却是相通的。诗以其特有的形象思维的方式涵盖着儒、释的精妙义蕴，这就是文艺理论上常说的“形象大于思想”。因而，儒者和僧徒都可以从诗中得到各自需要的意义。换一个角度看，作为儒家六经之一的诗，由于有“但见情性，不睹文字”的特点，事实上和禅家的“得意者越于浮言，悟理者超于文字”（《大珠禅师语录》）并无二致，因而儒者参诗也可以得到参禅一样的效果。

第二，诗中所表现的人情物态（尤其是自然事物的形态、规律），既可作为儒家格物致知的对象，也可作为禅客参禅悟道的对象。齐己有一首《中春感兴》很能说明问题：

> 春风日日雨时时，寒力潜从暖势衰。一气不言含有象，万灵何处谢无私？诗通物理行堪掇，道合天机坐可窥。应是正人持造化，尽驱幽细入炉锤。

无言的大自然化育出生机蓬勃、万灵蠢动的春天，它以其“物理”与诗相通，也以无言有象、恢弘无私的“天机”呈露给诗人。那么这“天机”到底呈露的是禅之道还是儒之道呢？显然，这里面既有“天行健，君子以自强不息”、“生生之谓易”的儒家天道观念，也有“春来草自青”的“佛法大意”——禅家无念、无相、无住的行为论和瞬刻永恒、万物一体的时空观。儒与禅就这样在呈现大自然的“物理”、“天机”的诗中融为一体，在“一言契道，万古咸知”方面，诗对于儒者和僧徒是完全一样的。

第三，诗具有陶冶性情的功能，这一点类似佛门的“禅悦”（耽好禅理而心神恬悦）。本来诗是离不开感情的，“情动于中而形于言”，“感于哀乐，缘事而发”；而禅是泯灭感情的，禅家要悟的“本心”是不被外界所惑、不动心起念、没有分别、没有执著、也没有感情活动（憎爱喜怒哀乐等）的“清净心”。诗与禅的对立是很明显的。然而，在习禅的士大夫看来，诗不仅无妨于禅，而且可以“助道”。宋初晁迥就认为，白居易《长庆集》中的遣怀之作，可以“弥缝”“经教法门”之阙，“直截晓悟于人”。而晁迥的友人李公维甚至抄录白氏遣怀诗，名为《养恬集》（见《法藏碎金录》卷五）。特别是在宋代新儒学——理学家那里，超然物外的“性”代替了喜怒哀乐的“情”，所以诗“虽曰吟咏情性，曾何累于性情哉?”（邵雍《伊川击壤集序》）也就是说扫除感情的障碍，用空明澄澈的心来观照一切事物，就可以达到物我两忘的境地。这样发而为诗，就能做到“人和心尽见，天与意相连”（邵雍《谈诗吟》），实现“诗扬心造化，笔发性园林”（邵雍《无苦吟》）的明心见性的功能。这实际上与禅悦有殊声而合响、异翮而同飞之处。所以，甚至有人说：“儒家诗教，陶淑性情，与佛门禅悦相表里。”（清释含澈《方外诗选序》），真是一语道破天机。

“儒者禅”的说法真实地反映了诗僧遁入空门而又难舍尘缘的两栖心理。同时，这种说法既可以用禅的标尺来折服来自儒门的关于“蔬笋气”的责难，又可以用儒的大旗来抵挡来自禅门的关于“文字禅”的攻击。所以，当我们看到在诗僧那里吟诗向禅悦靠拢之时，也应该看到“儒者禅”为诗僧反映现实、批判现实提供了依据。他们在标榜儒家诗教传统之时，也不可避免地在某种程度上接受了其中的美刺比兴传统，毕竟他们还不同于那些万念皆空的地道出家人。那个自称十载“唯为二雅诗”的五代诗僧贯休，就在那个民不聊生的乱世，写过一些反映社会战乱、揭露讽刺统治者骄奢淫佚的诗，比如著名的《少年行》《题某公宅》等。而这时，他实际上已成为脱掉袈裟的诗人了。

第三章 ◎ 习禅的诗人

一、维摩诘居士

如果把近佛的中国古代文学家归作一类的话，那么，南北朝以后文学史上知名的作家几乎可囊括大半。这已是学术界公认的事实。同样还有个事实，尽管隋唐五代时期佛教各宗派如法相宗、华严宗、天台宗、净土宗、禅宗等都曾流行一时，但是对士大夫影响最巨的还是首推禅宗。而其中受禅宗影响最巨的又当属习禅的诗人，或者说受禅宗影响最巨的文体当属诗歌。

只要我们稍稍留意一下禅宗史和诗歌史，就会发现一个有趣的现象，禅宗和诗歌发展的轨迹几乎是同步的：禅宗源于南朝，梁、陈之际流行，唐诗也是从南朝永明体蜕变而来，近体诗于梁、陈间萌芽；至唐统一天下，禅宗兴起，静观默照的北宗在开元、天宝间红极一时，不立文字、顿悟成佛的南宗在至德以后宗风大盛，唐诗也蔚为一代文学精华，由初唐的物象繁缛而变为盛唐的兴趣悠远；晚唐五代禅宗各家门庭严峻，接引方式繁多，诗也讲究各种诗法格式；宋代禅宗变为“文字禅”，宋诗也有“以文字为诗”的倾向；明代出现一股“狂禅”之风，而与之相对应的是诗论中“童心说”、“性灵说”的提出和流布……这充分说明，在禅宗与诗歌这两种文化现象的碰撞中，尽管也有诗的精神对禅偈的渗透，但必须承认，禅宗对诗的影响更为广泛和重要。因此，探讨不同时期、不同群体的诗人对禅学思想的吸收情况，对于研究中国古代诗歌的发展演变（尤其是诗歌艺术风格的发展演变）有极其重要的意义。

第一个群体就是盛、中唐的山水诗人。

盛、中唐时期的著名诗人，大多都和禅僧有交往，写过有关禅僧佛寺的诗歌。这些诗人可分为两类，一类是偶尔涉足空门，浸染未深，虽有诗作颇带禅意，但远不足以代表其诗歌的主要风格。比如倾心道教的李白曾体验过“宴坐寂不动，大千入毫发”（《庐山东林寺夜怀》）的禅境，奉儒守业的杜甫自称早年有“心许双峰寺（双峰寺是禅宗四祖道信传法地），门求七祖禅（七祖禅指神秀一系禅法）”（《秋日夔府咏怀奉寄郑监李宾客一百韵》）的经历，辟佛干将韩愈一度与潮州大颠禅师谈禅论道（见《五灯会元》卷五）。但李白诗的豪放飘逸、杜甫诗的沉郁顿挫、韩愈诗的险怪雄奇，却基本上与禅宗的清静澹泊无缘。

另一类就是倾心禅宗、笃信佛教的人，如王维、孟浩然、韦应物、柳宗元及其周围的一大群诗人，这批人在文学史上恰恰被归入山水诗派。除了王维、柳宗元这两位公认的近佛作家以外，这派诗人大都有较多的习禅经历或与禅僧有密切的交往。我粗略统计过，仅在诗题上明显有关佛寺禅僧的诗篇，孟浩然有二十八首，韦应物有六十七首，刘长卿有五十五首，钱起有二十五首。王维的诗友綦毋潜，《全唐诗》载其诗共二十六首，其中有关僧、寺者就达九首。裴迪共有诗二十九首，除了充满禅意的《辋川集》中的二十首五绝外，余下的九首中有三首是关于僧寺的。总之，在这派诗人中，有关佛教的题材占相当大的比例。这种现象早就被他们的同时代人所注意到了，如殷璠的《河岳英灵集》就称綦毋潜“善写方外之情”，又说刘眘虚的“松色空照水，经声时有人”等诗句，“并方外之言也”。后人也多有论及此派诗人创作中的禅意的。如明末清初的李邺嗣说：

> 唐人妙诗若《游明禅师西山兰若》诗，此亦孟襄阳（孟浩然）之禅也，而不得耑（专）谓之诗；《白龙窟泛舟寄天台学道者》诗，此亦常征君（常建）之禅也，而不得耑谓之诗；《听嘉陵江水声寄深上人》诗，此亦韦苏州（韦应物）之禅也，而不得耑谓之诗。使招诸公而与默契禅宗，岂不能得此中奇妙。（《慰弘禅师集天竺语诗序》，《杲堂文钞》卷二）

其实，除了李邺嗣所举的这三首诗外，孟浩然的“看取莲花净，方知不染心”（《大禹寺义公禅》）、常建的“山光悦鸟性，潭影空人心”（《题破山寺后禅院》）、韦应物的“出处似殊致，喧静两皆禅”（《赠琮公》）等诗句，也都是深契禅理之作。不过，在这批近禅的山水派诗人中，王维无疑是耽于禅悦最早最深且最有代表性的。

王维（701—761年），字摩诘。他的名字取自佛经中的一个重要人物——维摩诘居士。维摩诘是梵文音译，意译为“净名”或“无垢称”。《维摩诘经》中说他是毗耶离城中的一位大乘居士，和释迦牟尼同时，善于应机化导。他曾经以病为由，向释迦遣来问讯的舍利弗和文殊师利宣扬大乘佛教的深义。维摩诘作为现身说法、辩才无碍的人物而受到崇佛之人的喜爱，但对于大多数士大夫来说，他们更欣赏他那种亦僧亦俗的居士身份。所谓“居士”，按慧远《维摩义记》的解释，就是“在家修道，居家道士”，不出家的奉佛人。不必遁入空门，便可超渡彼岸，既可兰若（寺院）谈禅，又可坐朝论事，士大夫那种“达则兼济天下，穷则独善其身”的人生哲学便在“居士”这种特殊身份上统一起来了。于是，在唐宋诗人中我们可以开出一长串以居士为号的名单：白居易号香山居士，欧阳修号六一居士，苏轼号东坡居士，陈师道号后山居士……而王维虽没有居士之号，却以他的字摩诘最早表明了在家奉佛的居士身份。

王维生活在唐王朝的鼎盛时期，他也曾像少年的杜甫、中年的李白一样，高歌过事业、功名，也像少年的岑参、中年的高适一样，向往过从军边塞。但随着开元二十三年（735年）张九龄的罢相，王维的热情却比其他人更快地冰冷下来。其实不必定要去探究政治方面的原因，事实上，并非所有的人在政治上受挫折后都必然走王维这条路，特别是在盛唐时期。王维过早地逃避世事显然和他家庭浓厚的佛教气氛的熏陶有关。他的母亲崔氏就曾经师事大照普寂（北宗神秀的弟子）禅师三十余年（见王维《请施庄为寺表》），在其影响下，王维和弟弟王缙“俱奉佛，居常蔬食，不茹荤血”（《旧唐书·王维传》）。对于政治斗争，他与其说是人身的逃避，不如说是精神的逃避，因为他是在官阶升迁的过程中避入山林和禅门的。

王维与禅宗的南北二宗都有很深的关系。他写过一篇《为舜阁黎谢御题大通大照和尚塔额表》，大通就是北宗的神秀，大照就是普寂。他后来又受南宗首领神会之托为慧能撰写了一篇《能禅师碑》，可见其对禅学的研究非一般浅尝辄止之人所比。禅宗的思维方式和人生哲学在他诗中打下深深的烙印。正如明人胡应麟所说：“太白五言绝，自是天仙口语，右丞却入禅宗。”（《诗薮》内编卷六）

人们一般把王维诗看作是南宗禅影响的产物，如孙昌武先生就认为王维诗借鉴了南宗的“顿悟”之说（见《佛教与中国文学》第二章）。不过，在我看来，王维诗受北宗的影响似乎更大，诗中更多表现的是北宗“凝心入定，住心看净，起心外照，摄心内证”的境界。北宗是讲究坐禅的。据《五灯会元》卷一记载，唐中宗遣内侍薛简请慧能入京，薛简对慧能说：“京城禅德皆云，欲得会道，必须坐禅习定。若不因禅定而得解脱者，未之有也。”这反映了北宗禅法盛行于长安的情况。王维的习禅正是这种流行一时的禅法。《旧唐书·王维传》说他“退朝之后，焚香独坐，以禅诵为事”。在王维的诗中，也到处都可见到“禅寂”、“安禅”一类的字眼：

> 禅寂日已固（《偶然作》六首之一）
> 欲知禅坐久（《过福禅师兰若》）
> 安禅制毒龙（《过香积寺》）
> 闲坐但焚香（《春日上方即事》）

这当然与反对坐禅的南宗有别，尤其是“安禅制毒龙”的禁欲主义思想完全与“平常心是道”的南宗宗旨相左。此外，王维常常追求一种与人世隔绝的生活，他在诗中多次写到闭门：

> 虽与人境接，闭门成隐居。（《济州过赵叟家宴》）
> 闲门寂已闭，落日照秋草。（《赠祖三咏》）
> 借问袁安舍，翛然尚闭关。（《冬晚对雪忆胡居士家》）
> 轻阴阁小雨，深院昼慵开。（《书事》）

他不仅“日暮掩柴扉”（《送别》），而且“荆扉乘昼关”（《淇上即事田园》）。这种避世主义当然也与南宗那种“十字街头，解开布袋”的通脱精神格格不入，这毋宁说是弘忍“背境观心，息灭妄念”的早期禅法的实践。

事实上，王维的时代诗人们接受的基本上都是北宗的禅法，如前所举李白、杜甫的诗句可以作证。在王维的周围，孟浩然、裴迪、綦毋潜、储光羲等人的习禅态度或对禅宗的理解也大致如此，都是禅坐、禅寂这类沉思冥想、默照静观的方法：

> 吾师住其下，禅坐说无生。（孟浩然《游明禅师西山兰若》）
> 会理知无我，观空厌有形。（孟浩然《陪姚使君题惠上人房》）
> 徒知燕坐处，不见有为心。（綦毋潜《题招隐寺绚公房》）
> 安禅一室内，左右竹亭幽。（裴迪《夏日过青龙寺谒操禅师》）

而这类禅定方法，恰巧是在南宗那里要受到嘲笑的："住心观静，是病非禅。"（《五灯会元》卷三）"修定住定被定缚，修静住静被静缚，修寂住寂被寂缚。"（《荷泽神会禅师语录》卷一）南宗认为，人的本心就是清净心，能悟到这清净本心便是解脱，而这些坐禅观想反而使本心有了滞累。我之所以一再强调这一点，是想说明王、孟诸人的山水诗主要是北宗的"住心观静"，而不是南宗的"顿悟自性"的产物。

王维有两句诗"行到水穷处，坐看云起时"（《终南别业》），尽管在南宗的公案里常被用来示法开悟，但我却以为它更像是北宗渐悟的象征。长期艰苦的修行，穷极真理之源，而那智慧的云、觉悟的云慢慢在心中升起。这种解释也许不算太牵强附会，曾经有僧问越州石佛晓通禅师："如何是顿教？"师答："月落寒潭。"又问："如何是渐教？"师答："云生碧汉。"（见《五灯会元》卷十六）大概也是像我这样理解的。

同时，"坐看云起时"也体现了王维等人的观物方式。"山中习静观朝槿，松下清斋折露葵"（《积雨辋川庄作》），这种禅观方式实际上是把北宗的“背境观心”改造为“对境观心”，从禅房静室中走出来，把自然物作为息心静虑的对象，作为凝神观照的对象。所以那些近禅的诗人常常把自己的注意力放在空寂宁静的自然物境之中。他们不是像陶渊明那样能做到“结庐在人境，而无车马喧”（《饮酒》之一）的恬然，而是尽可能地避开“人境”的喧嚣，躲到深山古寺、空林幽谷里，坐对行云流水、秋月澄潭，制服心中烦恼欲望的“毒龙”。于是，习禅的观照和审美的观照合而为一，禅意渗入山情水态之中。这样，我们在盛中唐的山水诗中，常常看到的是迥异于时代的热情、闳放、自信的另一种空寂无人的境界，即李白所不满的“头陀云月多僧气，山水何曾称人意”（《江夏赠韦南陵冰》）。

当然，王、孟等人也多少接受了一些南宗的观念，或者说诗中表现出来的某些禅意和南宗暗合。南宗以“无念为宗”，认为“心生则种种法生，心灭则种种法灭”（参见《坛经》），意思是说，心空就一切皆空了。这种思想王维也常提到嘴边：“眼界今无染，心空安可迷。”（《青龙寺昙壁上人兄院集》）“无有一法真，无有一法垢。”（《胡居士卧病遗米因赠》）除了这些枯燥说教的诗句外，王维也把这种思想融入诗的意境中，如“空”、“寂”二字可以说是他诗中的口头禅（北宗的“空”是通过坐禅领悟到的，南宗是一念顿悟领悟到的，就“空寂”的境界来说，却是二宗共同追求的）。王维诗中和南宗更接近的是任运无心的自由境界，如《酬张少府》：

> 晚年惟好静，万事不关心。自顾无长策，空知返旧林。松风吹解带，山月照弹琴。君问穷通理，渔歌入浦深。

一任松风吹带、山月照琴，虽不如后来临济义玄那种“屙屎送尿，着衣吃饭，困来即卧”的生活态度那么朴实真率，但毕竟和《坛经》

表述的“无动无静，无生无灭，无去无来，无是无非，无住无往”的无障无碍的境界很接近了。值得注意的是，这种思想出现在王维的“晚年”，应当是他认识南宗神会以后受到的熏染。

此外，王、孟的五言诗以其“羚羊挂角，无迹可求”的意境创造，达到了慧能所说的“诸佛妙理，非关文字”（《坛经》）的意在言外的要求，不过，这也许是古人们所常说的“暗合孙吴”吧。

中唐山水诗基本上是盛唐的继续，但在意象选择和意境创造上都有些微妙的变化。比如说“云”的意象，从中唐开始变得禅意盎然，很多近禅的诗人都爱用“云”字，而大多“云”字又和佛寺禅僧有关。特别是刘长卿的诗中，像“白云留永日”（《初到碧涧招明契上人》）、“空山卧白云”（《送方外上人之常州依萧使君》）、“白云留不住”（《送道标上人归南岳》）、“来去云无意”（《送勤照和尚》）这类句子就有几十例。前面说过，清境派的诗僧也爱用“云”的意象，而这些诗僧正好在中唐登上诗坛。当然，“云”作为心旷神怡、闲适悠远的象征，早在王维诗中就大量出现，光是“白云”一词就有二十五例，但这些“白云”大多是和隐逸相关的，涉及佛寺禅僧的仅三例。

由隐逸的“云”转向禅意的“云”也正如诗僧阶层的出现一样，一是因安史之乱及其后遗症给诗人带来的幻灭感，梦醒后的惆怅和失望使他们更深地领悟了禅宗的澹泊闲适、平静恬然的意义。二是因为禅家南宗在安史之乱后已压倒北宗，而且南宗的主张经过南岳、青原一二传后，便将禅的意味渗透在学人的日常生活里，使它构成一种随缘任运的态度。“云”的禅意化正是南宗的澹泊无心取代北宗住心观静的结果。柳宗元一首颇带禅意的《渔翁》诗最后两句：“回看天际下中流，岩上无心云相逐。”可以说充分表明了中唐山水诗人笔下“云”的意义——一种澹泊、清净生活与闲散、自由心境的象征。关于“云”的意蕴，葛兆光先生在《禅意的云》一文中有极其精彩的论述（见《文学遗产》1990年第3期）可以参见，兹不赘述。

至于意境的创造，中唐山水诗与盛唐山水诗相比，似乎多了几丝萧瑟和清寒。同样是写无人之境，王维的“深林人不知，明月来相照”（《竹里馆》）在宁静中透出幽雅，韦应物的“野渡无人舟自横”（《滁州西涧》）却在宁静中透出寂寞，而柳宗元的“千山鸟飞绝，万径人踪灭”（《江雪》）却在宁静中透出孤独与寒寂。前人把这种变化称为“气运”，其实这是安史之乱后的社会给诗人的心理投下浓重的阴影的曲折反映。另外，中唐山水诗中沿袭性、象征性的意象使用的频率越来越高（如禅意的行云流水等），多少失去了一些盛唐诗中那种由宁静的直觉观照而得来的浑融意境。

后面我将用专章论述禅宗与唐诗意境的关系，这里只是先提出这样两个观点：第一，盛唐和中唐的山水诗虽有一些差异，但总体的审美特征是相近的，这就是司空图所说的“澄澹精致”（《与李生论诗书》）、“趣味澄夐”（《与王驾评诗书》）。第二，所谓“盛唐诗人，惟在兴趣”，相当大的程度上是北宗禅观影响的结果，而随着南宗在中唐后的风靡天下，诗中的“兴趣”反而出现递减的趋势，到晚唐五代禅门五宗创立之后，莹彻玲珑、不可凑泊的“兴趣”几乎丧失殆尽，所谓“大历十数公，抑又其次”（司空图《与王驾评诗书》），“大历以还之诗，则已落第二义矣。晚唐之诗，则声闻、辟支果（佛家的小乘）也”（严羽《沧浪诗话》），都指出这种现象，这是我们研究诗与禅宗的关系时不可不注意的。

二、广 大 教 化 主

中唐另一个受佛教思想影响很深的大诗人是白居易。和“澄澹精致”的山水诗派比较起来，白氏的“元和体”显得浅直明白多了。白居易浅切诗风的形成有多方面的原因，我这里仅说说白居易的佞佛与这种浅切诗风的关系。

白居易（772—846年），字乐天，晚号香山居士。《维摩诘经》中写的维摩诘居士是他人生的典范。维摩诘游戏人间，享尽富贵，但他又谙熟禅理，以世间为出世间，是大乘佛教在家信徒的理想形象。和王维相比，白居易的居士思想对后世文人的影响更大。他礼佛、敬僧、读经、参禅，但又始终热衷世俗的生活享受，并在诗文中大肆宣扬。

白居易的佛教思想完全是一团大杂烩。他早年习南宗禅，在洛阳时结交的惟宽、在江州时结交的智常，都出于马祖道一的门下。晚年结交的智如、如满也都是南宗弟子。然而他纪念洛阳圣善寺凝公写的《八渐偈》却讲的是渐修、净心和禅定，而不是南宗顿门。慧能主张心净则土净，眼前不异西方，而白居易则大肆宣扬西方净土思想，并把二者调和起来：

南祖心应学，西方社可投。生宜知止足，次要悟浮休。（《重修香山寺毕题二十二韵以纪之》）

即便是西方净土，他追求的超生地点也并不是固定的，有时是上界兜率天（即弥陀净土），有时又是弥勒净土（参见《画西方帧记》《画弥勒上生帧赞》）。

南宗禅虽不完全废弃读经，但主张弘扬的是《金刚经》和《起信》思想，白居易所阅的经典，却主要是《楞伽经》和《华严经》：

花尽头新白，登楼意若何！几时春日少，世界苦人多。愁醉

非因酒，悲吟不是歌。求师治此病，唯劝读《楞伽》。(《春晚登大云寺南楼赠常禅师》)

夜泪闇销明月幌，春肠遥断牡丹庭。人间此病除无药，唯有《楞伽》四卷经。(《见元九悼亡诗因以此寄》)

欲悟色空为佛事，故栽芳树在僧家。细看便是《华严偈》，方便风开智慧花。(《僧院花》)

《楞伽经》是五祖弘忍以前学禅所宗经典，而《华严经》是华严宗崇奉的经典。

除此之外，白居易也接受了律宗的思想，晚年常常吃斋、持戒，过宗教戒律生活，试图断绝一切人间欲念：

每因斋戒断荤腥，渐觉尘劳染爱轻。六贼定知无气色，三尸应恨少思情。酒魔降服终须尽，诗债镇还亦欲平。从此始堪为弟子，竺乾师是古先生。(《斋戒》)

南宗禅自从石头希迁提出“即事而真”、马祖道一提出“平常心是道”以后，禅僧们可以不礼佛、不读经，也不守什么戒律。而白居易又是读经，又是吃斋，又是观空，又是求净土，真有点见庙就磕头的味道，这一点他更像下层人民的佛教信仰，只要能渡彼岸，管他是筏是船。

在白居易诗文中，各种各样的佛学思想都有表现。不仅如此，在他看来，儒、释、道三者也都是一回事。他主张统合儒、释，认为佛教的教义原本包含在儒家学说之中：

儒门释教，虽名数则有异同；约义归宗，彼此亦无差别。

> 所谓同出而异名，殊途而同归者也。(《三教论衡》)

这种思想在当时很有代表性，如前面所说，“诗为儒者禅”的说法，与此也有一定关系。白居易有一首《新昌新居书事四十韵因寄元郎中张博士》诗，最能见出他思想的驳杂：

> 大抵宗庄叟，私心事竺乾。浮荣水划字，真谛火生莲。梵部经十二，玄书字五千。是非都付梦，语默不妨禅。

“庄叟”指庄子；“竺乾”是印度的别称，此指佛；“经十二”指佛学的十二分教；“字五千”指老子《道德经》五千言。这里他甚至把道家的齐生死、等物我与佛教的禅悟净心、道教的神仙飞升与佛教的涅槃寂灭，看作同样的东西。因此，严格说来，白居易对佛教并没有坚定的信仰，而毋宁说采取的是一种实用主义的态度，病急乱投医，急则抱佛脚，只要能帮助解脱精神苦闷、逃避世俗风波，供养哪门子菩萨都无妨。

白居易这种对待佛教的实用主义态度，使他的诗和那些同样是大杂烩的诗僧王梵志、寒山、拾得的作品有一种天然的内在联系。王梵志的诗中包含不少训世诗、说教诗，或宣扬因果报应、生死轮回，或大肆惩恶扬善、嘲弄俗人。寒山的诗更驳杂，有庄语，有谐语，有雅语，有俗语，有时像隐士，有时像道人，有时像儒生，有时像僧徒，嘲世愤世，超世出世，不一而足。他们对待佛学的态度或对佛学的一知半解，都很接近白居易。我怀疑白居易在了解民间生活的同时，受到了当时各宗派讲经的影响，比如他在杭州就听过灵隐寺的和尚道峰讲《华严经》(见《华严经社石记》)，晚年又听过律宗智如和尚的“律讲”(见《东都十律大德长圣善寺钵塔院主智如和尚荼毗幢记》)。这样，白居易在接受这些讲经的内容的同时，必然也接受了其通俗易懂的语言形式。我们现在虽然还找不出白居易诗和王梵志、寒山诗有直接关系的证据，但是有一点可以肯定，他们的诗都是既吸收了中国民间文学的形式，又借鉴了偈颂或讲经一类的通俗自由的表达方式。因此，“元和体”诗风的形成，白居易的近佛及其受偈颂、讲经的影响可视为原因之一。有趣的是，王梵志的诗和白居易的诗都在民间有极大的市场，前者从敦煌文献中发现的大量写本可以证明，后者则如元稹所说：“禁省、观寺、邮候、墙壁之上无不书；王公、妾妇、牛童、马走之口无不道……自篇章已来，未有如是流传之广者。”(《白氏长庆集序》)

尽管我们说白居易崇佛的内容很驳杂，但是应该承认，南宗禅对他的影响还是主要的。据他写给好友崔群的《答户部崔侍郎书》说：

> 顷与阁下在禁中日，每视草之暇，匡床接枕，言不及它，常以南宗心要互相诱导。

白居易所谓的“南宗心要”主要是指马祖道一一系的禅法。他四次向马祖的法嗣兴善惟宽禅师问道，得“无修无念”之说（见《五灯会元》卷三)。贬谪江州司马之时，他又“与凑、满、朗、晦四禅师，追永、远、宗、雷之迹，为人外之交”(见《旧唐书·白居易传》)。以至于《五灯会元》卷四把他列为佛光如满禅师的法嗣。因此，白居易一生之所以胸襟旷达，履险夷然，安贫乐道，心泰神宁，其得力于马祖“平常心是道”的帮助不少。他的《谈禅经》一诗可以说悟到了南宗的真谛：

> 须知诸相皆非相，若住无余却有余。言下忘言一时了，梦

> 中说梦两重虚。空花岂得兼求果，阳焰如何更觅鱼？摄动是禅禅是动，不禅不动即如如。

在他的悟道诗中，这首诗达到了最高峰，他不去求净土，也不去坐禅持戒，而是理解了禅的本质，静是禅，动也是禅，这已完全彻悟了马祖所说的“行住坐卧，应机接物，尽是道”（《马祖语录》）的“南宗心要”。由于这种了悟，白居易建立了自己任运随缘、自由旷达的人生哲学，抒情写意也毫不做作，任情挥写，把无所挂碍的自由自在的人生情趣生动亲切地表现出来。这种率真质朴的感情流露，和他浅切平易的诗风的形成也有一定关系。从这个意义上说，浅切的“元和体”的出现是南宗开阔自由的精神影响的结果。

白居易与王维、柳宗元等人相比，对佛教的理解浅薄得多。但他不是只讲理论，而更注重人生实际，诗歌也通俗易懂，因而无论是士大夫还是平民百姓，都有不少人喜欢他的作品。唐人张为作《诗人主客图》，把白居易列在榜首，号称“广大教化主”。他的诗中的教化之所以“广大”，除了新乐府运动的现实主义精神（即儒家教化传统）以外，还包括闲适、杂律诗中的道教思想以及浓厚的佛教思想，而佛教思想中又含有禅宗南北宗、净土宗、华严宗、律宗等各色成分。因此，各个阶层不同信仰的人都能从白居易的诗中得到自己所需的教化。北宋诗人晁迥作《法藏碎金录》，阐明释理，就常引白诗作佐证：

> 予因泛览究观，具知世为幻也，人为幻也，心为幻也，智为幻也。何以明之？白乐天有诗云：“幻世春来梦，浮生水上沤。”此言世为幻也。又有诗云：“生去死来都是幻，幻人哀乐系何情。”此言人为幻也。（卷一）

> 余常爱乐天词旨旷达，沃人胸中。有诗句云："我无奈命何，委顺以待终；命无奈我何，方寸如虚空。"夫如是，则造化阴骘，不足为休戚，而况时情物态，安能刺鲠其心乎？（卷一）

其实，晁迥酷爱白诗只不过代表了当时的一般风气，如他自己描述的那样："唐白氏集中，颇有遣怀之作，故近道之人，率多爱之。余友李公维，录出其诗，名曰《养恬集》。余亦如之，名曰助道词语。"（《法藏碎金录》卷五）宋初诗坛流行的所谓"白体"诗，正是这种风气的产物。

白居易晚年的作品写得浅俗自然，表现闲情逸致或是独善其身的思想，给晚唐一些通俗诗人带来不少消极影响，像杜荀鹤的诗句："举世尽从愁里老，谁人肯向死前闲。"（《秋宿临江驿》）"刳得心来忙处闲，闲中方寸阔于天。"（《题德玄上人院》）"逢人不说人间事，便是人间无事人。"（《赠质上人》）像罗隐的诗句："今朝有酒今朝醉，明日愁来明日愁。"（《自遣》）"只知事逐眼前去，不觉老从头上来。"（《水边偶题》）这些都和白居易的诗风一脉相承，成为民众的口头禅，而这种"广大教化"的退让怕事的人生哲学，却不能不令人感到遗憾。

三、贾 岛 时 代

"夕阳无限好，只是近黄昏。"大唐帝国的日趋没落，使得越来越多的士大夫向空门靠拢，而禅宗简洁的修行方式正好给他们开了一张通向彼岸世界的廉价通行证。中晚唐诗人结交的僧侣大多数属于禅宗，卢简求为沩仰宗的开山祖师沩山灵祐作碑文，李商隐为之题额（见《宋高僧传》卷十一）；段成式为百丈怀海的法嗣大慈寰中作真赞（见《宋高僧传》卷十二）；司空图从香岩智闲禅师那里得禅宗精髓（见《司空表圣文集》卷九《香岩长老赞》）。许浑、温庭筠等人也都和禅僧有密切的关系。

然而，由于个性气质和生活经历的不同，接近禅僧的人并非都能以禅宗精神去作诗，如李商隐诗的婉丽缠绵，温庭筠诗的侧艳纤秾，段成式诗的骈偶工整，许浑诗的精切圆润，正如杜牧的风流俊赏一样，多少带着中晚唐进士集团的那种花团锦簇的浮华风气。尽管当今学术界有人论及许浑“千首湿”（指许诗中最爱用“水”字）与他的佛教思想、禅宗与温庭筠诗艺术风格的关系等，但总体说来，他们的诗风毕竟和禅宗精神相去甚远。倒是那个曾一度出家、后又还俗的贾岛，以其清幽冷僻的苦吟，保持了几分僧诗的本色、禅家的风味。

贾岛（779—843年），字阆仙，早年当过和尚，法名无本。他有个堂弟，就是著名的诗僧无可。传说贾岛为僧时来东都洛阳，洛阳令禁僧午后不得出。贾岛作诗自伤，韩愈可怜他，教他为文，于是还俗，举进士（见《新唐书·贾岛传》）。贾岛虽然还了俗，当年为僧时的癖好却始终未放弃。首先，他常常醉心于清寒孤寂、超尘恬淡的山林禅院生活，他之所以“衲气不除”，是因为他常以禅佛思想作为与险恶命运抗争、从政治逆境中超脱的精神支柱。“三境通禅寂，尘嚣染着难”（李洞《贾岛墓》），正是物境、情境、意境都融于禅定之中，所以他始终保持“清苦节”，心灵不为尘俗所污染。毕竟贾岛是还俗之人，有入世之心，因此在险恶环境里挣扎、因出身卑微而受挫之时，难免产生一种穷途末路之怨。同样是写山林禅院生活，贾岛诗就缺少前面所说的“澄澹精致”派那种禅境之幽静澄明，禅心之无挂无碍，而多写苦寒瘦病、霜雪雨溽，像下面这些诗句：

暮磬寒泉冻，荒林野烧移。（《送觉兴上人归中条山兼谒河

中李司空》)

石磬疏寒韵，铜瓶结夜澌。(《送贞空二上人》)

寒蔬修净食，夜浪动禅床。雁过孤峰晓，猿啼一树霜。(《送天台僧》)

积雨荒邻圃，秋池照远山。(《僻居无可上人相访》)

颇有点僧诗的“蔬笋气”，但色调却显得更加灰暗阴冷。这是他以孤峭冷漠、潦倒消沉的眼光来审视自然物象的必然产物，也是他前半辈子蒲团生涯形成的独特的癖好。正如闻一多先生指出的那样：“早年记忆中‘坐学白骨塔’，‘三更两鬓几枝雪，一念双峰四祖心’的禅味，不但是‘独行潭底影，数息树边身’，‘月落看心次，云生闭目中’一类诗境的蓝本，而且是‘瀑布五尺仞，草堂瀑布边’，‘孤鸿来夜半，积雪在诸峰’，甚至‘怪禽啼旷野，落日恐行人’的渊源。”(《唐诗杂论·贾岛》)

其次，贾岛禅余的苦吟也保持了当年诗僧的本色。尽管他也说一些“祖岂无言去，心因断臂传”(《赠绍明上人》)，“言归文字外，意出有无间”(《送僧》)之类的话头，但他却不信真有什么“不着一字，尽得风流”的奇迹，而是心极神劳地雕章琢句。白居易作诗是“闲吟”，而贾岛作诗却是“苦吟”，这一点他更像是苦行僧，把艰苦的诗歌创作视为人生理想和追求的重要组成部分，也视为和坐禅同样重要的彻悟心源、解脱痛苦的手段：

一日不作诗，心源如废井。笔砚为辘轳，吟咏作縻绠。朝来重汲引，依旧得清冷。书赠同怀人，词中多苦辛。(《戏赠友人》)

“苦吟”作为他的艺术特质和表现，贯穿在其整个创作活动中，形成了他的一种创作心理定势和诗歌审美追求。著名的“推敲”故事和“二句三年得，一吟双泪流”的自白，只不过是他无数次苦吟中的两个极端的例子罢了。然而，贾岛的苦吟并不是走向险怪，而是如古井清茶、寒潭冷月，苦涩而又清淡，幽冷而又孤高。韩愈赞誉他的诗“奸穷怪变得，往往造平淡”(《送无本师归范阳》)。这幽僻中的平淡，正是得力于他早年清心寡欲的禅院生活。

在元和时代的诗坛上，元稹、白居易主攻新乐府与七言近体，韩愈擅长七古，孟郊娴于五古，张籍、王建、柳宗元、刘禹锡、李贺等，也均非以五律见长。只有贾岛把毕生精力倾注于五律。而在唐代，擅长五律的王维、孟浩然、刘长卿、钱起、韦应物等人，恰巧也都是接近禅宗的人。也就是说，在元和诗坛上，贾岛是承传禅宗精神的重要诗人。五律“辞弥寡，意弥深，格弥严，味弥远”的审美特征，多少比长篇歌行更接近禅宗“不立文字”、“不落言筌”的要求。和贾岛属于同一诗派的姚合，编选了一本《极玄集》，所选都是“诗家射雕手”诗集中“极玄”(极其玄妙幽微）的作品，而在入选的一百首（今已缺一首）诗中，五律一体就占了八十三首，另有八首五绝，三首五言排律，二首五古，七绝仅三首。可见，在姚合的眼里，五律是最具“极玄”特质的诗体，而这“玄”到底是诗之“玄”，还是禅之“玄”，或是二者兼有，也就不得而知了。闻一多先生把元和、长庆间的诗坛划为三派，为首者分别为白居易、孟郊和贾岛。这种划分虽不尽合实际，但对贾岛一派的论述却是相当精彩的：“在古老的禅房或一个小县的廨署里，贾岛、姚合领着一群青年人做诗，为个人自己的出路，也为着癖好，做一种阴暗情调的五言律诗。”(《唐诗杂论·贾岛》)

作为“广大教化主”，白居易的影响当然不容忽视，但是和贾岛比起来，白氏不免相形见绌。从中晚唐、五代迄至北宋初期，绝大多数诗人是贾岛的后继者，其人数之众、作品之富、历时之久，实为中国文学史上罕见现象之一，后来仅有江西诗派的持续影响能与之媲美。贾岛受到诗人的顶礼膜拜，也是绝无仅有的：

> 李洞（晚唐诗人）……酷慕贾长江，遂铜写岛像，戴之巾中，常持数珠念贾岛佛。人有喜贾岛诗者，洞必手录岛诗赠之，叮咛再四曰："此无异佛经，归当焚香拜之。"（《唐才子传》）
>
> 南唐孙晟……尝画贾岛像，置于屋壁，晨夕事之。（《郡斋读书志》卷十八）

连被人们推为诗圣的杜甫都未享受过如此规格的偶像崇拜。据统计，《全唐诗》中晚唐诗人所作怀念前辈诗人以及追和其诗的篇什，贾岛高居首位，仅从诗题上明显看出怀念与追和贾岛的诗，就有三十八首，远远领先于李白、杜甫、韩愈、白居易等人。清人李怀民在其《中晚唐诗主客图》中，尊贾岛为"清真僻苦主"，并将姚合、李洞、喻凫、马戴、张乔、郑谷、裴说、刘得仁、方干、司空图、于邺、周贺（僧清塞）、张祜、李频、张蠙、曹松、李中等二十余人列其门下。其实，从晚唐到五代，学贾岛的诗人不是可以用数字计算的，其他如诗人崔涂、许棠、卢延让等，诗僧无可、可止、归仁、善生、尚颜、齐己等，也都是走的贾岛的路子。正是在这个意义上，闻一多先生把晚唐五代称之为"贾岛时代"。

"诗无僧字格还卑。"（郑谷《自贻》）这句话较典型地表达了中晚唐的苦吟诗派（即贾岛派）对诗歌艺术风格的看法。"贾岛同时代的人，初唐的华贵，盛唐的壮丽，以及最近十才子的秀媚，都已腻味了，而且容易引起一种幻灭感。他们需要一点清凉，甚至一点酸涩来换换口味。"（《唐诗杂论·贾岛》）这点清凉和酸涩正好从深山野谷、禅房静室中去获得。有了这点“僧”气，诗格似乎一下就高出尘世，神清骨寒，洗净世俗的油腻。然而，贾岛们的“僧”气和“禅”味尚隔一层。禅宗的最高境界是无念、无相、无住，不受任何理性思维和客观事物的束缚；而在贾岛们那里，看不到丝毫的旷达通脱，只有执著的追求，以清瘦为高格，以苦吟为旨归，坐禅与吟诗不仅是士人仕途受挫的心灵避难所，而且也成了拘牵他们精神和行为自由的新的牢笼。坐禅而为禅缚，所以说“愁来坐似禅”（姚合《寄贾岛》）；吟诗而为诗缚，所以说“矻矻被吟牵，因师贾浪仙”（僧尚颜《言兴》）。

贾岛清幽冷僻的苦吟，代表了中晚唐相当大一批仕进无门、徘徊歧路的青年士子们悲观绝望的心态。他们有的遁入空门，有的沉沦下僚，有的穷愁潦倒，但都把诗歌视为自己人生的一个重要追求。这种追求有几种层次：一是试图以诗歌为仕进之阶，他们之所以爱写五律诗，其原因之一是五律与五言八韵的试帖诗最接近，做五律等于做功课，所谓“方期五字达”（崔涂《春日郊居酬友人见贻》），“丹霄路在五言中”（方干《赠李郢端公》），都说明这一点。二是对诗名的追求，不求做官，只求自己诗歌的审美价值获得社会的承认，“格外缀清诗，诗名独得知”（尚颜《寄方干处士》），甚至有的人“为爱诗名吟至死”（栖白《哭刘得仁》）。三是对诗歌艺术本身的追求，将诗歌视为诗人的第二生命，“万事不关心，终朝但苦吟”（许棠《言怀》）；或是将诗歌视为不幸的人生历程中的一种慰藉，“吟兴忘饥冻，生涯任有无”（刘得仁《夜携酒访崔正字》）。这一层次的追求，往往把诗与禅联系起来，在他们看来，“齿因吟后冷，心向静中圆”（李洞《送远上人》），“静吟因得句，独夜不妨禅”（方干《寄石溢清越上人》），“苦吟僧入定”（裴说逸句）。一方面，他们体味到在禅定的宁静状态中搜字觅句的喜悦，一种如食橄榄般的先苦后甜的喜悦；

另一方面，苦吟本身也让诗人收敛起世俗的欲念，在非功利的审美活动中达到“安禅制毒龙”的效果。贾岛之所以为后世诗人所推崇，就在于他的苦吟主要是第三层次的追求，品格之清高令人倾倒。

然而，禅毕竟是提倡破除文字执的，诗人这种执著的苦吟，与参禅的无念无心终究有别。而能像喻凫那样认识到“诗言与禅味，语默此皆清”(《冬日题无可上人院》)的，在苦吟派中并不多见。所以，司空图不同意郑谷的“诗无僧字格还卑”的说法，认为“解吟僧亦俗，爱舞鹤终卑”(《僧舍贻友人》)。

贾岛对后世的影响，大大超过了他诗歌本身的成就，如宋初的九僧、魏野、寇准、林逋、潘阆、张咏、梅尧臣，宋末的四灵（徐照、徐玑、翁卷、赵师秀)、江湖派中的一帮人，以及明末的钟惺、谭元春为首的“竟陵派”，都在相当大的程度上接受了贾岛的苦吟态度和清寒幽峭的风格。这种“贾岛现象”在文学史上的反复出现，一方面固然是由于时代精神的制约，每个朝代在动乱中毁灭的前夕，都需要接受贾岛的清凉和苦涩，都需要贾岛那种灰色的情调。另一方面也是出于个人心理机制的选择，那些沉沦下僚而不得已耽于禅悦的诗人，既看破红尘又流连功名的诗人，既孤高而又庸俗的诗人，既嗜诗如命而又才窄思钝的诗人，都很容易从贾岛的经历、癖好、审美情趣甚至五律的体式中得到共鸣。而封建社会的科举制度与晚唐后长盛不衰的禅宗，正是产生这样大批诗人的良好土壤。

四、半山与东坡

随着宋代高度的封建中央集权制的建立，沉寂了几百年的儒学也开始复兴。特别是宋仁宗朝，儒家学者及政治家力图改革弊端，振兴士气，建立儒家学说的正统地位。一时间，朝野上下，掀起一股排佛之风，孙复倡“儒辱”之说，石介作《怪说》之论，欧阳修写《本论》，李觏著《潜书》，大声疾呼，力挽狂澜，视佛教为仇敌异端，大有“儒者鸣鼓而攻之”的架势。然而，佛教并未因此而销声匿迹，不仅禅宗势焰仍炽，天台、华严二宗也有中兴的征兆。士大夫中间外儒内佛或调和儒、释者大有人在。如北宋西昆体诗人杨亿为《景德传灯录》作序，晁迥作《法藏碎金录》，理学家周敦颐得常总禅师的佛性论，程颢、程颐早年也都耽于禅悦。就连排佛的欧阳修后来也皈依佛门，自号六一居士。宋代耽于禅悦的士大夫不胜枚举，士大夫的心理深深打上了禅宗的烙印，甚至有人说“吾人可谓宋代之儒、释、道三教统于佛教，而谓佛教统于禅宗，亦无不可”（林科棠《宋儒与佛教》第五章）。我们这里且不谈宋代的理学如何吸收和消化禅宗思想，只是想说明禅宗的思维方式和宋代禅宗的发展如何给宋诗带来了新风气。

宋初的诗风，基本上是晚唐五代的延续，太祖、太宗、真宗三朝的诗歌，基本上笼罩于白居易、贾岛和李商隐的影响的阴云之下，流行于诗坛的是白体、晚唐体（即贾岛格）和西昆体（即李商隐体）。这三派诗人都和禅宗有关系，但诗中的禅味、禅趣并不浓，仅晚唐体中不时冒出点“蔬笋气”，稍带了点方外本色。而仁宗朝由于儒者排佛甚力，诗文革新兴起一时，所以当时的诗人大都是“开口揽时事，论议争煌煌”（欧阳修《镇阳读书》），诗歌的政治性、功利性色彩极浓。至少在诗文革新运动作家群里，禅学似乎有退避三舍之势。这种情况在北宋中叶以后开始改变，也许是出于对政治的失望，也许是出于对诗歌自身的反省，宋诗远比唐诗更为自觉地与禅宗携起手来，以禅喻诗蔚成风气，大有不参禅无以言诗之势。而开风气之先的人物，应该首推王安石和苏轼。

王安石（1021—1086年），字介甫，江西临川人。他在熙宁年间曾两度出任宰相，推行新法，实行改革，后被封为荆国公。然而，这样一个性格倔强执拗的政治家，在晚年罢相退居金陵之时，却每日里捧读佛经，闲话僧房，并自号半山老人。这无疑是一个改革家的悲剧，但从审美的角度来看，也许正是半山老人的参禅，使他的诗摆脱了早、中期功利主义和实用主义的制约，更多地转向了超功利的审美，艺术上取得了很大的成功。

王安石曾经问张方平（北宋大臣），为何孔、孟以后就再也没有伟大的人？张方平回答说：谁说没有？马祖道一、汾阳无业、雪峰义存、岩头全奯、丹霞天然、云门文偃等禅师，都超过孔子。并说："儒门淡薄，收拾不住，皆归释氏耳。"王安石闻言大为叹服（见《扪虱新话》卷十）。的确，一方面儒门的传统经学自汉、唐以来已繁琐陈旧，成为语言文字之学，在哲学上无多少发展，走入死胡同；另一方面，儒家主张积极入世，而缺少使人独善其身的精神支柱，当士大夫看透官场的倾轧和人情的炎凉之后，禅宗的人生哲学与生活情趣自然就征服了他们。王安石对张方平一番话的叹服，固然是从哲学思想上对传统经学的不满和对禅宗经典（如《楞严经》）的倾心，也包含着对政治的厌倦以及对平静淡泊的生活的向往。"亦欲心如秋水静，应须身似岭云闲。"（《赠僧》）这是他对一个出家人的期望，也是他自己所追求的心境。

王安石对禅宗的理解决非浅尝辄止，他罢相后，撰写《楞严经》疏解，颇多心得体会。他写过不少禅理诗，也颇能得禅家三昧：

本来无物使人疑，却为参禅买得痴。闻道无情能说法，面墙终日妄寻思。（《寓言三首》）

月入千江体不分，道人非复世间人。钟山南北安禅地，香

火他日供两身。(《记梦》)

前一首指责面壁坐禅的“是病非禅”的方式，而肯定慧能“本来无一物”的自性清净的说法。后一首阐述的是玄觉禅师《证道歌》中的“一月普现一切水，一切水月一月摄”的禅理。这类禅理诗在艺术上无甚可取之处，但足可以说明禅宗（特别是南宗）的人生哲学和思维方式对他的启迪。

首先，王安石晚年诗中，充满了一种闲适之趣和宁静之美。“不作意”、“平常心”都是求得安静闲恬、虚融澹泊的诀窍，王安石深知这一点，因此在对自然物的观照中常常体悟到闲适的心境：

终日看山不厌山，买山终待老山间。山花落尽山长在，山水空流山自闲。(《游钟山》四首之一）

屋绕湾溪竹绕山，溪山却在白云间。临溪放艇倚山坐，溪鸟山花共我闲。(《定林所居》)

乌石岗边缭绕山，柴荆细径水云间。拈花嚼蕊长来往，只有春风似我闲。(《游草堂寺》)

山住水流，鸟飞花落，云往风来，诗人在对无目的性的自然界事物的观赏中，领悟到宇宙人生的无目的性。“云从无心来，还向无心去”(《即事》)，“无心”的闲适，正是禅家标榜的佛性。于是早年的激昂热情随着“无心”而烟消云散，只留下一泓心灵的止水，观照着万象的动静声色：

月映林塘淡，风涵笑语凉。俯窥怜绿净，小立伫幽香。(《岁晚》)

春风取花去，酬我以清阴。翳翳陂路静，交交园屋深。（《半山春晚即事》）

淡淡的荷塘月色，春花落后的夏木清阴，诗人的笔下，到处是一片宁静的绿色世界。王安石晚年的诗中最常见的色彩词就是“绿”字，最著名的例子是“春风又绿江南岸”的炼字，据说他曾经选用“到”、“过”、“入”、“满”等字样，最后才选定“绿”字。这“绿”字固然使诗句更富有视觉效果，但又何尝不是他向往宁静绿色的心境的自然流露呢？

其次，王安石晚年诗摒弃了早中期诗的强烈的思辨色彩和议论化倾向，往往用直觉去体悟自然景物，这和禅宗的静观、默想的思维方式有密切的关系。他不再用概念和判断去说明事理，而是用意象语言呈现事物的最初形象：

茅檐长扫静无苔，花木成畦手自栽。一水护田将绿绕，两山排闼送青来。（《书湖阴先生壁》之一）

野水纵横漱屋除，午窗残梦鸟相呼。春风日日吹香草，山南山北路欲无。（《悟真院》）

他不是以政治家、哲学家的眼光看事物，甚至也没有用诗人的眼光，而是“以物观物”，达到了物象和心灵整合成一，接近自然天趣的审美境界。北宋诗人张舜民称王安石晚年诗“如空中之音，相中之色，欲有寻绎，不可得矣”（《宾退录》卷二引），可以说抓住了王诗和禅宗思维方式的关系。“空中之音”，可闻而难以捉摸；“相中之色”，可见而难以分析，说明了王诗非思辨性、非解析性的特点。这一点使得王安石的晚年诗非常接近用意象语言呈露形象的唐诗。

其三，禅宗悟道的不落言筌也给王安石极大的启示，他晚年的诗普遍写得含蓄蕴藉、意味深长，给欣赏者留下想象的空间。《诗人玉屑》卷六引《诗学禁脔》:“王维《书事》云:‘轻阴阁小雨，深院昼慵开。坐看苍苔色，欲上人衣来。’舒王（王安石追封舒王）云：‘若耶溪上踏莓苔，兴尽张帆载酒回。汀草岸花浑不见，青山无数逐人来。’两诗皆含不尽之意。”这里把王安石和王维并举，正好看出王安石和王维一样，是从禅宗那里悟得“真照无知岂待言”（《寓言》三首之一）的真谛。与此相对应的是，王安石晚年好作绝句，而不再像早中期那样大写特写放纵铺排、长于议论的古体诗。我坚持认为，中国古代各种诗体都是“有意味的形式”，选择诗体往往意味着选择一种审美趣味。王安石由古体诗转向绝句，正是标示着他的审美趣味由雄健宏富转向含蓄凝炼。而为后人所称赏的，也正是受禅悟影响的晚年绝句。黄庭坚说:“荆公暮年作小诗，雅丽精绝，脱去流俗，每讽咏之，便觉沆瀣生齿间。”（见《苕溪渔隐丛话》前集卷三十五）杨万里也说:“五、七字绝句，最少而难工。虽作者亦难得四句全好者，晚唐人与介甫最工于此。”(《诚斋诗话》)

与王安石相比，苏轼耽于禅悦更早且更深。苏轼（1037—1101年），字子瞻，号东坡居士，《五灯会元》卷十七把他列为东林常总禅师法嗣。其实，东坡的参禅悟道早在见庐山东林寺常总禅师之前(按：东坡游庐山见常总是在他四十八岁的时候，即元丰七年)。早年他与弟弟苏辙分手后，经过旧日住过的渑池僧舍，就写下过这样的诗句：

人生到处知何似？应似飞鸿踏雪泥。泥上偶然留指爪，鸿飞那复计东西。

这是对人生、机遇的偶然性的深沉了悟，一切都是这样飘忽即逝而不可再得，那么整个存在本身究竟是什么？还有什么意义？“雪泥鸿爪”已成为人生偶然无定的著名譬喻，而写此诗的苏轼当时只有二十五岁。

苏轼一生中，交往过的禅僧不下百人，其中著名的有道潜（参寥子）、维琳、圆照、楚明、守钦、思义、闻复、可久、清顺、法颖、了元、仲渊、法言、法泉、惠辩等人，这些禅僧大都能文善诗及填词，而且文思敏捷、操笔立就。值得注意的是，苏轼交往的这些禅僧大都“自文字言语悟入，至今以笔研作佛事，所与游皆一时名人”，“语有璨（三祖僧璨）、忍（五祖弘忍）之通，而诗无岛（贾岛）、可（无可）之寒”（《付僧惠诚游吴中代书》）。可见出当时的禅风日益重视言语的悟入与文字的通达，并日益世俗化而抛掉“蔬笋气”。

如果说王安石从禅宗那里主要获得的是直觉体悟和宁静观照的方式的话，那么，苏轼却更多地学到禅家公案的话头和机锋，《五灯会元》《罗湖野录》《续传灯录》记载了不少他与禅僧大掉机锋的故事，可以证明这一点。在苏轼的笔下，常常出现显示机锋、扑破疑团、暗示幽玄禅理的如诗如偈的作品：

> 溪声便是广长舌，山色岂非清净身。夜来八万四千偈，他日如何举似人。（《赠东林总长老》）
>
> 若言琴上有琴声，放在匣中何不鸣？若言声在指头上，何不于君指上听？（《琴诗》）

视溪声山色为佛的现身，这比喻与其说是来自对溪山观照引起的联想，不如说是来自佛经中有关文字的启发。而《琴诗》的譬喻，则本于《楞严经》:“譬如琴瑟、箜篌、琵琶，虽有妙音，若无妙指，终不能发。”苏诗的长于比喻说理，已为学界所公认，我认为这种特色有很大程度是和他熟悉禅家经典和公案分不开的。如前面所举“雪泥鸿爪”的比喻，清人查慎行就以为语本《传灯录》天衣义怀禅师的一段话:“雁过长空，影沉寒水。雁无遗踪之意，水无留影之心。若能如是方解向异类中行。”(见《补注东坡编年诗》卷三)也许这种坐实证据不足，但至少可看出苏诗与禅师的思路如出一辙。又如他的《百步洪二首》以流水的消逝比喻人生，其中“坐觉一念逾新罗”一句，意思是说一念之间已过新罗国(朝鲜古国名)，以喻时光流逝之迅速，如白驹过隙一般。这个典故就来自《景德传灯录》卷二十三:“有僧问(从盛禅师):‘如何是觌面事?’师曰:‘新罗国去也。’”在苏轼的诗集中，我们还可以找到他在南宗的发源地广东曹溪读《传灯录》的自供呢(见《苏轼诗集》卷四十四《曹溪夜观传灯录，灯花落一僧字上，口占》)。

因此，尽管苏轼说什么“欲令诗语妙，无厌空且静。静故了群动，空故纳万境”(《送参寥师》),“我心空无物，斯文何足关。君看古井水，万象自往还”(《书王定国所藏王晋卿画著色山》)，主张用平静空明的内心来反照万象，牢笼万物，但实际上他很少能做到这一点。至少在作诗之时，那些佛典禅理、逻辑思辨、古言俗语又征服了他，心无法空，意不能静，于是笔若悬河，滔滔不绝，挥洒开去。空静的观照本是无言的，或是寡言的，意象自然呈露，禅意自蕴其中，而苏轼观照的结果，却常常引发大段哲理性的思辨，“横说竖说，了无剩语”(《冷斋夜话》卷七)。他的诗如《百步洪二首》《泗州僧伽塔》《书焦山纶长老壁》《题西林壁》等，都有这样的特点。

在诗歌理论上，人们通常把苏轼看作司空图的继承者，这不仅在于他一再推崇司空图“美在咸酸之外”的韵味理论，还在于他欣赏的“发纤秾于简古，寄至味于澹泊”（《书黄子思诗集后》）和“外枯而中膏，似淡而实美”（《评韩柳诗》）的艺术风格，与司空图的“浓尽必枯，浅者屡深”（《诗品·绮丽》）有某种渊源关系。但在创作实践上，苏轼似乎更倾心“机锋不可触，千偈如翻水”（《金山妙高台》）、“掣电机锋不容拟”（《次韵王定国南迁回见寄》）那种敏捷机智的语言艺术。正是在矜才学、斗机锋方面，苏轼和他的学生兼朋友黄庭坚有不少相似之处。有人认为，“文字禅”是苏、黄分途的标尺，即苏轼重禅悟，黄庭坚重文字（见孙昌武《略论禅与诗》，《社会科学战线》1988年第4期）。这只看到了表面，即苏轼提出的作诗口号和黄庭坚不同，而实际上，苏轼骨子里和黄庭坚一样，早拜倒在妙语连珠的“文字禅”的脚下，毕竟他身边有那么多“自文字言语悟入”的僧友，一代禅风之濡染，自然免不了沾上“以文字为诗”的习气。因此，尽管后来的严羽和苏轼一样推崇司空图，却在《沧浪诗话》里对苏、黄之诗大加挞伐，不遗余力。因为苏轼提出的审美理想和他的诗作实际表现出来的美学风格到底是两回事。

以上我只谈了苏轼与禅家公案的关系，其实，更具重要意义的还在于他的禅思想和禅生活。他的诗包含着极为丰富的禅理玄思，既有“芒鞋不踏利名场，一叶轻舟寄淼茫。林下对床听夜雨，静无灯火照凄凉”这样寂静空寒的禅家意境（《雨夜宿净行院》），又有“斫得龙光竹两竿，持归岭北万人看。竹中一滴曹溪水，涨起西江十八滩”这样对禅宗的热情礼赞（《东坡居士过龙光留一偈》），而更多的是“已外浮名更外身，区区雷电若为神。山头只作婴儿看，无限人间失箸人”这样的万物皆空、得失俱忘的禅宗人生观（《唐道人言，天目山上俯视雷雨，每大雷震，但闻云中如婴儿声，殊不闻雷震也》）。诚然，禅宗的空无思想带来苏轼对整个人生存在的怀疑、厌倦和企求解脱与舍弃，带来他逃避社会、厌弃世间的人生理想和生活态度。这当然对后世产生不少消极影响。但另一方面，禅宗通脱无碍的人生哲学又往往在他处于危难困苦之时，给他一种齐荣辱、忘死生的启悟，使他以一种超然洒脱的态度重新对生活充满自信。在那“浮云时世改，孤月此心明”(《次韵江晦叔二首》之一)、“云散月明谁点缀，天容海色本澄清”(《六月二十日夜渡海》)的句子中，不正是可以看出“参禅悟道”与“吐露胸襟，无一毫窒碍”之间的关系吗？(见《苕溪渔隐丛话》后集卷二十六)

苏轼虽没有像王安石那样当过宰相，但他作为多才多艺的文坛巨星，俨然成为北宋士大夫的领袖人物。因而，苏轼的参禅和以禅入诗，对元祐以后的诗坛有深远的影响。如果说王安石晚年的绝句是向重观照、重体悟的唐诗回归，那么，苏轼的诗却更多地展现了宋诗重思辨、多理趣的审美特征。苏诗中到处是妙趣横生的比喻和睿智聪明的哲理，但却再难找到彻底摒弃思辨痕迹的妙谛微言与镜花水月般的艺术意境了。

五、诗到江西别是禅

南宋诗人杨万里说:“要知诗客参江西，正似禅客参曹溪。不到南华与修水，于何传法更传衣。”(《送分宁主簿罗宏材秩满入京》)江西修水，是黄庭坚的故乡；曹溪南华寺，是禅宗六祖慧能传法之处。这首诗当然只是比喻，但足可以看出黄庭坚在南宋诗客中的崇高地位以及黄庭坚开创的江西诗派与禅宗的千丝万缕的联系。

江西诗派的得名，固然与其领袖人物黄庭坚的籍贯属江西有关，但同时也因为江西是南宗禅滋生繁衍的基地，诗派中的人大都是南宗禅的忠实信徒。换言之，这个诗派的诗学和禅学的渊源都出自江西。吕本中作《江西宗派图》，就是基于此而作诗禅类比，模仿禅宗灯录的作法，定宗祖，列法嗣。南宋初周紫芝《竹坡诗话》说："吕舍人作《江西宗派图》，自是云门、临济始分矣。"而到了元代，方回在《瀛奎律髓》中更提倡江西诗派的一祖三宗之说，尊杜甫为一祖，黄庭坚、陈师道、陈与义为三宗。总之，在宋人眼里，江西诗派的艺术承传与禅宗的心灯相传几乎没有差别，所以他们一再说："工部（杜甫）百世祖，涪翁（黄庭坚）一灯传。"（曾几《东轩小室即事五首》之一）"诗家初祖杜少陵，涪翁再续江西灯。"（赵蕃《书紫微集后》）不管这种类比是否确切，至少表明了江西诗派自觉而公开地借鉴禅宗精神的作诗态度。

江西诗派是禅宗对宋代士大夫发生大规模影响的产物。

首先，从地域上看，江西诗派发源于南禅之圣地。苏轼晚年从海南遇赦北归，声称要以岭南"竹中一滴曹溪水，涨起西江十八滩"（《东坡居士过龙光留一偈》），意思是要把慧能的禅法带到江西去弘扬。其实，早在几百年前，江西已是丛林遍布、佛法隆盛了。唐、宋两代，江西出了不少禅门大德，著名的如吉安青原山的行思、洪州开元寺的马祖道一、洪州百丈山的怀海、筠州黄檗山的希运、筠州洞山的良价、抚州曹山的本寂、袁州仰山的慧寂、洪州黄龙山的慧南、袁州杨岐山的方会等，南禅的五宗七家，有四宗创立于江西，其余三宗和江西也有密切联系。尤其是宋代，江西境内繁衍出黄龙和杨岐两派，更是门庭大盛，很多知名的士大夫都拜倒在其门下。而在江西境内，禅院最集中之处又在西北，黄庭坚在一首诗中曾描述过其盛况：

我穿高安过萍乡，七十二渡绕羊肠。水边林下逢衲子，南北东西古道场。（《送密老住五峰》）

这是筠州、袁州一带的情况，而洪州的名刹古寺更是不胜枚举。江西诗派的大部分作家正是集中活动于这一地区，文化氛围的影响制约着他们的心理结构，耳濡目染，自然沾上一身洗不掉的禅气。

《江西宗派图》中除了黄庭坚外，共列有二十五位诗人，其中可考的江西籍诗人共占十来个：徐俯、洪朋、洪刍、洪炎、谢逸、谢薖、汪革、李彭、饶节、善权。此外，韩驹、潘大临兄弟、祖可等人，也常在江西活动。翻开这些人的诗集，一股浓重的禅气扑面而来，随便举几首诗，便可看出他们日常参禅的虔诚以及深厚的禅学功底：

> 炉熏细细绕禅房，竹日晖晖映短墙。安得买邻共岁晚，钵盂分饭共绳床。（李彭《答徐十赠诗三绝句》）
>
> 青州从事懒行县，白水真人不造门。时作药山遮眼计，寻僧煮茗过祇园。（李彭《寄何氏兄弟》）
>
> 而余与汪侯，敬谘第一义。山僧笑不答，饮水自知味。岂无一樽酒，把盏得竟醉。不知虚静中，自有无穷意。（谢逸《游西塔寺分韵得异字》）

诗的题目和句子中提到的徐十、何氏兄弟和汪侯分别指江西诗派中的徐俯、何颉（何颙）兄弟和汪革，足可窥见他们唱酬往来之间，常以谈禅说法为主题。

其次，从时间上看，江西诗派出现于北宋新旧党争日趋剧烈的时期。宋神宗以后，王安石为首的新党与司马光为首的旧党之间的政治斗争，已逐步蜕化为残酷的官场倾轧。譬如熙宁年间，广南转运使汪辅之在写给皇帝的谢表中有“清时有味，白首无能”几个字，新党蔡确以为言涉讥讪，于是汪被降职。而这个蔡确在元祐初年写了几首诗，又被旧党的人作了注释，进献新皇帝，坐讪谤罪（恶毒攻击罪），贬斥而死（见《宋人轶事汇编》卷十一）。文网森严，仕途险恶，在士大夫中间，全身避祸的心理逐渐掩抑了“致君尧舜”的理想，洁身自好的心理逐渐代替了悯时伤政的忧思。禅宗那种一切本空的世界观、自然适意的人生哲学和追求清净解脱的生活情趣，比任何时候都更能赢得士大夫的共鸣。《五灯会元》中所列的居士，有三分之二以上集中在这段时期，显然是这种社会风气所致。

与王安石、苏轼相比，江西派诗人更加内向谨慎、淡泊退让。黄庭坚和陈师道都是苏轼的学生，却把苏轼作为学诗者的鉴戒：

> 东坡文章妙天下，其短处在好骂，慎勿袭其轨也。（黄庭坚《答洪驹父书》）
>
> 苏诗始学刘禹锡，故多怨刺，学者不可不慎也。（陈师道《后山诗话》）

儒家温柔敦厚的诗教与禅宗“不生憎爱，亦无取舍，不念利益”的观点，糅合成一种精致的超功利诗学。在江西诗派那里，诗歌日益成为“心灵的保姆”，而不再是“世界的回声”。有个例子很能说明问题：

> 饶德操、黎介然、汪信民寓宿州，作诗有略诋及时事者。吕荥阳闻之，作《麦熟》《缫丝》等四诗以讽止之，自此不复有前作。（王应麟《困学纪闻》卷十八）

饶德操即饶节，汪信民即汪革，都是江西派诗人，他们在吕荥阳（吕希哲）的劝阻下，不再作诗诋及时事。明明面对的是一个积贫积弱的社会和种种人间的不平，却不得不自我克制、自我压抑，甚至自我欺骗。于是汪革只得去相信“富贵空中业，文章木上瘿。要知真实地，惟有华严境”的禅宗妙旨（见《后村先生大全集》卷九十五《江西诗派·汪信民》）。而饶节干脆在三十九岁时削发出家，成了云门宗的香岩如璧禅师（见《五灯会元》卷十六）。

除了江西本土的诗人以外，诗派中的其他作家也都以禅学见长。如陈师道，自号后山居士，他曾经劝告友人刘羲仲说：“二父风流皆可继，谤禅排道不须同。”（《送刘主簿》）意思是说在排訾释老方面，最好不要同于先辈，实际上是劝友人研讨禅理。而韩驹则经常在诗中说什么“佛法本无多，未悟常自责”（《次韵吕居仁赠一上座兼简居仁昆仲》）、“犹觉是身多净力，欲投禅客问真如”（《次韵苏彦师见寄》）、“幻世吾方梦，迷津子作舟”（《送云门妙喜游雪峰三首》）等，礼佛态度十分虔诚。

如果说江西籍的诗人更多受地域文化氛围——江西禅风影响的话，那么诗派中的外籍诗人则主要是在北宋末期浓重的政治阴影的压迫下靠近禅门的。黄庭坚正是在这空间（地域）轴和时间轴的交汇点上，成了江西诗派名副其实的宗主。

黄庭坚（1045—1105年），字鲁直，号山谷道人，晚年贬涪州别驾，又号涪翁。他的家乡分宁（修水）到处是南禅寺院，祖母仙源君就是虔诚的禅宗门徒。据传，他年仅七岁就写下过这样的诗句：

> 骑牛远远过前村，吹笛风斜隔垅闻。多少长安名利客，机关算尽不如君。（见《桐江诗话》）

我国古代早慧的诗人不少，但一般都写出儿童的直觉，呈现一种极天真的情趣，如唐代骆宾王七岁写的“鹅，鹅，鹅，曲项向天歌。

白毛浮绿水，红掌拨清波”一诗就是如此。而黄庭坚这首诗已有成人的老成和超悟，哲人的冷峻和超脱。当然，很难相信这是他幼小心灵真实的呼声，但至少可以看出他早在童年就接触到佛理禅机，并开始鹦鹉学舌。而在他游学出仕之前写下的不多的诗篇里，出世思想竟占了主流，如十七八岁写的这些诗句：

在世崇名节，飘如赴烛蛾。及汝知悔时，万事蓬一窠。（《溪上吟》）

人曾梦蚁穴，鹤亦怕鸡笼。万壑秋声别，千江月体同。（《次韵十九叔父台源》）

对禅宗的一切虚幻、万物平等观念已有深刻的理解。

到了中年，黄庭坚迭遭婚姻不幸（原配和续娶的两位夫人先后去世）和仕途挫折（多年一直任地方下层官吏，如叶县尉、太和县令等），元丰三年（1080年）作《发愿文》，像佛教徒似的誓戒酒色肉食。苏轼还主要是喜好结交禅僧，以谈禅悟道为人生的一个寄托，而黄庭坚则完全拜倒在南宗黄龙派祖心禅师的门下，并与祖心的法嗣惟清、悟新相往来，深得黄龙派的真传，所以禅宗灯录都把他算在黄龙派的队伍里。据《五灯会元》卷十七记载，晦堂（祖心）问黄庭坚，《论语》中的“吾无隐乎尔”一句作何解？黄诠释极精，晦堂都说“不是不是”。黄感到迷惘，内心不服。当时秋香满院，晦堂问：“闻木樨香否？”黄答：“闻。”晦堂说道：“吾无隐乎尔。”黄于是恍然大悟。这段故事真是玄而又玄，黄庭坚到底悟到了什么呢？也许就是禅宗的以可说为粗、以不可说为妙的非思辨性的宗旨吧！一作诠解，尽成死语，悠然心会，妙处难说。正如清人王士禛对这段公案的理解那样：“山谷大辩才，妙义皆糠秕。满院木樨香，吾无隐乎尔。”(《黄龙晦堂禅师》) 在众多倾心禅门的士大夫中，黄庭坚算得上是真正登堂入室，如他自赞画像所说：“似僧有发，似俗无尘，作梦中梦，见身外身。”(见《能改斋漫录》卷七) 俨然一副神清骨寒的高士形象。

黄庭坚思想中的禅学因素极为丰富，一是借鉴禅宗顿悟真如的方式来进行心灵修养，他时时坐禅修习，但更重视思想上的觉悟、活泼泼的心灵体验，使心活跃以应付纷纭的生活，而非形同槁木、心如死灰。所以他常常把内心修习的“禅境”与外部世界的“尘境”放在一起，以一念净心去抗拒种种诱惑和烦恼：

> 万事同一机，多虑乃禅病。排闷有新诗，忘蹄出兔径。莲花生淤泥，可见嗔喜性。小立近幽香，心与晚色静。(《次韵答斌老病起独游东园》二首之一)
>
> 百疴从中来，悟罢本谁病？西风将小雨，凉入居士径。苦竹绕莲塘，自悦鱼鸟性。红妆倚翠盖，不点禅心净。(《又答斌老病愈遣闷》二首之一)

只要万虑尽消，就能如莲花出于淤泥之中，而不为世俗的淤泥所污染；就能面对红妆翠盖的诱惑，一点欲念不起。有了如此的觉悟，一切沉疴自然舒解。这就是他领悟的禅理之一。

二是融合佛禅平等观及庄子齐物论的思想。生死平等，所以奉行一种超然物外、临危不惧的人生哲学；万物平等，所以提倡一种公平无二的社会伦理观。这种平等观来自《坛经》中的风幡故事，二僧论风幡义，一说风动，一说幡动，六祖慧能说：“不是风动，不是幡动，仁者心动。”意思是心不动则万物皆平等无异。黄庭坚为祖心禅师写的烧香偈语就深契此理：

海风吹落楞伽山，四海禅徒着眼看。一把柳丝扶不得，和风搭在玉栏干。(《为黄龙祖心禅师烧香颂》)

祖心圆寂之日，四海禅徒皆惊。但在禅门看来，生死原本平等，圆寂正是超脱。所以祖心之死就如同柳丝随风飘拂一样，是自然之事，无须惊惧。这就是《荷泽神会和尚语录》所说："纵见恒沙众生一时俱灭，亦不起一念悲心，此是大丈夫得空平等心。"因而黄庭坚能用超脱平等的眼光去观察社会、体验人生，能在政敌的威逼利诱面前大义凛然，能远斥蛮荒而泰然处之，安之若素。他作诗在处理感情上不同于主情诗人那样任其宣泄，而是经过理性的制约流露出来，以真实相而出游戏法，净化、淡化甚至冷化。这一点他和好友秦观(字少游)完全不同，正如前人所说："少游钟情，故诗酸楚；鲁直学道，故诗闲暇。"(李颀《古今诗话》)就是和同样参禅的苏轼相比，黄庭坚也显得更超然平静，苏轼尚有"江山如画，一时多少豪杰"的激动(《念奴娇》)，"垂天雌霓云端下，快意雄风海上来"的豪情(《儋耳》)，而黄庭坚即便是意境最阔大的诗句"落木千山天远大，澄江一道月分明"(《登快阁》)也是导向除去心灵蔽障和波动的澄澈宁静。也许正因如此，黄诗才招致所谓缺乏情韵的批评。

尽管黄庭坚也实践过禅宗默照静观的禅法，他的诗也表现过渊静空寂的禅境，但从他的诗歌艺术风格来看，显然是接受了禅宗公案里参话头、斗机锋的思维方式。据说，死心悟新禅师问他："新长老死，学士死，烧作两堆灰，向甚么处相见?"他竟答不上来。一直到谪官黔州的路上，才打破疑团，参透禅关(见《居士传》卷二十六)。所以他从黔南归来之后，"诗变前体"，"妙脱蹊径，言谋鬼神……一似参曹洞下禅，尚堕在玄妙窟里"(《西清诗话》)。这很有点像后来大慧宗杲"看话禅"的参究过程。不过，虽然苏轼和黄庭坚的诗都有文字禅的倾向，但仍有一些区别。苏轼悟后是滔滔不绝把禅理说个透彻，“如万斛泉源，不择地皆可出”，天才式的抒发，有理可依而无法可循；黄庭坚却从闻木樨香而悟道的体验里认识到禅理的不可诠释性，他作诗常常以奇特的言语去截断常识的情解，故作玄虚，出人意表，插科打诨，游戏三昧，正言若反，戏言近庄，并发明了种种非逻辑、非常规的诗歌语言技巧，即所谓“诗眼”、“句法”，有法可依而无理可循。黄庭坚的诗风生新瘦硬、深奥难懂，与其说是禅理玄妙，不如说是语言和结构的晦涩生硬的原因，这当然和公案里那些莫名其妙的话头的影响分不开。

以黄庭坚为首的江西诗派从禅宗那里悟得不少作诗的法门。如果说宋人以禅喻诗以苏轼为滥觞的话，那么在江西诗派那里就是“一波才动万波随”了。如黄庭坚说：“寒炉余几火，灰里拨阴、何。”（《次韵高子勉十首》）就是借用百丈怀海传法沩山灵祐时让他拨灰寻火的一则公案，来勉励江西派诗人高子勉追寻诗法的本源（按：阴、何指六朝诗人阴铿、何逊，杜甫有“颇学阴、何苦用心”之句，江西诗派学杜甫，本源于此）。其他如陈师道说：“世间公器毋多取，句里宗风却饱参。”（《答颜生》）李彭说：“传诗句句烂生光，妙手殷红入象床。本自奉常参定脉，定从儋耳悟神方。”（《寄何斯举》）韩驹说：“篇成不敢出，畏子诗眼大。唯当事深禅，诸方参作么。”（《次韵曾通判登拟岘台》）谢迈说：“要将余事付风骚，已悟玄机窥佛祖。”（《有怀觉范上人》）用参和悟比喻诗歌艺术的长期探究过程和瞬间直觉把握，已成为江西诗派的口头禅。如曾季貍说：

> 后山（陈师道）论诗说换骨，东湖（徐俯）论诗说中的，东莱（吕本中）论诗说活法，子苍（韩驹）论诗说饱参。入处虽不同，然其实皆一关捩，要知非悟入不可。（《艇斋诗话》）

他们悟入的“关捩”都是参究前人的作品，在学问功底的培养过程中逐渐达到妙悟的境界，从必然走向自由。

同时，与禅宗的文字化相呼应，江西诗派对各种诗歌语言技巧表现出极大的兴趣，或在构思上出奇制胜，或在词语上变化翻新，或打“猛诨”而求幽默，或炼“句眼”而求精彩，或典故冷僻以逞学问，或硬语盘空以示深奥，以机智的语言表达对世界的看法。在第五章中我将详细论述江西诗派令人眼花缭乱的语言艺术和禅宗的种种关系。

江西诗派挟着禅宗的余威在宋代风行持续了两百多年，从黄庭坚创派开始，到元代方回在《瀛奎律髓》中作总结，其间师友传授，绵延不绝。继吕本中《江西宗派图》开出诗派的名单后，又陆续有诗人被补充进来。南宋赵彦卫写《云麓漫抄》时，名单中已有吕本中在内；刘克庄则把曾几、杨万里等人归入诗派（见《茶山诚斋诗选序》）；严羽把陈与义划入诗派（《见沧浪诗话》），有案可查被归入诗派的较次要的诗人还有曾纮、曾思、赵蕃、韩淲、方回等人，至于和江西诗派有各种渊源关系的诗人那就更是不计其数了。

南宋不少诗人都以“他时派列江西”为荣耀，连理学家陆九渊也认为诗派“其植立不凡，斯亦宇宙之奇诡也”，“如优昙花时一现耳”（《与程帅书》）。江西诗派之所以产生如此大的影响，恐怕是与文字禅在宋代的流布分不开的吧。“诗到江西别是禅”（金刘迎《题吴彦高诗集后》）的负面，就是“禅到江西别是诗”，《碧岩集》的传唱不是已经证明了吗？

六、心学与狂禅

从元代开始，禅宗衰落了。尽管禅门的绪脉不绝如缕，并出现过万松行秀、海云印简、云峰妙高这样的高僧，尽管信禅的士大夫代有其人，并包括耶律楚材、刘秉忠、赵孟頫、宋濂这样的达官名臣，但作为一种社会思潮，禅宗已让位于元、明兴盛一时的喇嘛教以及官方正统哲学——理学。这一方面是禅宗自身钻究公案、画地为牢的必然结果，反复摆弄的“文字禅”也再不能为诗人提供新的刺激和启发。在此期间，诗人揭傒斯虽也有过《诗宗正法眼藏》之类的著作，但不过是晚唐诗格一类小玩艺儿的变种，招牌大，货色少，没有多少新花样。另一方面，儒学经过两宋儒者的努力，终于度过了六朝以来的“淡薄”时期，建立了一整套足以涵盖释老的新儒学体系——程朱理学。于是，儒家也有了自己的传宗法门、师承统绪，只要看看《宋元学案》《明儒学案》，其声势规模决不亚于《五灯会元》。

禅宗再次对士大夫发生大规模影响，是在明中叶以后。其持续之时虽不如唐、宋两代那么久远，但其狂飙突进的气势、标新立异的风尚，却给思想界以极大的震撼。元明以来，“存天理，灭人欲”的程朱理学笼罩和窒息了中国的一切思想文化。理学吸收消化了不少禅宗思想并取代了它。不过，当理学家们从禅宗那里借鉴来“本心清净”的禁欲主义思想的同时，也为日后反理学的异端播下了种子，因为肯定“本心”“自性”的禅宗毕竟包含着不同于“天理”的因素。因此，当理学思想日益变得陈腐不堪、沉闷而禁锢的时候，饱受压抑和痛苦的一帮士大夫自然把目光转向理学之外的异端。从明代正德、嘉靖年间开始，思想界悄悄出现一股大胆怀疑的叛逆思潮，在万历年间，更汇聚成声势浩大的个性解放的洪流。

这股叛逆思潮的社会背景是明中叶以后资本主义因素的萌芽、市民阶层的兴起、社会经济结构的变化，而思想方面的动因却是王守仁心学的流布和禅悦之风的再盛。王守仁（1472—1528年），人称阳明先生。他的心学直接承传宋代陆九渊的心学。陆九渊说:“宇宙便是吾心,吾心即是宇宙。”王守仁则认为“心外无理,心外无物”,在他看来,理学家所谓“格物致知”,应理解为“致良知”,认识本心,并把“良知”贯彻到一切事物中去。“心”即是“良知”,所以,“致良知”实际上与禅宗的“直指本心”、“顿悟自性”并无二致。王守仁有一首《示诸生诗》简要概括了“心学”的宗旨:

> 尔身各各自天真,不用求人更问人。但致良知成德业,漫从故纸费精神。乾坤是易原非画,心性何形得有尘。莫道先生学禅语,此言端的为君陈。(《阳明全书》卷二十)

岂止是禅语而已,骨子里都渗着禅的精神。当然,王守仁的主观意图是借“致良知”之说来提倡封建道德修养,通过对人心的挽救来恢复封建伦理秩序,以心学的“简易工夫”来代替理学的“支离事业”,并与之殊途同归。谁知事与愿违,南辕北辙,因为承认每个人内心都有“良知”,就无异于在某种程度上承认个性存在的合理性、个人思考的权威性。这样,心学得到的结果,不是对封建伦理秩序的维护,而毋宁说是一种巨大的冲击。先是放出了沉寂多年的禅悦之风,随之又打开晚明个性解放的异端思潮的闸门。

在晚明的思想变革中,心学与禅学的联姻是尤为值得注意的。一方面,禅学因心学而借尸还魂:“唐宋以来,孔氏之学脉绝,而其脉遂在马大师(马祖道一)诸人。及于近代,宗门之嫡派绝,而其派乃在诸儒。”(《袁宏道集笺校》卷四十一《为寒灰书册寄郧阳陈玄朗》)另一方面,心学直接诱发学禅的风气:“今之学佛者,皆因良知二字诱之也。”(陶望龄《歇庵集》卷十六《辛丑入都寄君奭弟书》之十)不仅如此,禅学和心学都起了冲破程朱理学思想禁锢的作用。

董其昌就看出了其中的关系：

> 程（颐）、苏（轼）之学，角立于元祐。而苏不能胜。至我明，姚江（王守仁）出以良知之说，变动宇内，士人靡然从之。其说非出于苏，而血脉则苏也。程、朱之学几于不振。紫柏老人（释真可）每言："晦翁（朱熹）精神只可五百年。"真知言哉！（沈德符《万历野获编》卷二十七《紫柏评晦庵》）

其实，心学不过是禅学的变种，王守仁自己就说过："夫禅之学与圣人之学，皆求尽其心也，亦相去毫厘耳。"（《阳明全书·重修山阴县学记》）紫柏也认为禅宗的《心经》"照出世则觉路可登，照世间则古道可复"（《紫柏尊者全集》卷十一《心经说》）。二者虽有儒、释立场的不同，但在肯定人的主观心性方面却是一致的。

晚明的个性解放思潮与心学、禅宗的关系是显而易见的。其领袖人物是人称"二大教主"的李贽和达观（见《万历野获编》卷二十七）。李贽（1527—1602年），字宏甫，号卓吾，又号温陵居士。他的思想属于王守仁学派，而晚年更是皈依禅宗，削发当了和尚。达观（1543—1603年），名真可，人称紫柏老人，是一个地地道道的禅僧。"二大教主"的共同特点是向传统的人生哲学提出了挑战：李贽强调人的真实个性是最为可贵的，这就是"绝假纯真"的"童心"，因此平生最痛恨虚伪的理学。他讲学时，有人"执经请问，辄奋袖曰：'此时正不如携歌姬舞女，浅斟低唱。'诸生有挟妓女者，见之，或破颜微笑曰：'也强似与道学先生作伴。'"（《列朝诗人小集》闰集《卓吾先生李贽》）达观虽是出家人，却并非严格的禁欲主义者，他说的"情有者理必无，理有者情必无"就显然是对程朱理学的反抗（见《汤显祖诗文集》卷四十五《寄达观》）。这不仅使一帮"佻达少年骤闻无不心折”(《万历野获编》卷二十七),而且启示汤显祖写下主情反理的《牡丹亭》。这样,在晚明的禅悦之风中,我们看到的不是“佛性常清净”的清心寡欲,而是呵佛骂祖、随心适意的狂放自由。受禅宗影响最深的一帮人,恰巧是追求个性解放最强烈的人。正如葛兆光先生指出的那样:首先,禅宗的大胆怀疑和叛逆精神影响了这批士大夫,启迪了他们的异端思想;其次,由禅宗“我心即佛”引申出来的自然——纵欲主义的人生哲学使旧的伦理观念、人生哲学、生活情趣出现了裂痕(见《禅宗与中国文化》第二章)。此外,禅宗的“自性具足”也给尊重个性、反对拟古提供了理论依据。

当时文艺领域中的主要革新者,如袁宏道、汤显祖、董其昌等人都是“二大教主”的朋友、学生或倾慕者,相互倾倒、赞赏、推引、交往,同气相求、惺惺相惜。尤为值得注意的是,在诗歌领域反对前后七子剿抄模拟、主张直抒胸臆的诗人,大多都是心学和禅学的信徒。据钱谦益《列朝诗人小传》记载:

> (徐渭)读书好深思,自谓有得于《首楞严》(禅宗经典)、《庄》、《列》、《素问》、《参同契》诸书,欲尽斥注家胶戾,独标新解。……讥评王(世贞)、李(攀龙),其持论迥绝时流。(丁集中《徐记室渭》)
>
> (陶望龄)在词垣,与同官焦竑、袁宗道、黄辉讲性命之学,精研内典。(丁集下《陶祭酒望龄》)
>
> (冯梦祯)为紫柏可公幅巾弟子,钳锤评唱,究竟第一义。……为诗文疏朗通脱,不以刻镂求工。(丁集下《冯祭酒梦祯》)
>
> (董其昌)精赏鉴,通禅理,萧闲吐纳,终日无一俗语。(丁集下《董尚书其昌》)
>
> (雷思霈)好学问,通禅理,……与袁氏兄弟善,当公安扫

除俗学，沿袭其风流，信心放笔，以刊落抹搬为能事，而不知约之以礼。(丁集中《雷简讨思霈》)

而这一大批诗人的领袖人物无疑应算公安三袁。

袁宗道（1560—1600年），字伯修；袁宏道（1568—1610年），字中郎；袁中道（1575—1630年），字小修。其中以袁宏道成就最著，影响最大。钱谦益曾评及他对晚明诗坛的贡献：

中郎之论出，王（世贞）、李（攀龙）之云雾一扫，天下之文人才士始知疏瀹心灵，搜剔慧性，以荡涤摹拟涂泽之病，其功伟矣。(《列朝诗集小传》丁集中)

袁宏道的“性灵”说源于李贽的“童心”说，我将在第六章对其理论价值作详细评价，这里只简单举两例说明李贽的思想对袁宏道的直接影响。看看两段袁氏的自供：

此似瑶华色，何殊空谷音。悲哉击筑泪，已矣唾壶心。迹岂《焚书》白，病因《老苦》侵。有文焉用隐，无水若为沉。(《袁宏道集笺校》卷一《得李宏甫先生书》)

幸床头有《焚书》一部，愁可以破颜，病可以健脾，昏可以醒眼，甚得力。(同上卷五《与李宏甫》)

《焚书》是李贽的著作，袁宏道放之床头，日夜研读，颇得李贽思想的真髓。这真髓之一就是大胆怀疑精神：“学道人得一疑情，如得一珍宝，何也？未有疑而不破，破而不悟者。”（同上卷二十二《答陈正甫》）表现在文学创作中，就是对主张“文必秦汉、诗必盛唐”的统治文坛的前后七子之“疑”，对“剿袭模拟，影响步趋”的诗风之“破”，对“独抒性灵，不拘格套”的浪漫主义创作方法之“悟”。

袁宏道虽然欣赏宋诗，但他的“悟”却不同于大多数宋诗人。宋诗人的“悟”大抵是对诗歌艺术技巧的直觉把握，所以爱谈“句法”或“活法”；而袁宏道“悟”到的却是摆脱传统教条羁绊的自由心灵和主体创造性，所以爱谈“性灵”、“真趣”和“任性”。与当时诗坛流行的“瞎盛唐诗”相比，他的诗显得轻灵多了：

> 山色重重冶，云容片片鲜。花风香水气，梅雨润苔钱。茶别松萝味，兰销鹊尾烟。每于诗外旨，悟得句中禅。(《袁宏道集笺校》卷九《潘庚生馆同诸公得钱字》)

只是“冶”、“鲜”这样佻达的字眼，就用得很大胆，很有个性，传达出公安派所特有的迥异传统的审美情趣。

作为晚明异端运动的核心人物，袁宏道交游极广，他的周围有汪仲嘉、梅季豹、潘景升、方子公等狂放不羁的诗人，也有云栖、戒山、湛然、立玉这样的古佛禅伯，而更密切的是陶周望（望龄）公望（奭龄）兄弟、虞长孺（淳熙）僧孺（淳贞）兄弟、王静虚这样的“禅而诗”的文士（见《袁宏道集笺校》卷十一《与吴敦之》）。袁宏道曾在《喜逢梅季豹》一诗中勾勒出自己引为同志的诗坛革新派的阵容：

> 瞑里少冶容，邯郸无高步。万耳同一聩，活佛不能度。摹拟成钝贼，士子递相误。膻骨蚁回旋，驴脊苍蝇聚。徐渭饶枭才，身卑道不遇。近来汤显祖，凌厉有佳句。宾（袁中道小字）也旷荡士，快若水东注。丘肥（丘长孺）与潘髯（潘之恒，字

> 景升），俱置兄弟数。越中有二龄（陶望龄、奭龄），解脱诗人趣。立意出新机，自冶自陶铸。举世尽奴儿，谁是开口处？我击涂毒鼓，多君无恐怖。洗眼读君诗，披天抉云雾。不独爱君诗，爱君心相顾。众人嗔我喜，天下憎君慕。鸡坛如可盟，旗帜为君树。（同上卷九）

对天才的倾慕，对个性的张扬，对真趣的提倡，对摹拟的鄙视，构成这群“旷荡士”的共同创作倾向。其中虽如徐渭、汤显祖等人并不属于公安派，然而基本文艺观和创作风格无疑是一致的。这群有个性的诗人先后崛起，复古之风渐衰。

尽管袁宏道反对“毛道”所参“狂禅”，但包括他本人在内的一大群士大夫，参禅佞佛的结果，都不是回避社会、退隐禁欲，而是敞开心灵和个性的闸门，适意或纵欲。所以袁宏道欣赏的人，如张幼于的“率性而行”（同上卷四《识张幼于箴铭后》），不过是“或紫衣挟妓，或徒跣行乞，邀游于通邑大都”的荒唐行为（见《列朝诗集小传》丁集上《张太学献翼》）；又如梅季豹也是“潦倒自放，与歌姬昵好”（同上丁集下《梅秀才守箕》）；而潘景升则是“征歌度曲，纵酒乞食，阳狂落魄以死”（同上《潘太学之恒》）。其间虽也有虞僧孺这样的禅宗信徒，早断婚触，而其性压抑却通过善为“绮语”而一并宣泄出来。如他的《溪上落花》诗：“芳心都欲尽，微波更不通。”“有艳都成错，无情乍可依。”又如《春日独当垆》：“卓女盈盈亦酒家，数钱未惯半羞花。”都写得相当绮艳柔媚。而他的“绮语”却显然受到另一个参禅者汤显祖的赞赏（见《汤显祖诗文集》卷三十三《溪上落花诗题词》）。禅而狂者，蔚成风气。

禅宗发展到晚明已完全蜕变了。从某种意义上来说，是对北宋以来公案禅、文字禅的反动，是明心见性的早期南宗禅的回归。只是它的宗教味更加淡薄，心性也只求“绝假纯真”，并非定要清净无欲。因而，那个时代的不少异端思想借禅宗为哲学武器，就决不是偶然的。李贽和达观之所以被正统的士大夫视为“狂禅邪道”，正因为禅宗此时所起的唤醒个性的作用已超过所谓精神鸦片的作用。不过，李贽和达观虽被统治者迫害致死，而诗文领域的反拟古主义运动却并未夭折。禅宗的“本心”已化为诗文理论中的“灵性”（汤显祖语）和“性灵”（袁宏道语），成为明、清两代与封建正统文学相对抗的叛逆传统，并深化了中国古代诗歌“师心写意”的主观抒情特征。

学术界曾有人将受禅宗影响的中国士大夫的艺术思维概括为这样一句话：“以直觉观照中沉思冥想为特征的创作构思，以自我感受为主追溯领悟艺术品中的哲理、情感的欣赏方式及自然、简练、含蓄的表现手法三合一的艺术思维习惯。”（葛兆光《禅宗与中国文化》第204页）仿佛唐以后近禅的艺术家都有这一整套从构思、欣赏到表达的三合一思维方式似的。事实上，情况远非如此简单，在诗歌领域尤其如此。仅从上面的探讨中，就可以看出不同时代的诗人接受不同的禅风，不同群体的诗人借鉴不同的禅法。既然禅宗发展史上从来就没有确定而统一的形而上系统，因而很难设想受其影响的艺术思维有统一的“三合一”公式。北宗的安禅宴坐有别于南宗的活参顿悟，临济的机锋峻烈不同于曹洞的辩证细密，德山的呵佛骂祖迥异于雪窦的拈古颂古。同样，秋月澄潭的宁静心境有别于电光石火的活泼意趣，心极神劳的冥搜觅句不同于率性而为的纵笔闲吟，呈露自然的无我之境迥异于抒写感受的有我之境。禅宗门户众多，诗歌流派纷纭，时代变迁，地域分布，双向渗透，立体交叉，加之禅心诗思，幽妙入微，要用三言两语总结其间规律，确非易事。

那么，禅宗与诗歌艺术思维之间的关系果真是一笔扯不清的糊涂账吗？我以为，如果运用历史和逻辑相结合的研究方法，考虑到诗歌史和禅宗史的对应关系，不难看出受禅宗影响的诗歌艺术思维大致可分为三种：一、空灵的意境追求；二、机智的语言选择；三、自由的性灵抒发。这三种艺术思维之间在某个环节上或许有交叉重合的地方，但就其各自的构思、欣赏、表现的总体倾向来看，决不是三合一的东西，因而不同时代和群体的诗人各有其侧重选择。有时，这三者还在某种程度上存在着冲突对立，尤其在表现手法方面更是如此。以下三章，我将谈谈这三种艺术思维方式与禅宗的种种关系，并简单勾勒其在诗歌史上的嬗递轨迹。

第四章 ◎ 空灵的意境追求

一、三 境 通 禅 寂

王维有一首小诗《辛夷坞》，是他著名的田园组诗（也可以说是山水组诗）《辋川集》的第十八首。诗只有短短四句，其中展示出来的禅意诗思却给人留下无穷的回味：

木末芙蓉花，山中发红萼。涧户寂无人，纷纷开且落。

在绝无人迹的地方，辛夷花（诗中以芙蓉借代）默默地开放，又默默地凋零，没有生的欢乐，也没有死的悲哀，得之于自然，又回归到自然。这是一个何等静谧空灵的境界。听不到一丝心灵的震颤，仿佛连时空界限也已经泯灭。这里要注意“涧户寂无人”的背景，在王维和裴迪唱和的《辋川集》中，到处都是这种无人的境界：“空山不见人，但闻人语响。”（王维《鹿柴》）“深林人不知，明月来相照。”（《竹里馆》）“不知深林事，但有麏麚迹。”（裴迪《鹿柴》）“秋来山雨多，落叶无人扫。”（《宫槐陌》）“出入唯山鸟，幽深无世人。”（《竹里馆》）清人王士禛称“王、裴《辋川》绝句，字字入禅”（《蚕尾续集》卷二《书西溪堂诗序》），正是揭橥了这种无人之境与禅的关系。

佛教的基本宗旨是解脱人世间的烦恼，证悟所达到的最高境界（涅槃境界）是寂然界。所以佛家称离烦恼曰寂，绝苦患曰静，说什么“观寂静法，灭诸痴闻”（《华严经》卷一），“一切诸法皆是寂静门”（《宝箧经》）。禅宗也不例外，所谓坐禅、禅定都为了达到这一境界。不过，禅宗以心法相传，证悟也以心的寂静为旨归。一方面是“心与境寂”（刘禹锡《袁州萍乡县杨岐山故广禅师碑》），躲进与世隔绝的深山，求得心灵的安静；一方面是“境因心寂”（李华《润州鹤林寺故径山大师碑铭》），心如止水，虽“结庐在人境”，却能做到“而无车马喧”。在盛中唐流行的北宗禅法，大抵都是教人通过“凝心入定”的观照冥想，来进入除尘净虑的“寂然界”。所以在盛中唐诗人谈禅说僧的诗歌里，到处都能看到这样的句子：

> 禅房闭幽静，花药连冬春。（孟浩然《还山贻湛法师》）
> 夜坐空林寂，松风直似秋。（王维《过感化寺昙兴上人山院》）
> 萧条心境外，兀坐独参禅。（戴叔伦《晖上人独坐亭》）
> 焚香居一室，尽日见空林。（李端《同皇甫侍御题惟一上人房》）

总之，寄兴于空山寂林，到大自然中或禅房静室中去寻求不生不灭、坦然寂静的境界，是盛中唐人参禅的一般途径。王、裴诗中之所以有那么多无人之境，正是他们回避人世、兀坐参禅的真实写照。

禅宗的坐禅与庄子的“心斋”、“坐忘”、“丧我”有相似之处。但道家的“坐忘”是神与物游，发现大自然物各自由的天道，其观照结果是委运乘化。而禅家的坐禅是“心冥空无”，在瞬间领悟永恒的虚空，其观照是所谓“寂照”。佛教以“寂”为真理的本体，“照”为智慧的功用。“寂照”二者是不可分的，就是用寂然之心去观照万物寂然的本质。这种观照是丝毫不带感情色彩的，正如香岩智闲禅师的《寂照颂》所形容的那样：

> 不动如如万事休，澄潭彻底未曾流。个中正念常相续，月皎天心云雾收。（见《人天眼目》卷四）

心境是平静的，如古井澄潭，映照万象。一切事物入此心境，都得到净化和静化，激动和喧嚣在这里也幻化为沉静的意境。“唯当寂照心，可并奫沦色”，这是诗人独孤及《题玉潭》诗中的一个比喻。潭水，不再作为和冰壶“比德”的意象，而是作为静穆观照（即寂照）的形象比喻大量出现在近禅的山水诗人的作品里：“薄暮空潭曲，安禅制毒龙”（王维《过香积寺》），“潭影空人心”（常建《题破山寺后禅院》），“月明潭影澄空性”（李端《寄庐山真上人》），澄静的潭水中深藏着空无的永恒。

不过，寂照并不是要把人的心灵引向死寂，因为在“空无”之中，包含着生命无限的可能性。用宗白华先生的话来说：“禅是动中的极静，也是静中的极动，寂而常照，照而常寂，动静不二，直探生命的本原。禅是中国人接触佛教大乘义后认识到自己心灵的深处而灿烂地发挥到哲学与艺术的境界。静穆的观照和飞跃的生命构成艺术的两元，也是‘禅’的心灵状态。”（《美学散步》第65页）唐诗人韦应物以其敏感的心灵更早理会到这种“动静不二”的禅趣，在一个夜晚，他听到嘉陵江水奔腾的喧声，一瞬间欣然悟道："水性自云静，石中本无声。如何两相激，雷转空山惊。"(《听嘉陵江水声寄深上人》）静中孕含着极动，而动的本质又是极静；水性石性的静穆与水石相激的喧腾构成禅的精神的两元，这就是"喧静两皆禅"（韦应物《赠琮公》）。

这种"韦苏州之禅"其实是盛中唐山水诗人的共识，运用动和静的对立统一关系，以动写静，以静写动，喧中求寂，寂中有喧，表现充满禅意诗情的境界。试看王维的《鸟鸣涧》：

人闲桂花落，夜静春山空。月出惊山鸟，时鸣春涧中。

这究竟是动，还是静？是喧，还是寂？如果说是动，那么，不把心与境一同沉入深深的静，如何能体验得到桂花的飘落？如果说是喧，那么，鸟鸣空谷就不应该产生如此"夜静春山空"的感觉。白居易诗说："别有幽愁暗恨生，此时无声胜有声。"(《琵琶行》）而此情此景，却是"此时有声胜无声"，几声鸟语才表达了比无声更沉静的意境。说它是静吧，那无言的月出、无声的月光竟至惊醒沉睡的山鸟，一"惊"字，又该是怎样一种激烈的动和喧？动静相形，喧寂相衬，这就是诗人从禅宗那里借鉴来的艺术辩证法。同时，这也是宴坐静观的禅所必然带来的艺术思维方式，"静故了群动，空故纳万境"，澄净之心映照着大千世界的动静喧寂，这就是盛中唐山水诗既宁静幽寂而又活泼有声的原因之一。

然而，寂照的本质毕竟是指向静穆的。王、孟、韦、柳等近禅的诗人无论怎样善写动态声响，却始终追求的是空寂的境界，"寂"、"静"等字眼简直是他们的口头禅，王维固不必说了，仅是韦应物诗中，就到处都有这样的字眼，如"境静兴弥臻"（《秋夕西斋与僧神静游》)、“方耽静中趣”(《神静师院》)、“绿阴生昼静”(《游开元精舍》)、“境寂尘妄灭”(《同元锡题琅琊寺》)、“诸境一已寂”(《答崔主簿问兼简温上人》)、“悄然群物寂”(《善福精舍示诸生》)等，不胜枚举。因而，即便在“万籁”声中，他们也能寻求到一块属于自己的“窅然喧中寂”的“心境”(柳宗元《禅堂》)。

带着宁静的心境去观照大自然，于是可以看出，他们虽也写动，却绝不去表现“黄河之水天上来”、“飞流直下三千尺”的状态；他们虽也写声响，却绝没有“墙头鼓角声犹震”、“涛似连山喷雪来”的气势。更多描写的或更爱表现的是静夜中的轻动微响：

雨中山果落，灯下草虫鸣。(王维《秋夜独坐》)
明月松间照，清泉石上流。(王维《山居秋暝》)
松月生夜凉，风泉满清听。(孟浩然《宿业师山房期丁大不至》)
荷风送香气，竹露滴清响。(孟浩然《夏日南亭怀辛大》)
微云淡河汉，疏雨滴梧桐。(孟浩然逸句)
寒雨暗深更，流萤度高阁。(韦应物《寺居独夜寄崔主簿》)
石泉远愈响，山鸟时一喧。(柳宗元《中夜起望西园值月上》)

鸟语虫鸣，泉响露滴，这些声响之所以能被诗人捕捉到，不正是因为夜的背景宁静到极点了吗？“千山不隐响，一叶动亦闻”(孟郊《桐庐山中赠李明府》)，正是这些声响才衬托出极静的境界。明人胡应麟评王维的《鸟鸣涧》和《辛夷坞》两首诗“读之身世两忘，万念皆寂”(《诗薮》内编卷六)，不正因为它们传达出“动中的极静”的禅家意趣吗？

由于受坐禅和寂照方式的影响，王、孟、韦、柳诸人特别醉心于表现自然界的静态美。在他们的心中，一切事物包括大自然的一切运动，都最终是导向静穆的，无论是傍晚青苔上一缕柔和的阳光，昏暗松林中的一绺清辉，在寂寞中开放而又凋落的辛夷花，还是风中鸣响的两岸枫叶，萧瑟中摇曳的参差林影，寂静中的一声鸟啼，甚至包括那在秋雨石溜水中惊起的白鹭以及在春潮急涨的野渡旁的一只寂寞孤舟……无不表现着一种闲静空寂而绝不激动的境界。

在盛中唐宁静的山水世界中，也许再没有一种声音比钟磬声（尤其是暮钟、晚钟）更富有禅意和诗意，它使静谧的世界显得更空灵、悠远。善写“方外之情”的诗人，很少不在诗中描写钟磬声的，如孟浩然的“山寺鸣钟昼已昏”（《夜归鹿门山歌》）、“东林精舍近，日暮坐闻钟”（《晚泊浔阳望庐山》）；王维的“谷口疏钟动，渔樵稍欲稀”（《归辋川作》）、“古木无人径，深山何处钟”（《过香积寺》）；裴迪的“林端远堞见，风末疏钟闻”（《青龙寺昙壁上人院集》）；储光羲的“疏钟清月殿，幽梵静花台”（《苑外至龙兴院作》）；钱起的“清钟扬虚谷，微月深重峦”（《东城初陷与薛员外王补阙暝投南山佛寺》）；刘长卿的“苍苍竹林寺，杳杳钟声晚”（《送灵澈上人》）、“香随青霭散，钟过白云来”（《自道林寺西入石路至麓山》）；韦应物的“鸣钟惊岩壑，焚香满空虚”（《寄皎然上人》）……钟声中到底具有一种什么奇妙的魅力，竟征服了这么多的诗人，而又通过诗人征服了更多的读者？如前人评王维的“深山何处钟”句为“幽微敻邈，最是王、孟得意神境”（《唐宋诗举要》卷四），评孟浩然的“日暮坐闻钟”是“一片空灵”（同上）。难道仅仅因钟声能唤起人们对寺庙的情感？当然不是。我以为，近禅的诗人之所以偏爱钟声，至少还有以下诸因素：其一，钟声悠扬动听，能把宗教感情转化为一种审美感情，将禅意转化为诗情；其二，钟声余音袅袅不绝，最能体现超越于形象之外的悠远无穷的诗的韵味；其三，钟声的节奏是平缓的，疏钟与诗人淡泊闲静的心态恰巧为异质同构；其四，钟声打破宁静的虚空，象征着一次心灵的顿悟，即诗人所谓“欲觉闻晨钟，令人发深省”（杜甫《游龙门奉先寺》）；其五，钟声是不可捉摸的东西，动亦静，实亦虚，色亦空，动静不二，象征着禅的本体和诗的本体；其六，钟声从静寂中响起，又在静寂中消失，传达出来的意味是永恒的静，本体的静，把人带入宇宙与心灵融合一体的那异常美妙神秘的精神世界。

王、孟派（“澄澹精致”派）诗人特别善于利用钟声来创造意境，如常建的《题破山寺后禅院》：

> 清晨入古寺，初日照高林。竹径通幽处，禅房花木深。山光悦鸟性，潭影空人心。万籁此都寂，但余钟磬音。

这首诗集中体现了“澄澹精致”派的禅趣，清晨的古寺，阳光照进茂密的森林；在清幽的竹径深处，花木掩映着静谧的禅房；山光苍翠，潭影澄澈；万籁俱寂，只有几杵疏钟颤悠悠回荡。这是何等静寂幽邃的境界！前人或赞叹“山光悦鸟性，潭影空人心”两句为“警策”（殷璠《河岳英灵集》卷上），或欣赏“竹径通幽处，禅房花木深”的“造意”（欧阳修《续居士集》卷二十三《题青州山斋》），其实，这首诗最有灵气的要算这余音袅袅的结尾，化动为静，化实为虚，钟声中一切迷妄顿觉，幻化为空无的永恒。清人纪昀评此诗“兴象深微，笔笔超妙，此为神来之候”（《唐宋诗举要》卷四引），其言有尽而意无穷的结句无疑起了很大作用。

盛唐人早就注意到这一点，如推崇“兴象”的殷璠就十分赞赏王、孟派诗人綦毋潜《题灵隐寺上顶院》中的“塔影挂清汉，钟声和白云”两句诗，称之为“历代未有”（《河岳英灵集》卷上）。前一句是从视觉上描写，表现出庄严的塔影遥映空阔的碧天的静止画面，由静穆而唤起一种崇高感；后一句则描写了听觉和视觉的通感，缥缈的钟声融入远处一片悠悠白云，由空灵而唤起一种虚无感。这就是悠远的“方外之情”。如果说塔影、清汉、白云都是空间形象的话，那么钟声则是一种时间形象，有了这钟声，似乎一瞬间时空、因果、虚实、动静融在一起，过去、现在、未来浑然莫辨，瞬刻即是永恒。这是禅的世界，更是诗的世界！

总之，在宴坐禅定方式下的静观默照，无论是花落鸟鸣、潭影钟声，都体现了诗人寂然的心境，散发着幽静淡雅的清气。这就是盛中唐“澄澹精致”派山水诗的基本特点。刘禹锡评僧诗说：“因定而得境，故翛然以清。”（《秋日过鸿举法师寺院便送归江陵引》）这也可用来说明“澄澹精致”派诗人的艺术思维特点，他们是在一种“定”的心理状态下观照万物的，所以“其心不待境静而静”（权德舆《送灵澈上人庐山回归沃洲序》）。澄观一心而腾踔万象，是构思的初始；腾踔万象而归于空寂，是意境的终结。《雪堂和尚拾遗录》里说：“舒州太平灯禅师颇习经论，傍教说禅。白云演和尚以偈寄之曰：‘白云山头月，太平松下影。良夜无狂风，都成一片境。’灯得偈颂之未久，于宗门方彻渊奥。”演和尚领悟的“一片”禅境，恰巧可用来比譬王、孟派的诗境：良夜无风的外在物境与万虑洗然的内在心境，融为“一片”宁静的意境。

二、思与境偕

以寂照的方式审视世界的结果，在禅家是达到“梵我合一”，在诗家则是达到“思与境偕”。这种境界的特点是由物我两忘而进至物我同一。禅宗强调“对境无心”、“无住为本”，也就是对一切境遇不生忧乐悲喜之情，不粘不着，不尘不染，心念不起。在“真如”智慧的灵光下，物与我本无差别，物即是我，我即是物。

值得注意的是，就具有禅趣的诗歌来说，“思与境偕”并不等于“情景交融”。朱光潜先生在分析美感经验时曾把“物我同一”看成是美学上的移情作用（见《朱光潜美学文集》第一卷第37页），这种看法并不全面。移情说的意义是：“把我的情感移注到物里去分享物的生命。”（同上，第40页）所以有的西方美学家将它称之为“拟人作用”（anthropomorphism），或称为“宇宙的生命化”（animation de l'univers），把人的生命移注于外物，也就是王国维《人间词话》里所说的“物皆着我之色彩”。然而，王、孟派中那些“入禅”的诗却并不是这样。移情是“以我观物”的“有我之境”，“入禅”的诗则是“以物观物”的“无我之境”。那么，在“无我之境”里，“思”与“境”究竟是怎样融合统一的呢？

必须承认，任何诗都是离不开“我”的，任何诗中的境界，都应是自我情趣、性格、经验的返照。但由于禅宗观物方式的独特性，“入禅”之诗中的“我”似乎消解于观照对象中，一切只是“物原如此”的直接呈露。和其他流派诗歌相比，王、孟派的“入禅”之诗有以下两个特点：一、诗人视点的失落；二、诗人情感的消亡。

先看看诗人的视点。一般的创作方法，如主观抒情、客观反映、比兴喻理，都有一共同之处，即从创作者的视点观照世界。在“入禅”的诗中，却找不到诗人作为艺术主宰者和创作者的视点，他自身失落于艺术之中，提供的只是万人共感的视点中意象的自在性。如果说他有视点，那也是集合多方视点构成的自由视点，因为他是从内心和宇宙合一的立场来观照整个自然。

人们常把禅宗的观物方式和庄子的观物方式相混同，其实二者的物我同一是有区别的。庄子说："不知周之梦为蝴蝶与？蝴蝶之梦为周与？周与蝴蝶，则必有分矣：此之谓'物化'。"（《庄子·齐物论》）这种"物化"本是说明客观事物之间彼此无界限。而庄子实现"物化"的途径却是"用志不分，乃凝于神"（《庄子·达生》），将主体的注意力集中在客体上面，即俗话所说的"聚精会神"。在这种观照方式中，主体的视点位置是很容易看出来的。那些深受老庄玄学思想影响的晋、宋诗人，很明显都采用了这种从创作者的视点观照世界的方式，如东晋王羲之的"仰视碧天际，俯瞰渌水滨"（《兰亭诗》），谢灵运的"俛视乔木杪，仰聆大壑淙"（《于南山往北山经湖中瞻眺》），正是从诗人自身的视点出发，才有这或"俯"或"仰"的视角。在魏晋南北朝的山水游览诗中，诸如"引领"、"延首"、"眇目"、"回睛"之类的字眼，也随处可见。由于主体视点的存在，这种"物化"始终不能泯灭我与物的界限，与禅家的"无我之境"尚隔一层。

禅家以一种更超越的方式审视自然，不是因"物化"而设想物的立场，而是将心灵和整个宇宙化合，既不是人的视点，也不是物的视点，而是"心即宇宙"的立场。看看柳宗元的《江雪》：

千山鸟飞绝，万径人踪灭。孤舟蓑笠翁，独钓寒江雪。

在这种境界中，作者的视点失落了。尽管我们可以想象这幅画面，但无法设想描绘这幅画面的诗人究竟选择的什么视角。没有"俯"，也没有"仰"，也不存在什么"横看成岭侧成峰"，我们只能站在自己所选的新的视点去重新咀嚼，重新体验，重新领略这幅图画。正是这种自由的视点，使这首诗的深度和内涵，远远超出了具象，超越了文字，甚至也超越了柳宗元本人，也就是说超越了作者的创作意图和写诗时的心理状态。这显然是主观精神力图同宇宙精神取得同样的广延性而达到的禅的艺术境界。我之“思”消融于物之“境”而获得永恒。

再说说诗人的情感问题。庄子所谓的“物化”，更接近于“把我的情感移注到物里去分享物的生命”的移情现象，濠上观鯈鱼从容出游而谓知鱼之乐就是典型的例子（见《庄子·秋水》）。这样的“物化”在艺术上则表现为“神与物游”，“我才之多少，将与风云并驱矣”（《文心雕龙·神思》）。在聚精会神的观照中，我的情趣和物的情趣往复回流。有时物的情趣随我的情趣而定，有时我的情趣也随物的姿态而定。陶渊明、谢灵运的山水田园诗中这种情况较多，“平畴交远风，良苗亦怀新”（陶《癸卯岁始春怀古田舍》），这是把新春的喜悦移注于“良苗”；“白云抱幽石，绿篠媚清涟”（谢《过始宁墅》），这是把人的情态移注于“白云”、“绿篠”，使无生命的东西变得有生命而具人情。又如“望云惭高鸟，临水愧游鱼”（陶《始作镇军参军经曲阿作》），则是外物的姿态反馈于我的情趣。说到底，这种物我交感，人的生命与物质自然的生命互相回还震荡，其主宰还是在人的情趣，拿人作测物的标准。

禅家的“对境无心”则完全是另一回事，物与我之间并无生命的交感或情趣的回流，禅家的“无差别境界”不带任何感情色彩。如王维的《辛夷坞》和《鸟鸣涧》，前者是写幽谷里辛夷花的自开自落的现象，后者写静夜空山里的几声鸟鸣。人们常说“诗言志”或“诗缘情”，而在这两首诗里，诗人的情志何处可寻呢？一切只是以自然自身呈露的方式呈露自然，没有赞美，没有憧憬，也没有同情和惆怅，甚至连恬淡的怡然自得之情也没有。淡漠、冷清、空灵、寂然，诗人的心境竟是这样的太上无情！在王维、裴迪的《辋川集》里，到处都是这种“无我”、“无心”、甚至“无人”的境界：

空山不见人，但闻人语响。返景入深林，复照青苔上。（王维《鹿柴》）

飘香乱椒桂，布叶间檀栾。云日虽回照，森森犹自寒。（裴迪《茱萸沜》）

门前宫槐陌，是向欹湖道。秋来山雨多，落叶无人扫。（裴迪《宫槐陌》）

深林云日，香飘叶落，引不起诗人的任何哀乐之情。物质世界就在刹那的生灭中因果相续，无始无终、自在自为地演化着，这不需要人的感情移入的物质自然本身，就具有佛性“真如”存在，“不生不灭，如来异名”（《楞伽经》）。物的本性和我的佛性就这样统一在“无我之境”中。

这才是真正意义上的“无我之境”。王国维《人间词话》以陶渊明的“采菊东篱下，悠然见南山”为“无我之境”的例句，这其实是一种误解，或者说王氏对“无我之境”的界定不明确。我们可以说陶渊明这两句诗恬淡超然，但不能说它“无我”，“采”、“见”二字的动作显然都是“我”发出的，“见”字体现出创作者观照的视点，“悠然”则显示出创作者的情怀。事实上，陶氏诗中很难找到无我之境，除了“采菊东篱下”这一类句子间接显出“我”的形象外，更有大量的作品直接出现“我”的字样：“回飙开我襟”（《和郭主簿》），“我土日已广”（《归园田居》其二），“夕露沾我衣”（同上其三），“薪者向我言”（同上其四），“疑我与时乖”（《饮酒》其三），“羲农去我久”（同上其五），“忆我少壮时”（《杂诗》其三）……这些或隐或显的“我”都证明诗人强烈的主体意识，所以陶诗即便是纯粹写景如“山气日夕佳，飞鸟相与还”，仍然具有悠然自得之情，体现出一种虽平淡却阔大的人格气韵。这是庄，而非禅。

庄子标榜所谓“丧我”，然而“丧我”的思维方式一入诗，往往反而成为“有我之境”，甚至连王维那些试图融合庄禅的诗作也不例外：

> 我家南山下，动息自遗身。入鸟不相乱，见兽皆相亲。云霞成伴侣，虚白待衣巾。（《戏赠张五弟諲》）
>
> 山林吾丧我，冠带尔成人。莫学嵇康懒，且安原宪贫。山阴多北户，泉水在东邻。缘合妄相有，性空无所亲。安知广成子，不是老夫身。（《山中示弟等》）

前一首用《庄子·山木》“入兽不乱群，入鸟不乱行”的典故，但“入鸟”、“见兽”本就可看出“我”与鸟、兽是异类的，尽管“我”可以和它们相亲。后一首“吾丧我”用《庄子·齐物论》中南郭子綦的话，但其中却自始至终有一个合儒（原宪）、释（性空）、道（广成子）三位一体的“老夫”形象，“我”何曾“丧”呢？有的学者以为这两首诗表现了无我的境界（见袁行霈《中国诗歌艺术研究》第209页），恐怕还只是表面的看法。由此可见，王维诗中真正的“无我之境”，是来自禅宗的“对境无心”，而非道家的“丧我”。陶诗与王、孟诗意境的主要区别也在这里。

如果说我们能从王、孟诗派那些入禅的作品中体味到诗人的心境的话，那也只是因为“我”的佛性（“思”）与“物”的本性（“境”）是二而一的东西，物质自然本身就是心灵的幻相，面对一片物境也等于面对一片心境。而从诗人的艺术思维过程来看，他放逐了自我，消解了情思，只以自然自身构作的方式构作自然，以自然自身呈露的方式呈露自然，其观照方式是“以物观物”，没有主体的视点和情思；其表达方式是“即事而真”（石头希迁的禅法），以个别事物（“事”）显现世界本体（“真”，即佛性），如以辛夷花开放与凋零显示“不生不灭”的佛性真如。

青原惟信禅师在悟道时说过一段相当精彩的话：

> 老僧三十年前未参禅时，见山是山，见水是水。及至后来，亲见知识，有个入处，见山不是山，见水不是水。而今得个休歇处，依前见山只是山，见水只是水。(《五灯会元》卷十七)

这段公案展示禅家证悟过程的三个阶段，但也完全可以借用来说明三种不同层次的观物方式。第一种“见山是山见水是水”，是普通人的观物方式，只用感官去认识自然，不带感情，不作思考，对于他，山水就是山水，就是他感觉到的客观存在。第二种“见山不是山见水不是水”，是近儒或道的诗人的观物方式，在他看来，山水或是伦理的显现，所谓“仁者乐山，智者乐水”；或是天理的呈示，“大矣造化工，万殊莫不均”；或是情感的载体，“旧恨春江流不断，新恨云山千叠”；山因其人格化而“不是山”，水因其哲理化而“不是水”。第三种“依前见山只是山见水只是水”，是近禅的诗人的观物方式，这就是在寂照中对山水“即物即真”的体验，他不以主观的情绪意念去干扰眼前山水的原始状态，但对于他来说，山水并不仅仅是感觉到的客观存在，而是觉认山水本身的原始状态就意味着觉认真理。如果说第二种观物方式可称为移情作用（empathy）的话，那么第一种则相当于形相的直觉（intuition），最简单原始的“知”，第三种则是理解后更深刻的感觉，是一种理智的直觉，或是所谓意向对象（noematic）的觉认，“物原如此”的意义和关系如此透明，无需说明。在我看来，也可以这样简单概括，第一种是“目与景接”，第二种是“神与物游”，第三种才是“思与境偕”，因为它并不需要山水变形来达到物我同一。

英国文艺批评家罗斯金（Ruskin）说过这样一段话：

> 我们有三种人：一种人见识真确，因为他不生情感，对于他樱草花只是十足的樱草花，因为他不爱它。第二种人见识错误，因为他生情感，对于他樱草花就不是樱草花而是一颗星，一个太阳，一个仙人的护身盾，或是一位被遗弃的少女。第三种人见识真确，虽然他也生情感，对于他樱草花永远是它本身那么一件东西，一枝小花，从它的简明的连茎带叶的事实认识出来，不管有多少联想和情绪纷纷围着它。这三种人的身分高低大概可以这样定下：第一种完全不是诗人，第二种是第二流诗人，第三种是第一流诗人。（转引自《朱光潜美学文集》第2卷第60页）

这种说法与青原惟信禅师的那段公案有惊人的相似之处，第一种人“见樱草花是樱草花”，第二种人“见樱草花不是樱草花”，第三种人“依前见樱草花是樱草花”，而且都认为第三种观物方式是最高级的、第一流的。不过，罗斯金认为诗的真理（Poetic truth）必须同时是科学的真理，主张用理智控制情感，这和禅家“即物即真”的说法仍有不同。禅家的“真”是佛性真如，而非科学真理，因此，“即物即真”的体验结果是我与物统一于佛性。禅师们常说“不是心，不是佛，不是物”（《五灯会元》卷三），其实也就是说“即是心，即是佛，即是物”，心与佛与物是同一性的东西。所以“依前见山只是山见水只是水”就不仅需要泯灭感情，而且要一并排斥科学的理智。“思与境偕”的王、孟派与罗斯金所谓“第一流诗人”的区别也正在于此。

由此可见，不仅如“数峰清苦，商略黄昏雨”这类移情式的拟人化描写，甚而连“溪声便是广长舌，山色岂非清净身”这样直接将山水看作佛性的比喻，都未能达到真正的“思与境偕”或禅宗的

“即物即真”，都未能“入禅”或具有“无我之境”。因为前者有情绪的介入，后者有概念的干扰。这里，我们所说的“思与境偕”又涉及另一个意义，即完全摒弃演绎性、分析性及说明性的语言，而采用直现物象的意象语言。叶维廉先生理解青原惟信禅师的公案就是这么看的。他认为这段话代表人们感应或感悟外物的三个阶段：第一个阶段“见山是山见水是水”，是观物之心未进入哲理思考的无智性的思维过程，与自然万物共存而不泄于诗。第二个阶段“见山不是山见水不是水”，由无智的素心进入认识论的哲学思维去感应山水，并刻意用语言表达这种感应，思维过程从活生生的山水进入概念世界。第三个阶段“依前见山只是山见水只是水”，是对自然现象“即物即真”的感悟，对山水自然自主的原始存在作无条件的认可，摒弃语言和心智活动而归回本样的物象（见《文学评论丛刊》第9辑《中国古典诗中和英美诗中山水美感意识的演变》）。当然，摒弃语言和心智活动就不可有诗，但事实上，当诗人在第三个感应方式影响下构思和表现时，他一定会不依赖隐喻或象征，也不会作议论说明，而只是尽可能按物象原样兴现，他的诗歌采用的语言材料将主要是意象语言，而非论断语言。如王、孟派诗人刘眘虚的一首诗：

道由白云尽，春与青溪长。时有落花至，远随流水香。闲门向山路，深柳读书堂。幽映每白日，清辉照衣裳。(《阙题》)

这首被称为有“王孟胜境”的诗完全由意象性语言（即名词或形容词）组成，只有一幅形象性的画面，白云、青溪、落花、流水……一切都是那样的圆融自在，和谐空灵。也许正因为摒除了特定的情感和概念的指向性，这个意象的空间才获得无限的意蕴。似乎可以这样说，在王、孟派诗中，正是这种意象语言使得北宗的“对境无心”的观照方式和南宗的不作“知解宗徒”（不解析教义）的表达方式统一起来。这就是王维所说的“色空无碍，不物物也；默语无际，不言言也”(《送璇上人诗序》)，由于“对境无心”，所以不求物化而自然能与物同一；由于不作“知解宗徒”，所以不必解说佛教义理，义理自然存在于物象之中。“君问穷通理，渔歌入浦深”，妙谛微言，何需解说；“行到水穷处，坐看云起时”，思与境偕，自然觉悟。

值得注意的是，在禅宗思维方式的影响下，王、孟派诗人大致形成了如下创作定势：“搜求于象，心入于境，神会于物，因心而得。”(王昌龄《诗格》)“搜求于象”是指意念对形象的选择；“心入于境，神会于物”，是指主体意识融汇于客观景物之中。观念潜入形象或形象携带情绪，都在瞬间直觉中完成。王昌龄将这种创作方式称为“取思”。由“取思”而构成的诗境既是客观世界的呈露，又是主观世界的显现。诗中的物质自然本身就凝聚着情感和哲理，是物我同一的意象。于是，“思与境偕”世俗化为“情景交融”，通通成为意境。在王、孟派诗中，不仅那些“对境无心”的入禅之作以意象构筑诗的世界，而且那些触景起兴的入世之作也力求做到“状难写之景如在目前，含不尽之意见于言外”(《六一诗话》引梅尧臣语)。意象以及由它构成的圆融统一的意境，成为王、孟诗派的主要特质。即便是“有我之境”，也不需要任何观念的象征或认知的符号，不再需要任何概念作为中介来插入，而是自然物成为人心境的泛我象征。王维的诗之所以能做到“诗中有画”，正是大量采用意象语言的结果。

三、韵味与冲淡

物我冥契、情景交融的意境当然不是王、孟派的专利，因为情随境生、移情入境或体贴物情的诗歌，传统习惯上都称之为有意境。那么，近禅的王、孟派诗人在构作意境上有哪些不同于其他诗派的特点呢？我以为，司空图评价王维、韦应物诗时说的“澄澹精致”（《与李生论诗书》）、“趣味澄敻”（《与王驾评诗书》）算是抓住了实质。前面之所以我常把“澄澹精致”派作为王、孟、韦、柳派的代名词，正基于这种认识。

所谓“澄”，本指水静而清。作为诗歌批评术语来看，是指诗中意象的透明可感、意境的宁静空灵。禅宗主张“住心看净”，心中不起烦恼欲念，“菩提影现，心水常清”（牛头法融《心铭》）。以此清净心观照万物，犹如空潭印月，毫无遮碍。按现代心理学的说法，就是人的大脑排除了各种意念的干扰，如同一张白纸，各种感觉综合成复杂而和谐的表象印在上面，感觉的综合都在瞬间完成，这就是直觉。所谓“思与境偕”，其实就是意念消失于表象之中。青原惟信禅师所说“而今得个休歇处”，也就是指心在自然中得到休歇，心消失于自然之中。于是，观照冥想的结果，是一种非概念的理解——直觉式的智慧因素压倒了想象、联想和感知。这就是禅家所谓“直截根源佛所印，寻枝摘叶我不能”（永嘉玄觉禅师《证道歌》）的直证之悟。禅家不仅在证悟时可“直截根源”，直觉中获得佛性，而且不需要用语言将此直觉证悟叙述出来，“语默不妨禅”就是最好的挡箭牌，而拈花微笑甚至是禅家证悟的最高境界。

但是，诗人却没有这样的特权，诗人是命定的文字行，无言不成诗。因此，诗人即便在观照冥想中获得直觉表象，也不得不用语言将其传达出来。习禅的诗人当然深知语言的幻觉性，深知无论禅还是诗的“第一义”都是不可言说的，因而王维说：“默语无际，不言言也。”（《送璇上人诗序》）孟浩然说：“弃象玄应悟，忘言理必该。静中何所得，吟咏也徒哉！”（《本阇黎新亭作》）柳宗元也说：“澹然离言说，悟悦心自足。”（《晨诣超师院读禅经》）说是这样说，写诗还是得借用言语文字。不过，王、孟派诗人作诗，往往用最直接的意象语言表达心中的直觉表象，也就是直接把握观照对象的神髓，看看下面这些情景描写：

> 落日鸟边下，秋原人外闲。（王维《登裴迪秀才小台作》）
> 回瞻下山路，但见牛羊群。（孟浩然《游精思观回王白云在后》）
> 日出雾露余，青松如膏沐。（柳宗元《晨诣超师院读禅经》）

何等直接鲜明，一切只是呈现，这里没有任何修辞技巧，不用借代、比拟、比喻、夸张，甚至没有“感时花溅泪”的移情，“黄河远上白云间”的错觉，或是“银浦流云学水声”的通感。这就是禅家破除“意障”、“理障”、“言语障”的“第一义之悟”，在诗家则称之为“直致所得”（司空图语）或“不隔”（王国维语），从美学角度来说，就是指审美直觉的果实。

这种审美的直接性就是清人王夫之所谓“现量”。“现量”本是印度因明学术语，指离开名义种类概念、不离开事物个别形态的知觉经验。王夫之借用来说明审美活动：

> “僧敲月下门”，只是妄想揣摩，如说他人梦……若即景会心，则或推或敲，必居其一。……“长河落日圆”，初无定景；“隔水问樵夫”，初非想得。则禅家所谓“现量”也。（《薑斋诗话》卷下）
>
> 家辋川（王维）诗中有画，画中有诗，此二者同一风味，故得水乳调和，俱是造未造，化未化之前，因现量而出之。一觅巴鼻，鹞子即过新罗国去矣。（《题芦雁绝句序》，《王船山诗

文集》第480页）

王夫之在其研究佛教唯识宗的著作《相宗络索》中这样解释现量："现者有现在义，有现成义，有显现真实义。现在不缘过去作影，现成一触即觉，不假思量计较；显现真实，乃彼之体性本自如此。"可见，"现量"一是强调知觉经验，反对妄想揣摩；二是强调对体性的"一触即觉"，反对"思索计较"，诉诸知性、逻辑。值得注意的是，在王夫之看来，王维的诗句最能体现禅家"现量"的特点。可以说，王维诗中意象和意境的"澄"，正是他作诗时"因现量而出之"的结果。

然而，无论诗人的心怎样如秋水澄渟，诗中的景象怎样"不隔"、透明可感，但毕竟诗人获得的直觉表象是一种透过心境折射的幻象，诗中的景象是一种通过艺术加工的语言形象。因而，王、孟派诗歌中的意象虽澄明却虚幻，既具体又抽象。它的澄明具体在于能唤起新鲜生动的感觉，唤起画面的联想；它的虚幻抽象在于不对客观事物作细致精确的描绘。诗人的直觉体验是一种整体之悟，重在客观世界的整体印象，而不注意细节的明晰真实，这就是所谓"寻枝摘叶我不能"。所以，王、孟派诗中既远没有楚辞、《诗经》中那么多草木虫鱼之名，也远不及西方诗歌中众多的花草鸟兽，他们笔下的自然景色描写得并不具体，比较抽象的风、月、花、树、山、水、鸟、虫等词汇较多，而到底是轻风还是狂风、是缺月还是满月、什么花、什么树、怎样的山水却写得较少。他们并不反映自然景物的客观真实，但正因为诗中的意象摆脱了概念的固定和感知的真实，才赢得了永恒的生命。当然，和那些以"刘郎"借代"桃花"、"章台"借代"柳树"的意象比较起来，王、孟派诗中的意象毕竟透明真切得多，虽说是"镜花水月"，但水清澈，镜空明，比"雾里看花"终胜一筹。

“澹”是王、孟派的另一特色。“澹”就是所谓“冲淡”，“素处以默，妙机其微”（司空图《二十四诗品·冲淡》），用郭绍虞《诗品集解》的话来说，就是：“平居澹素，以默为守，涵养既深，天机自合。……言莫之求而自致也。”这一点，禅宗和老庄是相同的，老庄提倡清静无为，禅门大德也说：“道人之心……譬如秋水澄渟，清净无为，澹泞无碍，唤他作道人。”（《景德传灯录》卷九）王、孟派诗人更多接受的是后者。大历诗人崔峒的《题崇福寺禅院》一诗就表现了中唐山水诗人冲淡的趣味，为王、孟的同道：

> 僧家竟何事，扫地与焚香。清磬度山翠，闲云来竹房。身心尘外远，岁月坐中忘。向晚禅房掩，无人空夕阳。

多么宁静恬淡和无可言说，是惆怅、孤独，还是悠闲适意呢？一切都空寂消失退场，只有淡淡的夕阳给无人的山林抹上一缕余晖。这摆脱一切思虑、意向、情感、心绪的境界，就是禅意的世界。在王、孟派诗中，即便是有心绪，那情感也是极淡的，心境也是极平和的，思虑也是极自然的，如孟浩然的《晚泊浔阳望庐山》：

> 挂席几千里，名山都未逢。泊舟浔阳郭，始见香炉峰。尝读远公传，永怀尘外踪。东林精舍近，日暮坐闻钟。

淡得来不像写诗，平平道来，有见，有闻，有思，有想，但没有丝毫执著。沈德潜称此诗：“所谓篇法之妙不见句法者。”（《唐宋诗举要》卷四引）韦应物的诗也往往有这种特点，如《幽居》这首诗：

> 贵贱虽异等，出门皆有营。独无外物牵，遂此幽居情。微

雨夜来过，不知春草生。青山忽已曙，鸟雀绕舍鸣。时与道人偶，或随樵者行。自当安蹇劣，谁谓薄世荣？

这类写超然物外的隐居之情的题材本是很常见的，但韦诗“微雨夜来过”几句，简直看不到丝毫思虑的痕迹，沈德潜说：“韦诗至处每在淡然无意，所谓天籁也。”（《唐宋诗举要》卷一引）比较起来，谢灵运的名句“池塘生春草，园柳变鸣禽”都稍嫌思索安排。

周汝昌先生认为，“虚无”、“消极”、“恬退”、“枯寂”等说法都是世俗对禅家精神的误会，所谓“透网金鳞”，鸢飞鱼跃的无限活力和志气，才是禅家精神的重要一环。由此他解释王维这个“佛门信士”之所以写出“草枯鹰眼疾，雪尽马蹄轻”（《观猎》）的俊句，正因为他具有禅家的进取精神，而且，“疾”和“轻”二字也是禅家直抉神髓的手眼（见《诗词曲赋名作鉴赏大辞典序言》，北岳文艺出版社）。诚然，中唐以后禅宗出现了一股离经慢教、呵佛骂祖之风，特立独行，是有点惊世骇俗的意味。但必须承认，虚无空寂的如来清净禅始终在禅宗史上占有重要地位。特别是王维，由于深受北宗影响，“退朝之后，焚香独坐，以禅诵为事”（《旧唐书 · 王维传》），他接受的禅宗当然是“恬退”、“枯寂”的，而不是所谓“神骏”、“遒举”。事实上，在王、孟、韦、柳的诗里，禅家的精神主要表现为一种静态美或冲淡美，和中晚唐以后的禅风是有区别的。至于王维《观猎》诗，是他生活的另一部分内容，作此诗时，他是以一个世俗官员而不是佛门信士的身份去观察构思的。所谓“直抉神髓的手眼”，恐怕在这首诗里只能是泛指艺术观察力，不能看作禅家的手段。因而，那种视禅家精神为“虚无”、“消极”、“恬退”、“枯寂”的看法，诚然有偏颇之嫌，但反过来以为禅家精神就是积极进取、有无限活力和志气，亦未免只执一端。而把禅宗精神的影响推广到《观猎》这类边塞诗里去，则显得更离谱了。

其实，王、孟诸人在剖露自己的心迹时，已把他们倾心的禅家精神说得很清楚了：

> 我心素以闲，清川淡如此。（王维《青溪》）
>
> 垂钓坐磐石，水清心亦闲。（孟浩然《万山潭作》）
>
> 道心淡泊随流水，生事萧疏空掩门。（韦应物《寓居澧上精舍寄于张二舍人》）
>
> 澹然离言说，悟悦心自足。（柳宗元《晨诣超师院读禅经》）

有此恬淡的心境，出之以平淡的语言，就构成意境的冲淡，“遇之匪深，即之愈希。脱有形似，握手已违”（司空图《二十四诗品·冲淡》），在无心无念之中似乎接近了佛性神秘的本体，而若要真正去把握领会它时，却反而不见踪迹。它不可以句法寻绎，不可以理性判断，握住它即是失去它，看得见，摸不着。如果说王、孟派诗人的“澄”是“镜中之花，水中之月”的话，那么，他们的“澹”就如同“蓝田日暖，良玉生烟，可望而不可置于眉睫之前”（司空图《与极浦书》引戴叔伦语）。

这种“澄澹”当然不是一碗清水看到底或是像白开水一样无味了。因为，伴随着“澄”的是“夐”，伴随着“澄澹”的是“精致”。“澄”是意象的直接鲜明，状难写之景如在目前；“夐”是意境的含蓄深远，含不尽之意见于言外。“澹”是思虑的消解，妙处不关言语意思；“精致”则是把冲淡的心境纳入诗的格律中，语言精工而不露斧凿痕。如前所举孟浩然的《晚泊浔阳望庐山》一诗，看起来不见句法之妙，其实是一首平仄合律的五言律诗，“澄澹”和“精致”很好地统一起来。王、孟派近禅的作品大都有这样的特点，怪不得胡应麟要惊诧于王维的《辛夷坞》《鸟鸣涧》:“不谓声律之中，有此妙诠。”(《诗薮》内编卷六) 的确,“澄澹”的内核而出之以“精致”的形式，这正是王、孟诗派的创造，也是他们区别于平淡而欠精致的陶渊明诗和精致而乏平淡的谢灵运诗的地方。

至于“趣味澄敻”，也就是司空图所说的要有“韵外之致”或“味外之旨”(《与李生论诗书》)。“敻”的词源义是“远”，作为诗歌批评术语，是指意境的深远。“澄敻”合起来讲，就是所谓“近而不浮，远而不尽”(同上)，诗的形象近在眼前，真实可感，而不流于浮光掠影；诗的意境远在言外，余味无穷，而不至于意尽句中。如果仅就此意义而言，中国古代的优秀诗歌大都有此特点，那么，为何独称王、孟派为“趣味澄敻”呢?

我认为，王、孟派诗意境的深远，并不是一般意义上由诗歌的多义性造成的“隐秀”和“含蓄”，所谓“隐也者，文外之重旨也”(《文心雕龙·隐秀》),“两重意已上，皆文外之旨”(《诗式·重意诗例》)。他们的“远而不尽”并不借助于新批评派诗人燕卜荪(William Empson) 所说的“意义暧昧的七种类型”(Seven Types of Ambiguity)，也不依靠袁行霈先生总结的中国古诗的五种启示义中的双关义、象征义、情韵义、深层义等四种“言内义”(见《中国诗歌艺术研究》)，因为，他们的意象语言本身是直接、鲜明而单纯的，一般不存在什么词的多义性或复义性。可以说，王、孟派诗意境的深远不在于语义的复杂和结构的曲折，而在于语言指向的空虚悠远，在于意象传达出来的感受的微妙精深，在于不作言说留下的空白与回味。我们可以从以下几方面来理解。

其一，一机一境中表现出宇宙的合目的性，主观精神因向宇宙精神认同而获得无限广延性。禅宗认为法身遍一切境，因此可以在“万物色相，日月星辰，山河大地，泉源溪涧，草木丛林”等各种自然现象中解悟禅理。王维等人特别精于此道，往往通过不含任何主观评价的物象的呈露，来表达远远超出具象本身的深邃内涵。如前面所举王、裴《辋川绝句》诸例，那自开自落的山中辛夷花，那静夜春山的月出鸟鸣，那复照青苔的林间阳光……不都因既体现着诗人的心境又展示着宇宙的空无与永恒而令人回味无穷吗？

其二，以简约的语言留下意义的空白，给人以丰富的联想。如王维的《杂诗》第二首：

君自故乡来，应知故乡事。来日绮窗前，寒梅着花未？

家乡之事可询问的甚多，而诗人只问梅花一事，留下的空白让读者去想象，这就是"以一胜多"。陶渊明的《问来使》和王安石的《道人北山来》与此诗题材相近，但《问来使》写了丛菊、秋兰、酒等三件事物，《道人北山来》写了十二句。所以，清人赵松谷说："陶渊明诗云：'尔从山中来，早晚发天目。我居南窗下，今生几丛菊？'王介甫诗云：'道人北山来，问松我东岗。举手指屋脊，云今如许长？'与右丞此章同一杼轴，皆情到之辞，不假修饰而自工也。然渊明、介甫二作，下文缀语稍多，趣意便觉不远；右丞只为短句，一吟一咏，更有悠扬不尽之致，欲于此下复赘一语不得。"（《王右丞集笺注》卷十三）和陶渊明、王安石诗相比，王维诗不仅同样平淡自然，而且多了几分"精致"，正是这种凝炼简约的语言，扩大了诗境想象的空间。这种手法显然来自王维对禅宗传达手段的了解："默语无际，不言言也。"（《送璇上人诗序》）沈德潜评价王维的《春夜竹亭赠钱少府归蓝田》一诗说："五言用长易，用短难，右丞工于用短。"（《唐诗别裁集》卷一）不仅如此，王、孟诗派在"尚挥霍"、"发扬蹈厉"的七言流行的时代尚五言，不也是从形式上力求"词简而味长"吗？

其三，以实景代替说明，以直觉表现来传达“只可意会不可言传”的玄远哲理和微妙感受。禅宗体验的佛理是任何语言文字都难以描述的，“说似一物即不中”（《五灯会元》卷三），所以，参禅者问“如何是佛法大意”时，禅师总是答之以一两句意象语言，而从不作任何说明。王、孟派诗人也深知这一点，如王维的《酬张少府》结句：“君问穷通理，渔歌入浦深。”与禅宗的问答：“如何是佛法大意？”“春来草自青”完全如出一辙，这就是沈德潜所说：“结意以不答答之。”（《唐诗别裁集》卷九）这种手法王维运用得非常熟练，又如《送别》：

> 下马饮君酒，问君何所之？君言不得意，归卧南山陲。但去莫复问，白云无尽时。

一切“不得意”、“归去来”的感受，都消解于无尽的白云之中。“白云无尽”，其中包含的意味也同样是无尽的。真是“落叶满空山，何处寻行迹”（韦应物《寄全椒山中道士》），那意象生成的空间里蕴藏着的各种体验、感受、领悟、情思怎能从语言的轨迹上（词的多义性上）寻绎呢？

其四，音乐境界融进绘画境界之中，从而化实为虚，使意象渗入心灵，向深远的心灵世界拓展。这种音乐境界（泛音乐境界）就是绵邈空灵的“韵”，严羽所谓的“空中之音”（《沧浪诗话》）。在佛教看来，这种“空中之音”当然是虚幻的，例如著名的“大乘十喻”，“诸法如幻、如焰、如水中月、如虚空、如响、如犍闼婆城、如梦、如影、如镜中像、如化”（《大品般若》卷一），其中“如响”就是如“空中之音”。不过，诗家之所以追求“空中之音”，是因为唯有音乐能够自如地唤起人们对似真非真的美景、对将信将疑的世界的想象。前面说过，王、孟派诗人都特别爱写钟声，很大程度上就是追求具有泛音乐效果的“韵”。按照宋人王偁对“有余意之谓韵”的理解：“盖尝闻之撞钟，大声已去，余音复来，悠扬宛转，声外之音，其是之谓矣。”（范温《潜溪诗眼》，《宋诗话辑佚》上册第373页）而且，王、孟派笔下的钟不是长乐钟、景阳钟这样近在人寰，而是深山古刹之钟迥出世外，因而别具一番悠远缥缈的遐思。如韦应物《烟际钟》的描绘：

隐隐起何处，迢迢送落晖。苍茫随思远，萧散入烟微。秋野寂方晦，望山僧独归。

这是何等空灵幽渺的韵味，杳冥的音乐境界（钟）、萧散的绘画境界（烟）与苍茫的禅意诗情（思）浑融莫辨。皎然《闻钟》诗说：“永夜一禅子，泠然心境中。”其实岂止禅子如此，钟声的韵味早已超出禅林而进入了审美。

这是一种单纯而深永的美。如果说李商隐的《无题》诗的含蓄绵邈是来自词义象征的扑朔迷离的话，那么，读王、孟诗却丝毫不用索隐猜谜，只需用遐想去填补诗意的空间，只需沉浸到诗的境界中去品尝、咀嚼、领悟。当然，王、孟诗中“夐”的另一个意义就是不食人间烟火的高情远韵，“悠然远山暮，独向白云归”（王维《归辋川作》），这种情调赢得了那些脱离社会、逃避现实的士大夫的阵阵喝彩，其消极影响也是不容忽视的。

四、《诗格》《诗式》与《诗品》

禅宗寻求内心的宁静恬淡，确有引导诗人逃避现实的消极面。

但另一方面，禅宗梵我合一的世界观与直觉体验的思维方式，无疑促成了唐诗艺术意境之诞生，使传统的诗歌艺术思维由浅直粗糙走向深微精美。正如王、孟派“澄澹精致”风格的形成一样，唐代意境理论的形成也主要得力于禅宗，无论是王昌龄的《诗格》、皎然的《诗式》等著作，还是司空图的《二十四诗品》，都闪现着禅宗思维方式的影子。

在中国古代传统的文艺理论中，意境是指作者的主观情意与客观物境互相交融而形成的艺术境界。魏晋以来，人们对于文学创作中主客体的关系已有较深入的认识，如陆机《文赋》中“瞻万物而思纷”一段、刘勰的《文心雕龙》“神与物游”的阐述，都从情思与物境互相交融的角度论及艺术构思的过程。但当时理论的重心是“感物”，强调客观事物对主观意识的单向渗透，心与物是分离的。严格说来，还未接触到意境的实质。

首先提出“意境”概念并从意境角度论述诗歌构思的是署名王昌龄（698—757？）的《诗格》，其“诗有三境”条说：

> 诗有三境。一曰物境。欲为山水诗，则张泉石云峰之境极丽绝秀者，神之于心，处身于境，视境于心，莹然掌中，然后用思，了然境象，故得形似。二曰情境。娱乐愁怨，皆张于意而处于身，然后驰思，深得其情。三曰意境。亦张之于意而思之于心，则得其真矣。

这三境有点类似前面说过的青原惟信禅师悟道的三个阶段。物境阶段虽“用思”，但只得山水之“形似”，还未摆脱“见山是山见水是水”的形象直觉。情境阶段是主体的“娱乐愁怨”的外射，所以只得其“情”，而“见山不是山见水不是水”。意境阶段是一种理性的直觉，“依前见山只是山见水只是水”，但得到的不是“形”，而是“真”（佛性的真如或艺术的真实）。可见，王昌龄所谓的“意境”既不侧重客体的形似，也不强调主体的移情，而是让“意”或“心”与“境”相接，领悟宇宙和艺术的真谛。

必须指出，这是佛教“境”的概念第一次输入诗论。作为佛教术语，“境”的定义主要是感觉的存在：“所言境者，谓六尘境：一、眼对色；二、耳对声；三、鼻对香；四、舌对味；五、身对触；六、意对法。”（智颢《修习止观坐禅法要·正修行第六》）或者说，境是人意识中的景象、场所：“心之所游履攀援者，故称为境。”（《俱舍诵疏》卷一）在禅宗看来，心外之境是“尘境”，是虚妄相，只有体认尘境虚妄，才能顿悟自性，解脱烦恼。基于此认识，一种消极手段是“背境观心”，排除外境干扰；另一种积极手段是“对境观心”，即寂照的观物方式，这和诗歌的艺术思维有相通之处。诗人将外境移入内心，类似“菩萨观诸有情，如幻师观所幻事，如观水中月，观镜中像，观芭蕉心”（《说无垢称经·观有情品》），外境之月移入心中，已非空中之月，而是意中之月了。诗是真实的梦幻，也是梦幻的真实，心所游履的尘境在艺术思维中转化为和心相映的意境。

学术界很早以来就一直认为《诗格》非王昌龄所作，而是后人伪托，罗根泽先生则根据《文镜秘府论》引用《诗格》而辨明其伪中有真（见《中国文学批评史》第四编第二章）。我认为，或许有两条证据可支持王昌龄作《诗格》的说法：其一，王昌龄与“善写方外之情”的盛唐山水诗人关系非常密切，王维、孟浩然、綦毋潜、常建、刘眘虚、裴迪等人都是他的诗友（见傅璇琮《唐代诗人丛考·王昌龄事迹考略》）。王、孟诗派的观照、构思方式应该说他是很熟悉的，并受到一定影响。其二，在他现存的一百多首诗中，光是诗题上有关僧寺字样的作品就有十一首，如《同王维集青龙寺昙壁上人兄院五韵》：

> 本来清净所，竹楼引幽阴。檐外含山翠，人间出世心。圆通无有象，圣境不能侵。真是吾兄法，何妨友弟深。天香自然会，灵异识钟音。

性情幽远，基本风格属于王、孟派。这类作品还有《送东林廉上人还庐山》等，都可见出他对佛理的基本了解。可以想象，正是在出世之“心”、圆通之“象”、圣灵之“境”的启发下，他才这样总结出自己以及王、孟派的创作经验：

> 夫置意作诗，即须凝心，目击其物，便以心击之，深穿其境。如登高山绝顶，下临万象，如在掌中。以此见象，心中了见，当此即用。……犹如水中见日月，文章是景，物色是本，照之须了见其象也。(《文镜秘府论·南卷·论文意》引《诗格》)

言“心”、“境”、“象”、“照”，都是禅家话头。“凝心击物”的说法，则和王维的“山中习静观朝槿”(《积雨辋川庄作》)的凝神静观十分相似；“照”近似所谓“寂照”，只是少了几分禅门的枯寂和恬淡，多了几分诗人的执著和置意。

盛唐诗人少有像王昌龄这样谈“境”的，但最迟不过大历时期，“境”字就已成为士大夫的口头禅了。比如“境对知心妄”(钱起《奉陪使君十四叔晚憩大云门寺》)、“境寂尘妄灭”(韦应物《同元锡题琅琊寺》)、“境照心亦冥”(独孤及《题思禅寺上方》)、“境静闻神远”(李端《病后游青龙寺》)之类的句子，不胜枚举。其中尤以诗僧皎然最爱用“境”字，据我粗略统计，除了他的《诗式》《诗议》等著作外，仅出现在诗集中的“境”字就有三十三处。

皎然主要活动于大历、贞元时代，少年即遁入空门，与律宗、天台宗均有关系，中年“谒诸禅祖，了心地法门”(《宋高僧传》卷二十九《皎然传》)。他对禅的理解是这样的：“空何妨色在，妙岂废身存。”(《禅思》)“色”即是“境”，指客体的存在。基于这样的认识，他不像早期禅宗（包括慧能）那样“于一切境上不染”、“于自念上离境”(《坛经》)，而是将境视为心灵的外化形象，有时甚至境即是心，心即是境，所谓“持此心为境，应堪月夜看”(《送关小师还金陵》)、“心境寒花草，空门青山月”(《酬李司直纵诸公冬日游妙喜寺》)，花草山月之境就是心灵的外化。这种看法很接近于他同时代的马祖禅，“凡所见色，皆是见心；心不自心，因色故有心”(《祖堂集》卷十四《道一传》)，明心见性须通过观照客体来完成。这与中唐圭峰宗密禅师阐述的“密意破相显性教”的大旨也是相通的：

> 且心不孤起，托境方生，境不自生，由心故现，心空即境谢，境灭即心空，未有无境之心，曾无无心之境。(《禅源诸诠集都序》上之二）

“心不孤起，托境方生”，是说心不能离境而存在，观境方能见心，这属于观照范畴，与艺术的感受方式有共通性。“境不自生，由心故现”则与“心造万物”的艺术表现的概念很接近。境与心的关系如此密切，因而它不同于简单的物象，而更类似于作为艺术表现的意象总和。于是在诗歌创作中，不仅艺术思维方式因“境”的印证而变得更加明确和自觉，理论阐述也借助于这一范畴的形成而得以深化。中唐以皎然《诗式》为代表的意境理论，就是因“境”这一范畴作为艺术思维和宗教思维的中介而建立起来的。

中唐的意境理论标志着诗学理论的中心问题已由感受（应物斯感）、构思（神与物游）转向表现，即如何创造情景交融的诗境问题，而在众多谈“境”的言论中，我们可以看出三种不同的倾向。

一是认为外境能反作用于主观心绪，即所谓“心不孤起，托境方生”，皎然的“诗情缘境发”（《秋日遥和卢使君游何山寺宿敭上人房论涅槃经义》），刘禹锡的“境自外兮感从中”（《望赋》）都是这个意思，只是把佛家的清净心改换为诗赋的情感。而韦应物的“境静兴弥臻”（《秋夕西斋与僧神静游》）和皎然的“境清觉神王”（《妙喜寺达公禅斋寄李司直公孙房都曹德裕从事方舟颜武康士骋四十二韵》）则强调的是在外境清静状态下人的意识的活跃。这是“缘境”。

二是强调主观心绪的能动作用，即通过艺术想象选择意象并构造诗的意象结构，这就是皎然《诗式》提出的“取境”：

> 取境之时，须至难至险，始见奇句。成篇之后，观其气貌，有似等闲不思而得，此高手也。有时意静神王，佳句纵横，若不可遏，宛如神助。不然，盖由先积精思，因神王而得乎！

从取境的要求（至难至险）及前提（先积精思）来看，已类似于设计情境，即不光是对眼前现成景物的择取构造，而且有一定的虚拟悬想的成分在内。当然，皎然的“取境”说还有另一个意义：

> 夫诗人之诗思初发，取境偏高，则一首举体便高；取境偏逸，则一首举体便逸。（《诗式》卷一）

由于诗人的主观感受或艺术修养的差异，面对同样的物境，会有不同的选择、取舍，因而创造出不同的诗境来。诗境的取舍，决定于诗人的主观感受，也就是皎然所说的“逸民对云效高致，禅子逢云增道意。白云遇物无偏颇，自是人心见同异”(《白云歌寄陆中丞使君长源》)。在心与境的关系上强调主观能动性，这是中唐意境理论出现的新动向，大历至元和年间，不少人提出相似的看法，如梁肃说：

> 心迁境迁，心旷境旷。物无定心，心无定象。(《心印铭》)

李华也说：

> 境因心寂，道与人随。(《润州鹤林寺故径山大师碑铭》)

稍后的刘禹锡则说：

> 能离欲则方寸地虚，虚而万景入……因空而得境，故翛然以清；由慧而遣词，故粹然以丽。(《秋日过鸿举法师院便送归江陵引》)

都认为内心清净才能做到取境清净。这种观点显然来自禅宗“境不自生，因心故现”的说法。

三是认为万境由心所生，心有造境功能。这是“取境”说的进一步向主观心性靠拢。禅宗汲取唯识宗的观念，把外境归结为净心的产物：“瞥起一念便是境。若无一念，便是境忘心自灭，无复可追寻。”(《黄檗断际禅师宛陵录》)外境都是主观心性的体现。于是，主体不仅可对眼前景物取舍、选择，而且可以通过艺术想象凭空创造出艺术形象来。如皎然所说：

> 如何万象自心出，而心澹然无所营。……眇昧方知造境难，象忘神遇非笔端。(《奉应颜尚书真卿观玄真子置酒张乐舞破阵画洞庭三山歌》)

稍后的吕温所说的“研情比象，造境皆会”(《联句诗序》)，刘禹锡所说的“心源为炉，笔端为炭，锻炼元本，雕砻群形”(《董氏武陵集纪》)，都表达了相同的观点。

从“缘境”、“取境”到“造境”，可以见出在心物二元的关系上，大历以后近禅的诗人日益注重心境的表现，观物日益为观心所替代。我们虽然习惯上把王、孟和韦、柳并称，但事实上在观照、构思和表达方面，他们之间还是有细微区别的，而大历时期其他习禅的诗人，和王、孟诸人的差异就更明显一些。这主要表现在王、孟情感淡，诗中有“无我之境”，在对自然的客观呈示中体现佛性；大历诗人情感浓，诗中主要是“有我之境”，善于利用客观景物表现主观感受。如刘长卿的《碧涧别墅喜皇甫侍御相访》：

> 荒村带返照，落叶乱纷纷。古路无行客，寒山独见君。野桥经雨断，涧水向田分。不为怜同病，何人到白云。

诗中几乎全用意象性语言，没有直接写主观感受，但荒村、返照、落叶、古路、寒山、野桥等意象已渲染出一种肃飒荒凉的氛围，烘托出诗人离群索居的寂寞感受。这些景物显然涂上了诗人的感情色彩，这和王、孟笔下那些景物是不同的，不是来自“寂照”，而是来自“取境”。

这种注重心境表现的新动向，是和中唐特定的文化背景分不开的。一是饱经忧患的大历诗人尽管向心空门，却很难达到王维那种平静空淡的心灵状态，即便在极和平宁静的观照中，也往往在客体上投射了全部的情绪。二是大历后南宗的兴起，取代了北宗的坐禅而更肯定顿悟自性，“平常心是道”的提出更肯定了人们日常感情的合理性。于是，从主观心绪出发，向客观去寻找对应物（取境），使心绪得到外化和表现，成了大历时期诗学的主潮。

因此，皎然的《诗式》尽管和王昌龄的《诗格》有许多相通之处，但二者在构思方面却多少显示出盛唐和中唐诗学的细微差异。如王昌龄的《诗格》说：

> 诗有三格。一曰生思。久用精思，未契意象，力疲智竭，放安神思，心偶照境，率然而生。二曰感思。寻味前言，吟讽古制，感而生思。三曰取思。搜求于象，心入于境，神会于物，因心而得。

其中“心入于境，神会于物”的“取思”，就显然是王、孟的构思方式，这是与其静穆的观照冥想分不开的。“取思”当然不同于皎然的“取境”，一方面因“思”和“境”分属不同范畴，另一方面皎然论“取境”时从未提及“心入于境”的观照过程。单就先积精思而后灵感勃发的描述来看，毋宁说“取境”更接近于“生思”。“取境”、“生思”当然也能达到物我同一，但这是不同于王、孟派入禅诗作的情景交融的“有我之境”。在此构思理论的指导下，盛唐人标举的悠然冲淡的兴会渐趋式微。虽然，中唐习禅的山水诗人仍然追求一种禅意的静态美（我在第二章把皎然归入“清境派”正基于此），但多少失去了“莹彻玲珑，不可凑泊”的澄澹韵味。

当然，皎然的《诗式》以及《诗议》也有不少论点接近王、孟派的审美理想，如所谓“诗人造极之旨，必在神诣，得之者妙无二门，失之者邈若千里”（《诗式》），就颇有点像王、孟诗冲淡的神韵的解说。他在《诗议》中写道：

> 夫境象非一，虚实难明。有可睹而不可取，景也；可闻而不可见，风也。虽系乎我形，而妙用无体，心也；义贯众象，而无定质，色也。凡此等，可以偶虚，亦可以偶实。

这里借用了禅宗的般若色空观，用它来阐发诗中艺术形象的特点，只可体会而不可捉摸。以此来观境写心，可使诗的意蕴空灵，了无斧凿痕，这与王、孟派那种镜花水月般的意境追求是一致的。此外，皎然推尊的“但见情性，不睹文字”的诗道之极（《诗式》），更成为后世以禅论诗者所常提的话头。

《诗格》和《诗式》多少还有一点为苦吟派张目的意味，因为二者都有对“久积精思”的赞赏。而晚唐的司空图（837—908年）却重新回到王、孟，进一步完善了中唐以来的意境理论。他与王昌龄、皎然的最大区别，就是反对精思苦吟，提倡“不知所以神而自神”的诗歌创作的最高境界（见《与李生论诗书》）。他的《二十四诗品》中，到处都贯穿着这种理想。学术界一般都从天人合一的道家自然观来阐释《二十四诗品》，我却同意周汝昌先生的说法：“这二十四章‘四言诗’中充满了禅家的质素与气息。”（《诗词曲赋名作鉴赏大辞典序言》）至于其中用了不少道家（特别是《庄子》）的语言，那只是士大夫的习惯，并且因为禅宗本身也吸取了道家的部分精义。那么，《诗品》中禅家的质素与气息究竟表现在哪些方面呢？

首先，二十四品中不少地方都有禅宗般若空观的色彩。《坛经·般若品》解释摩诃般若（大智慧）说：“心量广大，犹如空虚，虚空能含日月星辰，大地山河，一切草木。恶人善人，恶法善法，天堂地狱，尽在空中，世人性空，亦复如此。”这种“空虚”精神在《诗品》中随处可见，如第一品“雄浑”：

> 大用外腓，真体内充，返虚入浑，积健为雄。具备万物，横绝太空。荒荒油云，寥寥长风。超以象外，得其环中。持之非强，来之无穷。

这种“雄浑”和一般美学中所说的壮美、阳刚美不同，更异于西方美学中以体积、数量和力量取胜的“崇高”范畴，这是一种混茫、空蒙的美，空而能含日月星辰，如风如云。它以一种精神的广大空虚取胜，这里当然有空观影响的痕迹。如“超以象外”的“象外”就是佛家语，指迹象之外，梁武帝《舍道事佛疏文》有“烁灵义于象外”之句；以禅论诗的王昌龄《诗格》有“象外语体”和“象外比体”；皎然说过“采奇于象外”（《评论》）；刘禹锡也标举“境生于象外”（《董氏武陵集纪》）。“得其环中”的“环中”虽出自《庄子·齐物论》“枢始得其环中”，但与禅家沩仰宗的圆相之〇是相通的，其作用在于空虚以应无穷。无论是“超以象外”还是“得其环中”，都说明诗和禅的本体（真体）是一样的，是一种“持之非强，来之无穷”的广大空虚的精神性本体。此外，其他各品中的如“泛彼浩劫，窅然空踪”（《高古》）、“行神如空”（《劲健》）、“悠悠空尘，忽忽海沤”（《含蓄》）、“载行载止，空碧悠悠”（《清奇》）等，显然都或多或少带有“心量广大，犹如虚空”的禅学影子。

其次，《诗品》自始至终贯穿着禅家的中观思想。依中观的说法，执著任何一种观点都是一病，用黄檗希运禅师的话来说，就是：“亦莫离见闻觉知觅心，亦莫舍见闻觉知取法，不即不离，不住不著，纵横自在，无非道场。”（《黄檗断际禅师传法心要》）司空图对此中观颇能得其神髓，如他的诗句："不似香山白居士，晚将心地著禅魔。"（《修史亭》）参禅而不缚于禅，就是中观思想的实践。以此思想论诗，他自然将"不即不离，不住不著"八字作为《诗品》的核心精神。所谓"不即不离"是指在各种相对的范畴中，采取一种不即两边又不离两边的态度，"超以象外"是不即，"得其环中"是不离；"离形"是不即，"得似"是不离（《形容》）；"不著一字"是不即，"尽得风流"是不离（《含蓄》）。一方面形象思维应超越事物的表象，展开想象的翅膀，但另一方面这样的想象并非漫无边际，而是自有情理在其中。一方面不执著于语言文字，另一方面又借助于语言文字来传达性情。这就是诗家的中观。以此思想来解释意境，就是所谓"近而不浮，远而不尽，然后可以言韵外之致"（《与李生论诗书》）。于是，诗家的意境就应是一种"可望而不可置于眉睫之前"的"象外之象，景外之景"（《与极浦书》），一种既具体又抽象、既鲜明又隐约的幻象的真实，它在象外而不离象，在景外而不离景，在味外而不离味，在文外而不离文。它虚虚实实，若即若离，"脱有形似"而"握手已违"（《冲淡》），"诵之思之"而"其声愈希"（《超诣》）。与此相对应的是司空图对"不住不著"的自然冲淡精神的推崇，"俯拾即是，不取诸邻。俱道适往，着手成春"（《自然》），"妙造自然，伊与谁裁"（《精神》），这里当然有任运自然的庄玄精神，但又何尝不可以看作禅家标榜的"无念"、"无相"、"无住"的思维方式呢？

《诗品》中的禅家质素与气息当然不止这些。"空潭泻春，古镜照神"（《洗炼》）就显然是香岩智闲禅师形容的"澄潭彻底未曾流"、"月皎天心云雾收"（《寂照颂》）的寂照之境，而司空图本人就在《香岩长老赞》中承认："大师之旨，吾久得之。"又说："一尘不飘，见大师力。"香岩智闲是沩山灵祐的法嗣（见《五灯会元》卷九），司空图自称得其旨，可见出《诗品》亦有可能受其思维方式影响。司空图和沩仰宗的关系，除此寂照之境和前所举“环中”即圆相之○而外，另如评王维、韦应物诗所说的“澄澹精致”、“趣味澄敻”，也与沩山灵祐论道心“如秋水澄渟，清净无为，澹泞无碍”（《景德传灯录》）的境界极为相似。至于《诗品》论诗方式的本身，就借鉴了禅家公案“不涉理路，不落言筌”的直证方式，非概念非逻辑的形象启示。“语不欲犯，思不欲痴”（《缜密》），“落花无言，人淡如菊”（《典雅》），面对只可意会不可言传的诗的世界，司空图深深感到语言文字的局限性，而感慨“莫将文字缚真如”（《与伏牛长老偈》）。于是，当“后生乞汝残风月”时，他却“自作深林不语僧”（《偈》）。这一点，他和“默语无际，不言言也”的王维禅观何其相似乃尔！

所以，清人张商言《题王阮亭禅悦图》说：“《诗品》不言禅，水月禅之趣。”自注：“‘流水今日，明月前身’，余谓以禅论诗，无出此八字之妙。”（《竹叶厂文集》卷九）“流水”八字出自《诗品·洗炼》，以水月为喻，确为禅家本色，所谓“观心同水月”（李白《赠宣州灵源寺仲浚公》），水中月影，即为诗歌洗炼之后所得幻象的真实。中唐诗人杨巨源说过“王维证时符水月”（《赠从弟茂卿》），以诗中水月证禅之境界，从中也可窥见司空图诗论与王维的微妙关系。这正如清人纪昀所说：“司空图分为二十四品，乃辨别蹊径，判若鸿沟，虽无美不收，而大旨所归，则在清微妙远之一派，自陶、谢以下逮乎王、孟、韦、柳者是也。”（《田侯松岩诗序》）

唐代的意境理论因司空图的出现而臻于完善。王昌龄《诗格》有物境、情境、意境的不同，皎然论诗有缘境、取境、造境的差异，而司空图虽标举二十四种风格，但提倡的主客体关系只有一种——“思与境偕”（《与王驾评诗书》），即外境和内心的双向交流，相互契合。既非写实，亦非理想，既非现实主义，亦非浪漫主义，既鄙弃巨细无遗的铺叙，也反对天马行空的想象。这是一种和谐浑融的美，自然空灵的美，简约单纯的美。它是由禅悟玄思转化而来的艺术直觉以及由此而创造出只可意会不可言传的美妙的艺术境界，其典范就是所谓“王孟胜境”。作为一种时代风格——“盛唐之音”的代表风格之一，它是盛唐南北宗禅直接影响的产物。但作为一种艺术思维方式或审美范式，它已超出了自己的时代，在中国古典诗歌中长期占有重要的一席。

五、兴趣说与神韵说

自中晚唐以来，诗歌中的王孟胜境似乎响绝音沉。这固然是因社会动荡、战乱频仍，诗人多少失去了王维诸人那种优雅宁静的生活环境，但另一个原因也不容忽视，这就是马祖道一的“平常心是道”的传播流行，北宗禅的消解自我日益为南宗禅的肯定自我所代替，诗风日益由静观而转向移情，王孟胜境只是成为一个逝去的理想存在于晚唐司空图的诗论中。

宋代是以禅喻诗的批评时代，但这时禅的背景是所谓“文字禅”或“看话禅”，是活泼泼的参悟，而不是静穆的观照。这决定宋代诗学主潮重在诗的语言技巧和思维艺术，这就是宋人津津乐道的“活法”、“熟参”、“悟入”等。苏轼虽很欣赏司空图的“韵味”说，但着眼点在自得天成、超然淡泊的创作态度，对唐人的意境理论没有多少兴趣（见《书黄子思诗集后》）。倒是他的两句与诗无关的偈颂“空山无人，水流花开”（《十八大阿罗汉颂》），不仅可用来形容禅的境界，而且是王孟胜境的极佳描述，使我们想起自开自落的辛夷花那样的“无我之境”。“水流花开”四字恰巧来自司空图的《二十四诗品·缜密》“水流花开，清露未晞”。所以后来标举王、孟的王士禛特别喜欢苏轼这两句偈颂，认为“此颂真契拈花微笑之妙者”(《带经堂诗话》卷三《清言类》)。不过，苏轼自己的诗歌却很少有这样的境界，超迈豪横，不可一世。这两句偈颂写于晚年，也许这时他才真正明白司空图诗论的真谛。

司空图的真正继承者是南宋的严羽，他试图在《沧浪诗话》中重新建立唐人的审美理想。严羽以禅论诗的内容较广泛，其中也有不少宋人论诗的习气，如大谈“熟参”、“悟入”，就显然受江西诗派和大慧宗杲“看话禅”的影响。关于他的“妙悟”说，我在第八章还将详细论及，这里只谈谈他对意境理论的贡献。

严羽明确地把诗歌的理想境界定于盛唐以前，表面上看，他还是推崇李白、杜甫的，认为诗之极致是“入神”，“惟李、杜得之”，但明眼人都看得出，他勾勒的盛唐人的诗歌艺术境界却接近王、孟一派：

> 盛唐诗人惟在兴趣，羚羊挂角，无迹可求。故其妙处莹彻玲珑，不可凑泊，如空中之音，相中之色，水中之月，镜中之象，言有尽而意无穷。

这是重在悟的整体性，摈斥思维的痕迹，追求一种不可解析的美，虽有文字而感觉不到文字的存在。这里强调的是物我两忘的直觉，而创造出来的艺术形象既真实又虚幻，既鲜明又隐约。这当然不是李白、杜甫诗中那种“鲸鱼碧海”、“巨刃摩天”的艺术境界，而毋宁说是“蓝田日暖，良玉生烟”（戴叔伦语）、“脱有形似，握手已违”（司空图语）之类诗境表述的翻版。严羽在解释“诗道惟在妙悟”时举了个例子：“孟襄阳（浩然）学力下韩退之（愈）远甚，而其诗独出退之之上者，一味妙悟故也。”这里的高下评判我以为是基于两个原因。一是因严羽强调“别材别趣”。“诗有别材，非关书也；诗有别趣，非关理也。”“别材”是长于艺术妙悟与创造的特殊才能，即艺术天才，非博学强记、议论雄辩之“材”。“别趣”是对自然人生的感受与愉悦，或审美直觉，而非一般的理性的满足。从这一点看，孟胜于韩。二是韩愈的诗风雄奇险怪，而孟浩然的诗风冲淡自然，后者更接近“镜花水月”的艺术境界，这一点我已在前面“韵味与冲淡”一节作过详细讨论。因此，尽管韩愈的诗风多少和李、杜有相似之处（同属严羽所谓“沉着痛快”的美学风格），但完全不对严的胃口，严的骨子里欣赏的是“优柔不迫”——某种精灵透妙的心境意绪，而非磅礴的气势、雄伟的人格或炽烈的感情。

严羽的《沧浪诗话》是明确标举反江西派的，虽然在“悟入”的方式上，他与江西派诗人都借鉴了宗杲的“看话禅”法，而在悟成的境界上，他欣赏的却是静穆观照冥想的王孟胜境，而王孟胜境却更类似于天童正觉的“默照禅”创造的境界。因此，我以为严羽的贡献不在于“妙悟说”，而在于“兴趣说”，镜花水月的艺术境界才是他和重文字、重理路的江西派的根本区别。“羚羊挂角，无迹可求”就是所谓“不涉理路，不落言筌”，在宋代的诗学禅学背景上是有的放矢的。它在诗学上具有“复古”的意味，与皎然的“但见情性，不睹文字”（《诗式》）；司空图的“不着一字，尽得风流”（《二十四诗品·含蓄》）显然一脉相承，是唐代诗学的回归。严羽虽没有提过“意境”的字眼，但他评盛唐诗用“雄浑”之“浑”（混同之意）来代替“雄健”之“健”（见《答出继叔临安吴景仙书》），显然就是主张“思与境偕”，物与我浑融莫辨，而反对有雕琢倾向、有思辨痕迹的作品。在他看来，“健”字就有思理深刻、文字奇警的嫌疑。严羽的“兴趣”说，捕捉到了早期禅宗否定文字的“顿悟”精神，具有批评后期“文字禅”的意义，从这一意义上讲，他虽然于禅学了解不深，却真正把握了禅的精髓，在禅学上也有“复古”的意味。

严羽谈“妙悟”、“兴趣”，妙契禅髓诗心，沾溉他人不少，只可惜未能自食其果。并且他虽然自称以汉、魏、盛唐为师是“自家实证实悟者”（《答出继叔临安吴景仙书》），但却不拿实证实悟的方法教人，而偏拿实证实悟的结果去教人，这样就不符合禅宗精神了。所以郭绍虞先生指出：

> 沧浪论妙悟而结果却使人不悟，论识而结果却使人无识，论兴趣而结果却使人兴趣索然，论透彻玲珑不可凑泊而结果却成为生吞活剥摹拟剽窃的赝作。（《照隅室古典文学论集》上编《神韵与格调》）

他提倡作诗以盛唐为法，反对江西诗派，本有其纠偏救失的意义，却没料到反成为明代前后七子拟古主义的先声。

相比较而言，王士禛的“神韵说”更深刻地领悟了司空图的意境理论的精神，而且更明确地揭橥出从司空图到严羽的诗论传统以及王孟胜境与禅学的关系。王士禛（1624—1711年），字贻上，号阮亭，别号渔洋山人。他是清初著名诗人和诗歌理论家，被推为诗坛盟主。清人沈德潜说：

> 司空表圣云：“不着一字，尽得风流。”“采采流水，蓬蓬远春。”严沧浪云：“羚羊挂角，无迹可求。”苏东坡云：“空山无人，水流花开。”王阮亭本此数语，定《唐贤三昧集》。（《说诗晬语》卷下）

可以说抓住了王士禛诗论的核心精神。如果说严羽论诗尚不废李、杜“沉着痛快”的美学风格的话，那么，王士禛则更直率明白地打出王孟家数的旗帜，他编辑的《唐贤三昧集》，集中选录了王维以下四十二位盛唐诗人，公然声称不录李、杜之诗（见《带经堂诗话》卷四《纂辑类》）。所以，“神韵说”说到底不过是王孟胜境的美学总结，是对唐代意境理论更狭隘然而更深刻的表述。

“神韵说”与王孟胜境的关系表现在哪些方面呢？

首先，“神韵说”强调意象的直接鲜明与意境的含蓄深远的统一。王士禛曾这样谈及“神韵”的渊源：

> 汾阳孔文谷云：诗以达性，然须清远为尚。薛西原论诗，独取谢康乐、王摩诘、孟浩然、韦应物，言“白云抱幽石，绿篠媚清涟”，清也；“表灵物莫赏，蕴真谁为传”，远也；“何必丝与竹，山水有清音”、“景昃鸣禽集，水木湛清华”，清远兼之也，总其妙在神韵也。（《带经堂诗话》卷三《要旨类》）

“清”是指诗中意象的透明可感，“远”是指诗中意蕴（包括哲理、情感等）的深邃悠远，而“神韵”之妙是“清远兼之”，这使我们想起司空图评价王维、韦应物时所说的“趣味澄敻”，“澄”就是“清”，“敻”就是“远”。可见，“神韵说”的基础是建立在王、韦等人的实践和司空图的理论之上的。

其次，“神韵说”提倡冲淡自然的写作心态，在无心无念之中接近诗的本体。无意为诗，得意忘言，是王士禛诗论中的一条主线，兴会神到，不假思索，舍筏登岸，不重文辞：

> 南城陈伯玑允衡善论诗，昔在广陵评予诗，譬之昔人云

“偶然欲书”，此语最得诗文三昧。今人连篇累牍，牵率应酬，皆非偶然欲书者也。坡翁称钱唐程奕笔云：“使人作字不知有笔。”此语亦有妙理。(《带经堂诗话》卷三《微喻类》)

舍筏登岸，禅家以为悟境，诗家以为化境，诗禅一致，等无差别。(同上)

执著于笔就没有书（书法），执著于言就没有诗，如同禅家执著于筏（经藏文字）就没有岸（涅槃境界）。难怪王士禛多次标举司空图的“不着一字，尽得风流”和严羽的“羚羊挂角，无迹可求”，就因为其中包含的言语道断、思维路绝的精神正是“神韵说”无工可言、无法可言、“色相俱空”（王士禛评孟浩然语）的理想境界。

再次，“神韵说”标榜简约的语言风格，对五七言近体诗持有偏爱，而尤为欣赏只有二十个字的五言绝句：

唐人五言绝句，往往入禅，有得意忘言之妙，与净名默然，达磨得髓，同一关捩。观王、裴《辋川集》及祖咏《终南残雪》诗，虽钝根初机，亦能顿悟。(《带经堂诗话》卷三《伫兴类》)

严沧浪以禅喻诗，余深契其说，五言尤为近之。如王、裴《辋川绝句》，字字入禅。(同上《微喻类》)

这种简约当然和南宗禅有关，“微妙法门，不立文字，教外别传”(《五灯会元》卷一)，“经诵三千部，曹溪一句亡”(同上卷二)，语言的空白之处，就是诗的微旨、禅的真如之所在。在这一点上，王士禛把神韵说和南宗禅甚至南宗画联系起来。《香祖笔记》卷六：

余尝观荆浩论山水而悟诗家三昧，曰：“远人无目，远水无波，远山无皴。”

又同书卷十：

> “《新唐书》如今日许道宁辈论山水，是真画也。《史记》如郭忠恕画天外数峰，略具笔墨，然而使人心服者，在笔墨之外也。”右王楙《野客丛书》中语，得诗文三昧；司空表圣所谓“不着一字，尽得风流”者也。

以“略具笔墨”为诗家三昧，所以不仅白居易叙事详尽、说理透彻的诗不合王士禛的口味，甚至连近禅的柳宗元诗，都未达到“神韵”的标准：

> 风怀澄淡推韦、柳，佳字多从五字求。解识无声弦指妙，柳州那得并苏州。（《戏仿元遗山论诗绝句》）

就因为柳宗元的风景诗刻画景物过于细致，缺乏“略具笔墨”的简约原则。

最后，“神韵说”指向的意境是静穆空寂和缥缈虚无。王士禛特别喜爱《西溪丛语》中记载的古琴铭“山虚水深，万籁萧萧。古无人踪，唯石嶕峣”以及苏轼的两句偈颂“空山无人，水流花开”，在《居易录》《香祖笔记》《渔洋诗话》等书中多次大加称赏。“古无人踪”和“空山无人”，也是他欣赏的王、裴《辋川集》中那种诗人视点失落、情感消亡的无人之境，何等静谧空灵！他推崇的禅家“悟境”或诗家“化境”，都是这样一些诗句：

如（王维）"雨中山果落，灯下草虫鸣"、"明月松间照，清泉石上流"，以及太白"却下水晶帘，玲珑望秋月"，常建"松际露微月，清光犹为君"，浩然"樵子暗相失，草虫寒不闻"，刘眘虚"时有落花至，远随流水香"，妙谛微言，与世尊拈花，迦叶微笑，等无差别。通其解者，可语上乘。(《带经堂诗话》卷三《微喻类》)

大多是静夜空山的寂照境界，它们与禅相通的部分原因，不正是都象征着神秘空无的本体吗？至少王士禛是这样理解的。谢肇淛在《小草斋诗话》中说："诗境贵虚，故仙语胜释，释语胜儒。"王士禛对此说法极为不满，指出："夫仙语如《步虚辞》等，最易厌，释语入诗最近雅。"(《带经堂诗话》卷二《评驳类》）这正因为仙语（道教语）即使描写的是虚（虚幻的仙境），指向的仍是实（人间世界的变形）；而释语（禅语）尽管描写的是色（自然景物），指向的却是空（虚无的本体）。所以，如果说"诗境贵虚"，就应该是释语胜仙语。

和严羽不同的是，王士禛能在自己的创作中贯彻"神韵"的审美理想，做到心手相应。看看他这几首五言绝句：

微雨过青山，漠漠寒烟织。不见秣陵城，坐爱秋江色。(《青山》)

萧条秋雨夕，苍茫楚江晦。时见一舟行，濛濛水云外。(《江上》)

雨后明月来，照见下山路。人语隔溪烟，借问停舟处。(《惠山下邹流绮过访》)

山堂振法鼓，江月挂寒树。遥送江南人，鸡鸣峭帆去。(《焦山晓起送昆仑还京口》)

凌晨出西郭，招提过微雨。日出不逢人，满院风铃语。（《早至天宁寺》）

空濛的烟雨，朦胧的月色，既鲜明又隐约，既澄洁又空灵，真是深得“天外数峰，略具笔墨”的诗中三昧。是诗，是画，也是禅；是色，是相，也是空。他不仅是集诗、画、禅于一身的王维的千载知音，更是久已响绝音沉的王孟胜境的传宗法嗣。

如果说严羽的“兴趣说”是作为江西派的文字禅的对立面出现的话，那么，王士禛的“神韵说”则具有补救公安派的狂禅和竟陵派的野狐禅（钱谦益《列朝诗集小传》称钟惺之诗为“鬼趣”）的意义。如果说司空图《诗品》、严羽《沧浪诗话》还表面上对各种风格不相轩轾、等量齐观的话，那么到了王士禛《带经堂诗话》就明显地以冲淡、自然、清奇为上品，诗家空灵的意境追求到他手里发展到极致。有人以为王士禛“神韵说”的出现“是唐宋以来士大夫审美情趣逐渐定型的标志，也是禅宗人生哲学与思维方式在士大夫中积淀的产物”（葛兆光《禅宗与中国文化》第202页），这用来评论南宗画（文人画）也许是不错的，但诗歌史上却不存在这种“审美情趣”的“逐渐定型”，司空图和严羽似乎都未能代表他们时代的诗歌精神，王士禛虽勉强造成风气，这风气又短促得可怜，清代大多数作者和评论者认为它只是旁门小名家的诗风。因此，“神韵说”只能说是盛唐的禅学和王孟胜境的回光返照，只是禅宗的人生哲学与思维方式对诗歌影响的一种产物。

第五章 ◎ 机智的语言选择

一、苦吟者的困惑

当晚唐的司空图从禅宗那里悟出“不着一字，尽得风流”的诗家三昧之时，同时代的贾岛及其追随者们却还在语言的牢笼里苦苦挣扎：

> 才吟五字句，又白几茎髭。（方干《赠喻凫》）
> 吟成五字句，用破一生心。（方干《贻钱塘县路明府》）
> 莫怪苦吟迟，诗成鬓亦丝。（裴说《寄曹松》）
> 平生五字句，一夕满头丝。（曹松《崇义里言怀》）
> …………

这种句斟字酌、冥搜苦吟的作诗态度当然是与禅宗“不立文字”的精神背道而驰的，即所谓“迷人向文字中求，悟人向心而觉”（《大珠禅师语录》）。所以，苦吟派诗人虽多习禅，甚至有不少人本身就是和尚，但他们的诗却缺少禅境之幽静澄明、禅心之无挂无碍。然而奇怪的是，在相当多的晚唐人的心目中，禅与苦吟并不矛盾，最突出的例子是人们对周繇的评价：

> 繇，江南人，咸通十三年郑昌图榜进士，调福昌县尉。家贫，生理索莫，只苦篇韵，俯有思，仰有思，深造阃域，时号为“诗禅”。（《唐才子传》卷八）

“诗禅”的桂冠竟戴在一个“只苦篇韵”的三流诗人的头上，如果这一封号不是讽刺的话，那只能说明晚唐苦吟派理解的禅与盛唐王、孟诸人理解的禅不同，或是观解的角度有别。

在苦吟派看来，诗思是像禅悟一样不可捉摸的东西，是一种神秘的内心体验，是完全独特的个体感受和直观体会。首先，要获得真正的诗思就是极为困难的：“几处觅不得，有时还自来。”（贯休《诗》）“诗在混茫前，难搜到极玄。”（齐已《寄谢高先辈见寄二首》）它是稍纵即逝的灵感，妙机其微的直觉，或纵横自在的想象，恍兮惚兮，玄而又玄。

其次，诗思像禅悟一样没有语言能够完全企及它，个体感受和直观体会很难通过语言传达给别人。禅宗倒可以回避语言，来个“教外别传”，拈花指月，拳脚棒喝，都可用上；诗歌却必须靠语言表达，无言不成诗。而且诗歌语言如同卢延让《苦吟》诗中所说：“不同文赋易，为著者之乎。”是一种非一般的与逻辑思维相对应的语言。作古文辞赋，可以加进“之乎者也”一类的虚词调节语气，照应逻辑，作诗就没有这点便宜，还要受格律、音韵种种规则的制约。借用美国语言学家乔姆斯基的“转换生成语法”来说，即诗思或禅悟是语句的深层结构，是一种心理表达形式，它是抽象的、朦胧的，是存在于说话者（诗人和禅师）内心的对事物的一种基本情感、态度、看法。只有把这种深层结构转换成大致相应的语法、词汇、修辞，转换生成基本语调，才能够让听者和读者具体感知，这就是语句的表层结构。事实上，深层结构不转化生成表层结构，是无法传达给他人的。禅师示悟多少也得借助表层结构，只是结构不同于常规语言罢了。诗人的痛苦和困惑除了诗思难以捕捉外，更主要的是深层结构如何转化为表层结构的问题，即所谓“吟安一个字，撚断数茎须”（卢延让《苦吟》），为内心微妙的体验寻觅一个准确的字眼，是诗人最感头痛和棘手的事情。

这是一个悖论，难以言传，又必须言传，没有语言能企及，又必须用语言去企及。这种痛苦和困惑促进了晚唐五代的苦吟派对各种诗法格律的探讨，而苦吟诗风的形成也正是为了战胜痛苦，解除困惑。从语言学的角度来看，苦吟的态度应该说是积极的，因为诗歌在语言之后再也没有退路，也因为“可以被领悟的存在就是语言”（伽达默尔《真理与方法》，转引自《语言与神话》中译本代序）。但若以禅家的眼光来评价，这种苦吟无异于画地为牢，作茧自缚，尽是死门，终非活路，越是苦吟，越陷入语言的桎梏，离诗和禅的真理越远。好比想钻出玻璃窗的苍蝇，钻得越起劲，碰得就越惨。

然而，苦吟派诗人似乎坚信这玻璃窗（语言的外壳）是能钻破的，并认为钻的过程就是禅悟的过程：

诗心何以传？所证自同禅。觅句如探虎，逢知似得仙。（齐己《寄郑谷郎中》）

用“探虎”一样的“至难至险”的语言选择来传达“诗心”，是与禅宗的证悟相一致的。这种观点有些费解，拘牵执著的苦吟怎么能和通脱无碍的禅旨挂上钩呢？岂非生拉活扯。但如果考察一下晚唐五代的禅风之后再来看这段话，就会发现二者之间确有相通之处，在苦吟派醉心的诗法诗格里，就可找到禅宗影响的蛛丝马迹。

我们知道，晚唐五代时期，禅宗风靡一时，繁衍特盛，沩仰宗、临济宗、曹洞宗、云门宗、法眼宗相继创立，禅风为之一变。如果说慧能的禅法是因病投药，要人自悟的话，那么临济、曹洞等宗则对第一义多所比喻，发挥甚多，接引后学的方式也五花八门，如临济宗有所谓“四料简”、“四宾主”、“四照用”等名目，曹洞宗也有所谓“五位君臣”、“宝镜三昧”等。晚唐五代的苦吟派诗人多半接触的是临济、曹洞的禅法，耳濡目染，自然谙熟了其中不少套路。当时的诗僧特别喜欢写诗格一类的书，如齐己的《风骚旨格》、虚中的《流类手鉴》、文彧的《诗格》、景淳的《诗评》、保暹的《处囊诀》以及托名白居易的《金针诗格》、托名贾岛的《二南密旨》等。人们普遍认为，这类著作皆从诗的体制、技巧、修辞着眼，与禅宗无关。但事实上，这类著作中随处可见当时流行的禅家公案的影子。最有力的证据是文彧《诗格》“论颔联”：

> 其意有四到：一曰句到意不到，二曰意到句不到，三曰意句俱到，四曰意句俱不到。《中秋月》诗：“此夜一轮满，清光何处无。”是句到意不到也。《咏扇》诗：“汗流浃背曾施力，气爽中秋便负心。”是意到句不到也。《咏柳》诗：“巫娥庙里低含雨，宋玉宅前斜带风。”是意句俱到也。《除夜》诗：“高松飘雨雪，一室掩香灯。”是意句俱不到。

这段话与临济宗的叶县归省禅师的上堂垂示如出一辙：

> 有时句到意不到，妄缘前尘，分别影事。有时意到句不到，如盲摸象，各说异端。有时意句俱到，打破虚空界，光明照十方。有时意句俱不到，无目之人纵横走，忽然不觉落深坑。（《五灯会元》卷十一）

宋僧智昭汇集宗门语句的专著《人天眼目》卷六“句意”条也载有这四句话，并一一引诗为证：“句到意不到：‘古涧寒泉涌，青松带露寒。’意到句不到：‘石长无根草，山藏不动云。’意句俱到：‘天共白云晓，水和明月流。’意句俱不到：‘青天无片云，绿水风波起。’”而这种句式又显然是临济宗“四料简”的翻版：“有时夺人不夺境，有时夺境不夺人，有时人境俱夺，有时人境俱不夺。”（《镇州临济慧照禅师语录》）此外，如“诗有十势”、“诗有六断”（《风骚旨格》）、“诗有五用”、“诗有四合题目”（《处囊诀》）等，和临济宗的“四宾主”、“四照用”，曹洞宗的“五位君臣”等接引方式也似乎出于同一思维模式，在这里，难以言传的诗思禅悟被装进形而下的诗法禅法的模子，独特而神秘的内心体验被分解为条款分明的要点口诀。为登岸而不舍筏，为得鱼而不忘筌，为得意而不忘言，指示门径，接纳后学，苦海行舟，诗山凿路，晚唐的禅学和诗学走着同样的普度众生的道路。

其实，这种思维模式并不始于晚唐。从诗学方面看，王昌龄的《诗格》、皎然的《诗式》中就早已有“诗有三格”、“诗有三境”、“诗有四深”、“诗有二要”等名目。从禅学方面看，慧能的《坛经》里就有所谓“三十六对”，其中“外境无情对”有五：天与地对，日与月对，暗与明对，阴与阳对，水与火对。“言语与法相对”有十二，如有为、无为对，有色、无色对，有相、无相对，有漏、无漏对，色与空对，动与静对等。“自性起用对”有十九，如邪与正对，痴与慧对，愚与智对，乱与定对等。只要我们把中唐遍照金刚的《文镜秘府论》与《坛经》对照一下，就可以看出唐人诗格著作总结的近体诗对仗规则——“二十九种对”（《文镜秘府论》东卷），与禅宗的“三十六对”有很多相似之处。可见，晚唐的诗学禅学不仅相通，而且都可以从盛中唐找到渊源。这些事实还可以说明，禅宗自创立时起，虽然口口声声说什么“不立文字”，其实一刻也没有离开过文字，反而因为他们深知语言的局限性，又企图超越这种局限性，于是对语言的表达更为关心重视，从而总结出各种接引方式，创造出令人眼花缭乱的语言对答艺术。从慧能到五宗七派禅风的演变，当然可以说是禅宗的形式主义倾向日益严重，但何尝不可以看作他们对语言局限性反思后的必然归宿呢？因为传教毕竟离不开言啊！

这就是苦吟派诗人理解的禅宗思维方式。所以，他们虽然深知“诗道幽远，理入玄微”，却又认为“善诗之人，心含造化，言合万象，且天地日月、草木烟霞，皆随我用，合我晦明。此则诗人之言应于物象，岂可易哉？”（虚中《流类手鉴》）强调诗人对于大自然（造化）中的各种景物（万象、物象）应能搜罗胸中，盘旋于心，形成意象，并用准确的语言在诗中加以表现。值得指出的是，虚中在这段话中两处提及语言对于表现物象的重要性（“言合万象”、“言应于物象”），似乎是坚信言能合于象，言能应于象，语言与存在具有同一性。如果说盛中唐近禅的诗人主要关心的是“心”与“境”的关系的话，那么，虚中这段话显然已把重点放到“言”与“物”的关系上来。他的“心含造化”之说，来自《坛经》对摩诃般若（大智慧）的解说：“心量广大，犹如空虚，虚空能含日月星辰，大地山河，一切草木。”这和意境理论有一致之处。但其“言合万象”，却是苦吟派追求的目标，是苦吟派的理论标志，与皎然的“但见情性，不睹文字”、司空图的“不着一字，尽得风流”是崭然有别的。

既认识到诗道的“幽远玄微”，又企图通过语言去契合它，所以苦吟派诗人把“吟安一个字”看得非常重要，他们推敲、险觅、冥搜，把苦吟的过程看作参禅的过程，而把佳句的获得视为证悟的成功。贾岛就曾经为自己写出“独行潭底影，数息树边身”（《送无可上人》）两句诗而激动不已：“二句三年得，一吟双泪流。”简直就是禅和子悟道后的喜悦。“一字师”的故事也在晚唐五代流传开来。齐己《早梅》诗有“前村深雪里，昨夜数枝开”句，郑谷改“数枝”为“一枝”，时人称郑谷为“一字师”（见《五代史补》卷三《齐己》）。在诗格一类著作中，对这种现象也有总结：

> 冥搜意句，全在一字包括大义。贾岛诗：“秋江待明月，夜语恨无僧。”此“僧”字有得也。（文彧《诗格》）
>
> 诗有眼。贾生《逢僧》诗：“天上中秋月，人间半世灯。”“灯”字乃是眼也。又诗：“鸟宿池边树，僧敲月下门。”“敲”字乃是眼也。（保暹《处囊诀》）

总之，如何选择一个准确的字眼去表达至玄至妙的“诗道”，是苦吟派诗歌理论与实践的重要倾向。其实，正如我前面所说的一样，皎然的《诗式》多少已有为苦吟派张目的意味，如卷一“取境”条：

> 又云：不要苦思，苦思则丧自然之质。此亦不然。夫不入虎穴，焉得虎子。取境之时，须至难至险，始见奇句。成篇之后，观其气貌，有似等闲，不思而得，此高手也。有时意静神

> 王，佳句纵横，若不可遏，宛如神助。不然，盖由先积精思，因神王而得乎？

这段话包括了两种精神或一种精神的两个方面，司空图及神韵派标榜的是后一方面“有似等闲，不思而得”，苦吟派则取其前一方面“至难至险，始见奇句”加以发挥。事实上，在晚唐五代，苦吟的精神完全占压倒优势。就连鼓吹“不知所以神而自神”的司空图，他自负的“坡暖冬生笋，松凉夏健人”、“川明虹照雨，树密鸟冲人”这一类诗句，也都可以看出苦吟炼字、惨淡经营的痕迹（见《与李生论诗书》）。

越是觉得学诗作诗难，越是去探讨诗法；越是觉得参禅悟道难，越是去创设禅法。晚唐五代的诗学和禅学就这样堕入“魔境”。对于苦吟派诗人来说，他们的努力即使不是南辕北辙，至少也是事半功倍，反而不如王维、孟浩然那些不经意写出来的作品更具有禅宗的韵味。他们的失误在于，一是对字句的过多推敲失去了禅宗“即物即真”的精神，揣摩推测代替了体验观照，正如王夫之批评的：“‘僧敲月下门’，只是妄想揣摩……若即景会心，则或推或敲，必居其一。”（《薑斋诗话》卷下）郑谷改齐己《早梅》诗的“数枝”为“一枝”，虽更切合诗题，但多少丧失了审美的直接性。二是强调语言的准确性失去了禅宗“须参活句，勿参死句”的精神，在禅家眼里，“活句”是指意路不通、无意味的句子，“死句”是指有意义、通意路的句子。这一点临济、曹洞等宗比苦吟派要聪明得多。他们深知“第一义”不可说，但示教又不得不言说，于是旁敲侧击，迂回包抄，以机锋代替解说，随说随扫，总提醒人不要上了语言的当。苦吟派却在“吟安一个字”的同时，使那句诗变成了“死句”。因为不论多么准确的语言，毕竟无法代替那诗思真实的本体。三是过分执著于苦吟失去了禅宗“无心无念”、“不住不着”的精神，缺乏自然冲淡的韵味。

严羽以禅喻诗，犯了不少知识性错误，清人冯班著《严氏纠谬》，痛加驳斥。不过，严羽虽于禅学有一知半解、道听途说之嫌，但有些比喻还是相当“亲切”的，如所谓“大历以还之诗，则已落第二义矣。……学大历以还者，曹洞下也”(《沧浪诗话·诗辨》)，以晚唐之诗通于晚唐之禅（曹洞宗），可以说是歪打正着，算是抓住了诗禅通病。的确如此，当贾岛及其追随者们因琢句成功而获得顿悟一样的喜悦之时，却不知已是堕入“第二义”的文字禅了。

二、句 中 有 眼

尽管贾岛身后有一大群追随者，但不仅未能支撑住晚唐五代诗坛的衰颓之势，反倒进一步加剧了衰颓。这除去晚唐五代恶劣的社会背景和文化环境影响的原因之外，也与日益形式化的禅风薰染有关。而贾岛们因才力学力都太单薄，终究未能悟到“向上一路”的禅家真髓，他们那种心极神劳的苦吟，在禅家看来，不免有“死于句下”之嫌；他们那些条款分明而又神秘玄虚的“诗格”，在诗人看来，又未免显得太“公案化”。胶柱鼓瑟，刻舟求剑，苦吟者们付出的努力几乎与得到的批评成正比。然而，他们留下的教训却启迪后来的诗人们力图在言与意（语言与思维）之间建立一种新的关系。

北宋前期，近禅的诗人和诗僧大多承晚唐五代余风，循着苦吟派的羊肠小道，例如前面所说的著《诗格》的文彧、景淳、保暹（九僧之一）都是如此。景德年间（1004—1007年），僧道原编定《景德传灯录》，禅家的公案话头流行开来。到了北宋中叶，《传灯录》已成为士大夫案头的重要书籍。一时文坛巨匠如王安石、苏轼、黄庭坚等人俱耽悦禅理，究心公案，禅语、禅趣、禅法，一并驱遣入诗，竟开辟出古典诗歌的另一新境界——宋诗的境界。这境界不在于空灵的意境追求，而在于机智的语言选择。他们不是去模仿禅家那些接引初学的口诀，而是直接借鉴禅宗公案里那种机变灵活的思维方式。这样，他们虽也强调“意与言会”，但对“言”的理解却比苦吟派深刻得多，也聪明得多。

语言是一种既澄明又遮蔽的东西。一方面，语言总是把一切东西都固定下来，规定清楚，但事实上，语言只能表达逻辑的东西，无从表达逻辑背后的东西。所以《老子》开篇即说：“道可道，非常道；名可名，非常名。”不仅先于逻辑的“道”不可言说，就是复杂微妙的心理感受和体验，语言也是很难表达的。凡被语言固定下来并规定清楚的东西，就不可避免地成为僵死的东西，禅家公案称那些有意味、通意路（含逻辑）的语句为“死句”，就是这个意思。另一方面，语言所构成的牢房又恰恰只有语言本身才能打破它：语言在其活生生的言说中总是有一种锐意创新、力去陈言的冲动。语言可以通过不断自我否定、打破逻辑法则来接近逻辑背后的东西，禅家那些胡言乱语的对答之所以被称为“活句”，就因其意路不通反而获得无限自由，从而接近那不可言说的本体和难以言说的妙悟。紫柏和尚说得好：

> 鱼活而筌死，欲鱼驯筌，苟无活者守之，鱼岂终肯驯筌哉？如书不尽意，言不尽意，盖意活而言死故也。故曰：承言者丧，滞句者迷。予读东坡《大悲阁记》，乃知东坡得活而用死，则死者皆活也。（《紫柏尊者全集》卷十五《跋苏长公大悲阁记》）

用僵死的语言来固定鲜活的“意”（感觉、情绪、意志、观念、认知、体验等），当然会感到语言的局限性；反过来以鲜活的“意”来驱使僵死的语言，随心所欲，安排调遣，变化万方，不执一隅，那么，僵死的语言也因超越逻辑法则而充满创造力。“得活而用死”，不仅是苏轼诗文的精神，也是宋代受禅宗影响的诗人所普遍接受的精神。所以，尽管宋人（特别是江西诗派）爱讨论各种诗法，但却很少有人再像诗格著作那样去制定什么“诗有四不”之类的规则了。

江西诗派有一条重要的诗法，叫做“句中有眼”，就体现了“得活而用死”的精神。这条诗法是黄庭坚在评论杜甫诗时提出来的：“拾遗句中有眼。”（《赠高子勉四首》）什么叫“句中有眼”呢？据宋人诗话中的讨论来看，“眼”字的含义大约有三点。一是借用围棋术语，围棋有眼则活，句中有眼，句也就成为“活句”。二是禅家所谓“眼目”、要点，借指诗句中以一目尽传精神的关键字词，即顾恺之所说：“四体妍蚩，本无关于妙处，传神写照，正在阿堵中。”（见《世说新语》）三是所谓“正法眼”，指诗句要有真知灼见，范温作《潜溪诗眼》就取此义：“故学者要先以识为主，如禅家所谓正法眼者。直须具此眼目，方可入道。”（见《宋诗话辑佚》上册）总之，“句中有眼”大致是指处于诗句结构的关键位置，能使诗句生动灵活、新警不凡的字眼。宋诗人所津津乐道的用字、下字、炼字，实际上都是指对“句眼”的选择斟酌。“句中有眼”说虽创自黄庭坚，但在他之前的王安石与苏轼等人早已注意到“句眼”的重要性，如王安石读杜诗“暝色赴春愁”，认为“下得‘赴’字大好，若下‘起’字，此即小儿言语。”（《宋诗话辑佚》下册《艺苑雌黄》）苏轼指出，陶渊明“采菊东篱下，悠然见南山”两句诗，“因采菊而见山，境与意会，此句最有妙处。近岁俗本皆作‘望南山’，则此一篇神气都索然矣”（《题陶渊明饮酒诗后》）。他们对“赴”与“起”二字的比较，对“见”与“望”二字的辨析，都涉及“句眼”问题。

“句中有眼”的渊源似乎是出于保暹《处囊诀》的“诗有眼”条，但黄庭坚却自称是来自禅宗：

> 字中有笔，如禅家句中有眼，非深解宗趣岂易言哉！（《豫章黄先生文集》卷二十九《自评元祐间字》）

禅家是否有“句中有眼”的说法，今已查无实据，不过，围棋有眼则活的精神却无疑与禅家宗旨相通，并且禅家的典籍里时常可看到与它相类似的话头，如“句里藏锋，言中有响”（《人天眼目》卷六），“句里呈机”（《碧岩集》卷一）等。所以，吕本中《童蒙诗训》说：

> 潘邠老言：“七言诗第五字要响，如‘返照入江翻石壁，归云拥树失山村’，翻字、失字是响字也。五言诗第三字要响，如‘圆荷浮小叶，细麦落轻花’，浮字、落字是响字也。所谓响者，致力处也。”予窃以为字字当活，活则字字自响。（《宋诗话辑佚》下册）

潘邠老（大临）、吕本中都是江西派诗人，他们径直把“句中有眼”改为“响字”、“活字”，足可见“句眼”与禅宗的“言中有响”、“活句”的转换关系。

黄庭坚有两句诗：“覆却万方无准，安排一字有神。”（《荆南签判向和卿用予六言见惠次韵奉酬四首》）可以说是对“句中有眼”的极好阐释。一方面，诗人要像禅宗那样破弃拘执，变化万方，摒弃突破语言外壳对思维的束缚作用，打破名言概念所带来的思维僵局，摆脱诗法格律所带来的种种限制。另一方面，“解铃还须系铃人”，只有用语言作武器才能攻破语言的牢笼，只有将最富于表现力的字安排到最关键的位置上，才能使诗歌如常山蛇阵，首尾照应，全盘皆活。这和苦吟派的“吟安一个字”或“吟成五字句”不同，他们不仅要求选择一个准确的字眼，或推或敲，而且要求“置一字如关门之键”（《豫章黄先生文集》卷二十六《跋高子勉诗》），从而做到“有神”，变化不测，气韵流动，丰富新颖，生动传神。

一般说来，唐代诗人比较注重意象的排列组合，爱用蒙太奇式的意象罗列手法创造意境。从语言上看，就是爱用名词一类的实体字。唐诗中，像“浮云游子意，落日故人情”、“雨中黄叶树，灯下白头人”、“鸡声茅店月，人迹板桥霜”这样的全用实体字组成的诗句并不少见。实体字可组合成诗句并创造意境，但如果组合不当，就会显得平板堆砌，而且长此以往，诗歌意象就会因实体字的大量重复而趋于老化。因而诗中还必须有另一些词来调整实体字与实体字之间的关系，这就是动词或形容词，或叫做连系字。连系字在诗歌中不仅能起到旋宕灵活的作用，有时甚至能产生画龙点睛的效果。宋诗人所提倡的“句中有眼”，正是旨在锤炼这种画龙点睛的连系字，以遏制意象老化的趋势。

“唐人诗好用名词，宋人诗好用动词。”（钱锺书《谈艺录》第244页）比如说，同是锤炼字句，宋人的注意点就和唐人不同。唐皎然改一僧诗句“此波涵圣泽”之“波”为“中”（唐庚《文录》），郑谷改齐己《早梅》诗“数枝”为“一枝”，都是改的实体字。而王安石改杜荀鹤诗“江湖不见飞禽影，岩谷惟闻拆竹声”为“禽飞影”、“竹拆声”（见陈善《扪虱新话》下集卷一），其主要目的却在于突出“飞”和“拆”的动词功能。由于倾心连系字的锤炼，因此黄庭坚不满自己的名句“桃李春风一杯酒，江湖夜雨十年灯”（《寄黄几复》），以为犹有意象罗列的“砌合”之病（见《宋诗话辑佚》下册《童蒙诗训》）。在黄诗中，的确随处可见到非常精彩的连系字，如“蒌蒿穿雪动，杨柳索春饶”（《次韵高子勉十首》），其中蒌蒿、雪、杨柳、春都是诗中常见的意象，但一个“穿”字、“动”字，把蒌蒿萌芽初生的状态写得生意盎然，而“索”字和“饶”字，则把春色渐至、柳色正浓的情景写得极有风趣。

换言之，如果说唐人注意的是意象与人类情感相对应的性质，如近禅的诗人爱选用“云”的意象等，那么，宋人更倾向于注意这种对应性质的深层结构——与人的某种心理力同构的张力倾向或“力的式样”，因为连系字的择用最能使这种“力的式样”得到鲜明的凸现。《诗人玉屑》卷八“句中有眼”条记载：

> 汪彦章移守临川，曾吉甫以诗迓之云：“白玉堂中曾草诏，水晶宫里近题诗。”先以示子苍，子苍为改两字云：“白玉堂深曾草诏，水晶宫冷近题诗。”迥然与前不侔，盖句中有眼也。

仅仅改方位词为形容词，就显然增加了诗句的意蕴，因为“深”和“冷”字传达出白玉堂和水晶宫唤起的心理感受，呈现出与人的心理力同构的力的式样。又如苏轼《病鹤》诗中“三尺长胫阁（搁）瘦躯”的“阁”字屡为宋诗话称赏，就因为“阁”使病鹤意象的病弱无力、不胜其躯的力的式样得到鲜明的展现。

英国批评家休姆曾指出：诗的语言不是筹码，而是视觉上的具体语言。然而，诗歌语言的视觉性不光是对客观视觉形象的还原，而且要揭示视觉形象中唤起和打动我们心理情绪的内在结构。借用完形心理学家阿恩海姆的话说：

> 不管对象本身是运动的，还是静止的，只有当它们的视觉式样向我们传导出“具有倾向性的张力”或“运动”时，才能

> 知觉到它的表现性。(《艺术与视知觉》，中文版616页）

“句中有眼”发挥的正是这种传导对象“具有倾向性的张力”或“运动”的功能。从这个意义上看，诗句有了“眼”，就使得意象的表现力有了质的飞跃。所以，“句中有眼”并非指连系字的一般使用（唐诗中也有不少连系字)，而是特别强调连系字与人的心理结构的对应，并通过意象力的式样的凸现使人们重新获得对世界乃至对语言本身的新鲜感觉。如黄庭坚的“云黄觉日瘦，木落知风饕”(《劳坑入前城》)，其中云日木风都是极常见的意象，但加进“瘦”、“饕”二字，常见的意象就组成全新的“力的式样”，产生了出人意表的惊感力量。禅家爱说什么“透网金鳞”、“鸢飞鱼跃”，无非是叫人破除拘执，活泼自由，就其强调语言的运动与活力方面来看，可以说是和“句中有眼”相通的。

必须注意的是，由于“眼”字的多义性，“句中有眼”说的定义也比较含混。在《诗人玉屑》的卷三“句法”、卷六“造语”和卷八“锻炼”都有“句中有眼”条，其中卷六所引的诗例，似乎并不重在锤炼连系字：

> 荆公“江月转空为白昼，岭云分暝作黄昏。”又曰：“一水护田将绿绕，两山排闼送青来。”东坡海棠诗曰：“只恐夜深花睡去，高烧银烛照红妆。”又曰：“我携此石归，袖中有东海。”山谷曰：“此诗谓之句中眼，学者不知此妙，韵终不胜。”(引《冷斋夜话》)

如果说王安石两联中的“转”、“分”、“护”、“排”、“送”等字尚可相当于人们通常理解的“句眼”的话，那么，苏轼的四句诗则绝不是以一字见警策。并且，黄庭坚把“句中眼”和“韵”字联系起来，足可见“句中眼”还有不同于“安排一字有神”的另一意义。范温著《潜溪诗眼》，记载黄庭坚的诗法，大体上也取的是另一意义：

> 山谷之悟入在韵，故开辟此妙，成一家之学，宜乎取捷径而径造也。如释氏所谓一超直入如来地者，考其戒、定神通，容有未至，而知见高妙，自有超然神会，冥然脗合者矣。是以识有余者，无往而不韵也。（《宋诗话辑佚》上册）

这就是禅家直抉神髓的手眼，诗家遗貌取神的本事。它不同于早期禅宗的“戒定神通”、静穆观照、自然呈露，而带着宋代禅家特有的聪明机智去认识世界，表现生活。这“韵”不是来自形相的直觉，出自“象外之象，景外之景”，而是来自对形相的超越，带着情感和理解。看看王安石的诗，“江月”会“转”，“岭云”善“分”，水能“护田”，山可“排闼”（推门）“送青”；而苏轼的诗，花可“睡去”，袖中可装“东海”，不仅想象丰富，而且移入人的情感。这是修辞学上的拟人化手法，美学上的移情作用，当然也可以看作“溪声便是广长舌，山色岂非清净身”（苏轼《赠东林总长老》）的禅观在诗中的体现。如果以此来解释“句中眼”的话，我们也可以从黄庭坚的诗歌中找到不少例子。如“渴雨芭蕉心不展，未春杨柳眼先青”（《寄黄从善》），干枯的芭蕉叶心紧缩，仿佛口渴的人一样心情不舒展；春犹未到，杨柳已绽新芽，仿佛情窦未开的少女已能青眼媚人。蕉心双关人心，柳眼譬喻人眼，想象奇特，设语新巧，有感情，有动态，耐人咀嚼，余韵无穷。类似的句子有“残暑已俶装，好风方来归”（《和邢惇夫秋怀十首》）、“苦雨已解严，诸峰来献状”（《胜业寺悦亭》）、“小山作友朋，义重子舆桑。

香草当姬妾，不须珠翠妆”（《颜徒贫乐斋二首》）、“春去不窥园，黄鹂颇三请”（《次韵张询斋中晚春》）、“竹山虫鸟朋友语，讨论阴晴怕风雨”（《阻水泊舟竹山下》）等，不胜枚举。宋人吴沆《环溪诗话》指出：“（山谷）以物为人一体最可法，于诗为新巧，于理亦未为大害。”从机智和理趣着眼，恐怕是道出了黄庭坚“句中有眼”的另一不传之秘吧。

其实，“句中有眼”四字本来就是“活句”，任何想界定它内涵的企图都有可能死于句下。在江西派诗人那里就有各种理解。如陈师道称赞黄庭坚说：“句中有眼黄别驾，洗涤烦热生清凉。”（《答魏衍黄预勉予作诗》）似乎是指黄诗中高洁淡泊的人格气韵，如佛家所谓“清净眼目”。而谢薖所说的“摩诘句中有眼，龙眠笔下通神”（《集庵摩勒园观李伯时画阳关图》），则大约是指王维《送元二使安西》（即“阳关曲”）中富于视觉性的语言形象。南宋的江西派诗论家才把“句中有眼”看作诗句中处于关键位置的精彩的连系字，但因这种解释最切合宋诗创作实践，所以很快就得到人们的认同。宋末元初的方回编选《瀛奎律髓》，专收唐宋律诗，以圈点“句眼”为务，更大力张扬连系字的作用，甚至以为“未有名为好诗而句中无眼者”（《瀛奎律髓》卷十春日类王安石《宿雨》评语）。

从明代开始，“句中有眼”说就招致严厉的批评和辛辣的嘲笑，甚至连拉杜甫的大旗作虎皮也没有用，胡应麟的矛头就直指杜甫：

> 盛唐句法浑涵，如两汉之诗，不可以一字求。至老杜而后，句中有奇字为眼，才有此，句法便不浑涵。昔人谓石之有眼为研之一病，余亦谓句中有眼为诗之一病。（《诗薮》内

编卷五）

这是以神韵派的标准来批评句法派，以自然呈露的态度来衡量人工安排，难免有点偏激。事实上，当我们欣赏司空图标榜的“不着一字，尽得风流”的浑涵之境时，切莫忘记了诗歌创作中的这一现象：“‘红杏枝头春意闹’，着一‘闹’字而境界全出；‘云破月来花弄影’，着一‘弄’字而境界全出矣。”（王国维《人间词话》）“句眼”的作用岂能完全否定呢？诚如徐渭所说：

> 何谓眼？如人体然，百体相率似肤毛，臣妾辈相似也。至眸子则豁然，朗而异，突以警。文贵眼，此也。故诗有诗眼，而禅句中有禅眼。（《青藤书屋文集》卷十八《论中》之五）

篇中须有警策、要点，此乃古今文学创作的通论，固不必言。就以“眼”为连系字，也未必有错。清贺裳《载酒园诗话》卷一嗤笑《瀛奎律髓》标举句眼之妄，以荆公五律为例，八句有“六只眼睛，未免太多”，盖“人生好眼只须两只，何必尽作大悲相”。这是不知“眼”还有围棋棋眼之义，多又何妨，这些众多的“眼”，不过是吕本中所说的“字字当活”，具有调整意象之间的关系以及呈现意象“力的式样”的作用。

应该说，宋人的真正失误不在于“有眼”或“句眼”太多，而在于逐渐把“有眼”看作一条必须遵循的规则，并且把句眼的位置固定下来：“盖五字诗以第三字为眼，七字诗以第五字为眼也。”（《诗人玉屑》卷八）这样，“句眼”变成了固定的僵化的东西，完全丧失了黄庭坚的初意，也丧失了“眼”本来所应包含的活泼、变化、运动、传神的特点，更丧失了禅家公案中“得活而用死”的精神，活眼变成了死眼。宋代的末流诗人又重新走上晚唐五代苦吟派那种胶柱鼓瑟、刻舟求剑的创作道路。

三、打 诨 通 禅

苏轼在评价黄庭坚的书法特点时说过这样几句话:“鲁直以平等观作欹侧字，以真实相出游戏法，以磊落人书细碎事，可谓三反。”(《东坡题跋》卷二《跋鲁直为王晋卿小书尔雅》)这虽是开玩笑的口吻，倒也说在了点子上，其中“以真实相出游戏法”一句，不仅可移用来评论黄诗，而且概括了不少宋代近禅诗人的特点，甚至包括苏轼自己。“真实相”就是佛家所谓“实相”，指宇宙间万物的真相，“游戏法”就是禅宗常说的“游戏三昧，逢场设施，无可不可”(《禅宗集成》册十四《长灵和尚语录》)。依禅宗中道观点来看，执著任何观点都是一病。因此，般若（智慧）的本质就不应该去找寻语言（观念的载体）与超语言实体（如“真实相”等）之间的对应关系。有和尚问赵州从谂禅师:“如何是祖师西来意?”禅师答道:“庭前柏树子。”(《五灯会元》卷四）显然牛头不对马嘴，答非所问。这就是“游戏法”，让人明白语言概念是无意义的，从而破除迷执。就禅师而言，“游戏法”不仅与“真实相”不相矛盾，反而更能使学人领悟到其中的真谛。

抛开禅宗“游戏法”的性质和功能不论，单从其外在语言形式来看，它和中国古代戏剧艺术中的“打诨”的手法倒是颇有几分相似之处。“打诨”源于魏晋以来的参军戏。表演时由参军（角色名）先发出种种痴呆可笑的形状举动或语言，苍鹘（亦角色名）以搕瓜（瓜形棒槌）击打并责问他。于是，参军作出一个出乎寻常意料之外的回答，引起哄堂大笑。这种手法在宋代杂剧中也保留下来。吕本中《童蒙诗训》中有这样的说法："作杂剧，打猛诨入，却打猛诨出也。"(《宋诗话辑佚》下册)"打猛诨入"，大约是指先发出种种痴呆可笑的形状、举动或语言；"打猛诨出"，是指答以出乎寻常意想之外的解释（见王季思《玉轮轩曲论·打诨参禅与江西派诗》)，"出"就是所谓"出场"(退场)。"打诨"也泛指诙谐取笑，但唐宋时期的优伶打诨，一般采用打猛诨入、打猛诨出这一主要方式。宋人刘攽《中山诗话》载有一则"打诨"佳例：

> 祥符、天禧中，杨大年、钱文僖、晏元献、刘子仪以文章立朝，为诗皆宗尚李义山，号"西昆体"，后进多窃义山语句。赐宴，优人有为义山者，衣服败敝，告人曰："我为诸馆职挦撦至此。"闻者欢笑。

优人此举是讽刺杨亿（大年）为首的"西昆体"诗人剽窃李商隐(义山）的语句。优人装扮李商隐，衣服破烂，这就是"打猛诨入"；优人解释衣服之所以破烂的那句话"我为诸馆职（指杨亿等）挦撦(剥取）至此"，就是"打猛诨出"。

有关唐参军戏、宋杂剧打诨的原始资料已很难见到，不过，据王季思先生分析："戏言而近庄，反言以显正，斯实参军打诨之主要内容与方式。"(《打诨参禅与江西派诗》)这和禅宗的机锋有不少相似之处。禅宗大师传授宗旨，为使人顿悟自性，不着文字，常常故意指东道西，胡说八道，以显示语言的虚幻和荒谬。归纳其五花八门的机锋问答，大抵不出戏言而近庄、反言以显正两大类，与"打诨"真是不谋而合。在禅宗的灯录、语录里常可见到这样的妙语：

僧问："如何是佛法大意？"师曰："庐陵米作么价？"（《景德传灯录》卷五青原行思）

问："如何是古佛心？"师曰："镇州萝卜重三斤。"（《五灯会元》卷十一首山省念）

僧问："如何是佛？"师曰："同坑无异土。"问："如何是祖师西来意？"师曰："深耕浅种。"（《五灯会元》卷十二翠岩可真）

"佛法"、"佛心"这样一些庄严的话题，得到却是毫不相干的世俗性的解释，令人哑然失笑。这种解释暗示第一义不可说，因此可称为戏言而近庄。又如：

问："如何是清净法身？"师曰："屎里蛆儿，头出头没。"（《五灯会元》卷六濠州思明）

僧问："古镜未磨时如何？"师曰："照破天地。"问："磨后如何？"师曰："黑漆漆地。"（《龙修济禅师语录》）

清净法身最肮脏污秽，镜不磨能照破天地，磨了反而黑漆漆地，正话反说，装疯卖傻。看来不可理解，其实正是禅宗本色，避免正面回答，而用反言以显正。这些禅师之间的问答，简直是绝妙的"打诨"台词，因其出乎寻常意想之外的解释而富有强烈的幽默感。禅师的"游戏三昧"确实也从当时流行的世俗参军戏中得到启示，不仅问答机锋如此，而且棒喝也极似苍鹘的搕瓜击打。马祖的法嗣五台隐峰禅师（邓隐峰）就自称是"竿木随身，逢场作戏"（见《五灯会元》卷三），直把锡杖视为榼瓜，打诨用于示悟。元代杂剧《汉钟离度脱蓝采和》第一折【点绛唇】曲有"打诨通禅"一语，可谓透露出戏剧的打诨与禅宗的"游戏法"之间的关系。

禅师自称“逢场作戏”，优伶则咬定“打诨通禅”，正如禅师借诗句而说法，诗人则借禅法而写诗；优伶以诗人为打诨的题材，诗人则窃取优伶打诨的形式。禅师、优伶、诗人，互通有无；参禅、打诨、吟诗，异翮同飞。这与其说是中国的宗教与艺术相互渗透，不如说是中国的禅宗与艺术在语言层次上完全相通，在思维形式上相互启发更恰如其分。宋代诗人就是从这个意义上来认识禅、戏、诗三者关系的：

> 文章（包括诗）盖自造化窟中来，元气融结胸次，古今谓之活法。所以血脉贯穿，首尾俱应，如常山蛇势，又如风行水上，自然成文。又如优人作戏，出场要须留笑，退思有味。非独为文，凡涉世建立，同一关键。吾友养直（苏庠），平生得禅家自在三昧，片言只字，无一点尘埃。宇宙山川，云烟草木，千变万态，尽在笔端，何曾气索。（张元幹《芦川归来集》卷九《跋苏诏君赠王道士诗后》）

张元幹是吕本中的好友，论诗接近江西诗派观点。他将“文章活法”与“优人作戏”、“禅家自在三昧”（即游戏三昧）联系起来的看法，在宋诗人、尤其是江西派诗人中很有代表性。

“以真实相出游戏法”的黄庭坚就是以写诗通于打诨、参禅的典型，他为学诗者传授了这样一条诗法：“作诗正如作杂剧，初时布置，临了须打诨，方是出场。”（《宋诗话辑佚》上册《王直方诗话》引）经江西派诗人辗转称引，成为宋诗的一条重要的艺术技巧。那么，“打诨”在诗中究竟是怎样一回事？它的特点和功能是什么呢？据《王直方诗话》说，黄庭坚之所以揭示出这条诗法，“盖是读秦少章诗，恶其终篇无所归也”。可见“打诨”一般是用在诗的“终篇”

结尾处，以一种诙谐的语言点明诗的旨趣“所归”。它如同杂剧出场（退场）前的“打诨”，其功能有二：一是“切题可笑”（陈善《扪虱新话》下集卷一），紧扣题目而充满谐趣，使读者在笑声中恍然领悟题旨；二是使人“退思有味”（张元幹语），在“打猛诨入”和“打猛诨出”完全背离的语境中，获得一种尝橄榄似的“苦过味方永”的审美快感。

“打诨”的作品读起来是很费解的。如黄庭坚的名作《子瞻诗句妙一世，乃云效庭坚体，盖退之戏效孟郊、樊宗师之比，以文滑稽耳。恐后生不解，故次韵道之。子瞻〈送孟容诗〉云：“我家峨嵋阴，与子同一邦。”即此韵》，诗题如同一篇小序，大旨是为辨明苏轼之诗远在自己之上，写得甚有意趣，诗本身更奇诡不凡：

> 我诗如曹郐，浅陋不成邦。公如大国楚，吞五湖三江。赤壁风月笛，玉堂云雾窗。句法提一律，坚城受我降。枯松倒涧壑，波涛所舂撞。万牛挽不前，公乃独力扛。诸人方嗤点：渠非晁张双。但怀相识察，床下拜老庞。小儿未可知，客或许敦厖。诚堪婿阿巽，买红缠酒缸。

先用两个比喻，以小国曹郐自谦己诗之内容浅薄，以大国楚赞美苏诗之气象宏伟。次写苏轼在朝（玉堂）野（赤壁）不同环境中的创作成就，以坚城比喻苏诗的句法，自己在它面前只有认输投降。接着写倒插涧壑的枯松，波涛冲不动，万牛挽不前，而苏轼一支笔就能把它扛起來，极度夸张苏诗的力量。再用诸葛亮拜庞德公的故事写苏轼的知音识察以及自己的敬仰心情。以上诗句都是把抽象的事理化为生动的形象，构思新颖，设喻奇特，妙语横生，令人应接不暇。但这些描写毕竟还都是就诗而言，结尾四句却忽然冒出让自己的儿子给苏轼的孙女阿巽当女婿的想法，完全抛开谈诗的话题，别出心裁，另起炉灶。表面看来，这四句简直是文不对题，但实际上诗人说自己的儿子或可配阿巽，正暗示自己的诗才不足与苏轼相匹，旁敲侧击，反言显正，更深化了敬仰苏轼的主题。这是杂剧的“打诨出场”，也是禅家的“游戏三昧”，想必生性诙谐的苏轼读到此诗后也会忍俊不禁的。

其实，苏轼本人对此“打诨”技巧也运用得极为熟练。如他的《李思训画长江绝岛图》一诗：

> 山苍苍，水茫茫，大孤小孤江中央。崖崩路绝猿鸟去，惟有乔木搀天长。客舟何处来？棹歌中流声抑扬。沙平风软望不到，孤山久与船低昂。峨峨两烟鬟，晓镜开新妆。舟中贾客莫漫狂，小姑前年嫁彭郎。

诗的前部分就眼前的山水画卷展开想象，用诗的语言将静止的画面幻化为富有韵律和生意的动态场景，意境极为优美。而最后两句却故意讹小孤山为“小姑”，澎浪矶为“彭郎”，生出一段小姑嫁彭郎的奇想。这两句是以市井俚语作“打诨”材料，似与前面的优美意境不相称。但正是由于“打诨”的运用，这首诗由自然主题而转向人文主题（民间传说），将读者的思绪引向画面外深广的空间。吕本中指出：“东坡长句，波澜浩大，变化不测，如作杂剧，打猛诨入，却打猛诨出也。”（《宋诗话辑佚》下册《童蒙诗训》）大约就是指的这类诗歌。苏轼虽然没有提倡“作诗如作杂剧”的主张，但在创作中对此早已烂熟于心。据何薳《春渚纪闻》卷六记载，苏轼赠给黄州营妓李琪诗，先写下“东坡七岁黄州住，何事无言及李琪”两句，随即掷笔袖手，与客谈笑。李琪又拜请，苏轼大笑道：“几忘出场。”

于是继续写下两句：“恰似西川杜工部，海棠虽好不留诗。”所谓“出场”，就是黄庭坚说的“临了须打诨，方是出场”，显然，苏轼也将杂剧的“出场”等同于诗歌的“终篇”。而“恰似西川杜工部”两句诗，也完全做到了“打诨”所要求的那种“切题留笑”、使人“退思有味”的效果。

不过，苏轼的诨趣比较显露，虽然章法变化莫测，但层次的转折和衔接都很自然。而黄庭坚的诨趣就要隐晦得多，文脉断裂，语境转换，常常令人感到莫名其妙。尤其是他的绝句，往往先写两句没头没脑、离题万里的句子，然后突然点明，读者才恍然有悟，弄清他的意义之所在，并且经细细咀嚼后，愈觉得其韵味的隽永。元祐年间，黄庭坚在京城试院和苏轼等人一起评阅试卷，闲时观画题诗，写下《题伯时画顿尘马》一诗：

竹头枪地风不举，文书堆案睡自语。忽看高马顿风尘，亦思归家洗袍袴。

前两句用俳谐的笔调描写文职官员沉闷乏味的生活，完全与题画无关，这是“打猛诨入”；后两句插入正题，点明主旨：看到骏马抖落身上风尘的画面，不由得联想到自己也应脱离官场，归隐故山，洗净身上的污浊，这是“打猛诨出”。细细品味，才能领略前两句的用意，原来是为了渲染文职官员身上的“风尘”。

所以，同样都运用“打诨”手法，苏轼和黄庭坚仍创造了两种不同的风格。如果说苏诗如长江大河，波涛自涌，变化不测；那么，黄诗则如危崖高耸，断岸千尺，令人难寻路径。如果说苏诗体现了禅宗随机应变、纵横自在的通脱精神的话，那么，黄诗则更多地显示了禅宗言语道断、语忌十成的“活句”原则。当然，这种区别只是相对的，事实上，二者的风格有很多互相渗透的地方，因为苏、黄不仅是互敬互学的师友，而且接受的是同时代大体一致的禅风——“游戏三昧”的文字禅的薰陶。

从宋诗代表人物苏、黄的作品中可以看出，“打诨”方式对宋代近禅诗人的影响大致体现在两方面：一是创作心态，即所谓游戏的态度，滑稽为文，随机打趣，不执著，不坐实，无可无不可；二是语言形式，表现为语境的跳跃，起结无端，意路不通，前言不搭后语。

现代美学理论认为，凡是游戏都带有谐趣，凡是谐趣也都带有游戏。作为语言的游戏更是如此。如果说艺术和游戏有几分是余力的流露，是富裕生命的表现的话，那么，诗的游戏更是聪明机智的显示，是对语言艺术驾轻就熟、游刃有余的体现。优伶打诨可以借助动作表情和道具，禅师示悟可以信口雌黄，指鹿为马，诗人的谐趣却必须通过语音文字规则（诗的格律）的制约才得以产生。因此，苏、黄诗中那些随手拈来的诨趣，似乎更能显示其优越的智力和炉火纯青的语言艺术造诣。尤其是苏轼，无论是俗字俚词，还是成语典故，都可作“打诨”的材料。如他的《白鹤峰新居欲成，夜过西邻翟秀才》诗，先以拙易的句子“林行婆家初闭户，翟夫子舍尚留关”打猛诨入，叫人未测其意，然后再以优美典雅的句子“连娟缺月黄昏后，缥渺新居紫翠间。系懑岂无罗带水，割愁还有剑铓山”打猛诨出，点出题旨。而“罗带水”是化用韩愈诗句：“水作青罗带，山如碧玉簪。”“剑铓山”是化用柳宗元的诗句：“海畔尖山似剑铓，秋来处处割愁肠。”将谪居岭南的苦闷心情化作文字的戏谑。就语言上来看，不仅对仗工整，而且所点化的韩、柳诗恰巧都写于岭南，正扣合苏轼当时的景况。所以叶梦得在《石林诗话》中赞叹道：“然系懑罗带、割愁剑铓之语，大是险诨，亦何可屡打。”但他人视为艰险畏途的诨语，在苏轼手里却是驱遣自如，妙笔生花，如前面所举赠黄州营妓诗，就是在谈笑中信笔写出，而联想之巧妙、比譬之精当，令人叹为观止。

从另一个角度说，或许正是谙熟禅家的“游戏三昧”，苏、黄等人才能以鲜活的意趣来统率僵死的语言，破除拘执，变化万方。通过活泼泼的谐趣在丑中见出美，在失意中见出安慰，在紧张中得到放松，在执著中得到解脱。从那些“系澧罗带”、“割愁剑铓”的“险诨”中，我们不仅可以看到对痛苦的超越，更可以看到对命运的征服。当然，苏、黄也常常因游戏的态度而难免使诗境显得轻薄，聪明有余而情韵不足。

至于“打诨”带来的语境跳跃，则对以黄庭坚为首的江西诗派有更多的启示。按黄庭坚的指教，作诗应先沿着一条脉络展开布置，最后收场时再打诨，跳到另一条文脉上去。陈长方曾总结出一种章法:“断句辄旁入他意，最为警策。”(《步里客谈》卷下)其特点是诗的最后一两句和前面的句子在意义上似乎毫不相干。陈氏以为此章法受杜甫《缚鸡行》结句“鸡虫得失无了时，注目寒江倚山阁”的启发，而这实际上完全是“打诨出场”的另一种表现方式。如黄庭坚的《王充道送水仙花五十枝欣然会心为之作咏》:

> 凌波仙子生尘袜，水上轻盈步微月。是谁招此断肠魂？种作寒花寄愁绝。含香体素欲倾城，山礬是弟梅是兄。坐对真成被花恼，出门一笑大江横。

前面七句都是围绕着水仙花来写，意境孤高清远，笔致细腻秀美，而最后一句却以横阔的大江形象结束。黄诗结尾最常见的模式，一般是在说理抒情之后，插入一两句孤零零的景物描写。最典型的是《次韵仲车为元达置酒四韵》:

> 射阳三万家，莫贵徐公门。谁能拜床前，况乃共酒樽。唯此醉中趣，难为醒者论。盗卧月皎皎，鸡鸣雨昏昏。

诗的前六句都是论说性文脉，至最后两句却出现了一个大的龟裂，一条与论说性文脉完全不同的情感性文脉在龟裂中产生。所以有些并非游戏的作品，也因“打诨出场”的形式而获得绵邈隽永的韵味。

清人方东树这样评价黄诗的章法：“每每承接处，中亘万里，不相联属，非寻常意计所及。”（《昭昧詹言》卷十二）而在宋人眼里，具有如此特点的黄诗简直就可以当作禅家公案来参究：“山谷诗妙脱蹊径，言谋鬼神，无一点尘俗气，所恨务高，一似参曹洞下禅，尚堕在玄妙窟里。”（蔡絛《西清诗话》）然而，正是这种意路断绝的禅家公案似的玄妙，给读者带来广阔的联想空间，它激起读者强烈的参与、补充、探究的欲望，从而使诗歌获得更加深邃丰富的审美外延。真是所谓“径路绝而风云通”，言语道断之处，正是心领神会之时。而对于宋代那些熟悉禅家公案的读者来说，黄诗也许正因其生硬晦涩，才赢得了“禅家所谓死蛇弄得活”的赞誉（见张戒《岁寒堂诗话》卷上引吕本中语）。

打诨通于参禅、吟诗，而联结三者的核心精神可以概括为一个“趣”字，这当然不同于严羽标榜的“兴趣”那么“莹彻玲珑，不可凑泊”，而是确确实实能把握住的语言艺术技巧。用苏轼的话来说：“诗以奇趣为宗，反常合道为趣。”（《冷斋夜话》卷五引）这“奇趣”来自逻辑的乖离、形象的冲突、语境的转换；诨趣来自“打猛诨入”和“打猛诨出”之间的出乎意料的连接。禅趣来自戏言而近庄、反言以显正的机锋；而诗趣，借用英国批评家C. D. 刘易斯的话来说：“诗歌的真理是来自形象的冲突，不是靠它们的共谋。”（《诗歌意象》，英文版72页）

四、不犯正位，切忌死语

与临济宗开张峻利的棒喝机锋比较起来，曹洞宗对语言文字的态度要显得文雅温和得多。大约是因该宗祖师曹山本寂“素修举业”的缘故，他们并不一味否定语言文字本身，如曹山智炬禅师就以为：“文字性异，法法体空。迷则句句疮疣，悟则文文般若。”（《五灯会元》卷十三）正因有这样的认识，曹洞宗示悟的语言技巧似乎比其他禅门宗派更要繁复一些，同时，对宋诗的影响似乎也较其他各宗更大。所以宋人无论是褒是贬，总爱把生新瘦硬的江西派诗和曹洞宗挂起钩来，如蔡絛评黄庭坚诗：“所恨务高，一似参曹洞下禅。”（《西清诗话》）这是表示遗憾；而任渊评陈师道诗：“读后山诗，大似参曹洞禅，不犯正位，切忌死语，非冥搜旁引，莫窥其用意深处。”（《后山诗注目录序》）这又是表示惊叹。后来的严羽讥评“学大历以还者，曹洞下也”（《沧浪诗话 · 诗辨》），实际上还是主要指江西诗派，他就自称《诗辨》“说江西诗病，真取心肝刽子手”（《答出继叔临安吴景仙书》）。众口一词，看来江西诗派真与曹洞宗有摆不脱的干系。那么，曹洞宗风究竟有些什么特点呢？它在哪些方面可以和江西诗派挂钩起来呢？

曹洞宗接引学人的方式有“五位君臣”，即“正中偏”、“偏中正”、“正中来”、“兼中至”和“兼中到”。按曹山本寂的解释，君为正位，臣为偏位，正位即空界，本来无物，偏位即色界，有万象形。佛教所要证悟的教义之一便是“空即是色，色即是空”，无相借助有相表现出来，而一切有相都归于无相。但这样的教义是不能正面解说的，所以曹洞宗借君臣关系来譬喻象征，用本寂的话来说：“以君臣偏正言者，不欲犯中，故臣称君，不敢斥言是也。”他的偈语说得更明白：“妙明体尽知伤触，力在逢源不借中。出语直教烧不着，潜行须与古人同。”（《五灯会元》卷十三）大致意思都是教人避免正面探讨，“不欲犯中”，说话要留余地，切忌“妙明体尽”，讲述过于透彻。对曹洞家风最形象的说明也许莫过于洞山良价的徒孙报慈藏屿（匡化）所作的龙牙和尚半身画像赞：

> 日出连山，月圆当户。不是无身，不欲全露。（惠洪《林间录》卷上）

旭日微露远山，明月隔着窗棂，若隐若现，半吞半吐。这境界本是形容龙牙画像的气韵，但何尝又不可用来比喻曹洞家风呢？和江西派关系甚密的诗僧惠洪就认为“匡化匠心独妙，语不失宗”，体现了曹洞宗“不犯正位，语忌十成”的传统。

“死灰槁木人语，可成绝妙好词。”（钱锺书《谈艺录》第226页）匡化所作的画像赞，简直可当作《诗品》来读，“不是无身，不欲全露”，不也可看作诗家的一条重要写作原则吗？事实上，早在晚唐司空图的《诗品》里，就已留下曹洞家风的痕迹，如其中《缜密》一品有“语不欲犯，思不欲痴”两句，前一句是曹山本寂的“不欲犯中”的意思，后一句则是洞山守初“乘言者丧，滞句者迷”（见《林间录》卷上）的翻版。而《缜密》一品本身，似乎也有取于曹洞宗禅法的稳顺绵密。不过，司空图的兴趣在于“韵外之致”，对曹洞宗的语言技巧并未怎么注意。直到宋人那里，尤其是江西诗派手里，曹洞家风才真正转化为一条条具体的作诗法门。

惠洪可以说是从宋人的创作中悟到了一点诗家语和曹洞禅的关系，他在《冷斋夜话》卷四总结了这样一条经验：

用事琢句，妙在言其用不言其名耳。

以事物的功能作用来代替事物的名称，避免直接描写，使语义显得迂曲。比如王安石的“含风鸭绿鳞鳞起，弄日鹅黄袅袅垂”两句，用“鸭绿”代水，“鹅黄”代柳，代换的结果，不仅避开直说的乏味，而且使语义更加丰富，获得视觉效果。又如黄庭坚的“管城子无食肉相，孔方兄有绝交书”，以“管城子”代笔，“孔方兄”代钱，将错而遽认真，坐实以为凿空，在典故比喻上，又生出新意。惠洪总结的这种诗法，在宋人中很有市场。江西派诗人吕本中也表述过相近的意思：

“雕虫蒙记忆，烹鲤问沉绵”，不说作赋，而说雕虫；不说寄书，而说烹鲤；不说疾病，而云沉绵。“颂椒添讽味，禁火卜欢娱”，不说岁节，但云颂椒；不说寒食，但云禁火。亦文章之妙也。（胡仔《苕溪渔隐丛话》前集卷十二引《吕氏童蒙训》）

或以喻依代喻旨，或以谜面代谜底，或以具象代抽象，典故、廋词、歇后语一齐用上，目的似乎都在“不犯正位”。这些习气古代文人早已有之，但在江西派诗人那里变化更多，修辞也更隐晦曲折。这条诗法以陈本明阐释得最为恰当，举例也有深度，非一般借代修辞手法可比：

前辈谓作诗当言用，勿言体，则意深矣。若言冷，则云“可咽不可漱”；言静，则云“不闻人声闻履声”之类。（《诗人玉屑》卷十引《漫叟诗话》）

这是兵法上的迂回包抄，绘画上的烘托渲染，而接近于佛教诠释学上的“遮诠”。

佛学对经典教义的诠释有两种方式：一曰表诠，一曰遮诠。表诠是指从事物的正面作肯定的解释，而遮诠则是指从事物的反面作否定的解释。按《宗镜录》的说法：“遮谓遣其所非，表谓显其所是，又遮者拣却诸经，表者直示当体。”《禅源诸诠集都序》卷三说得更通俗易懂：

> 如说盐，云不淡是遮，云咸是表。说水，云不干是遮，云湿是表。诸教每云绝百非者，皆是遮词，直显一真，方为表语。

禅宗认为佛门的最高教义（第一义）是不能用“表诠”表达的。一用“表诠”，即成语言垃圾，正如百丈怀海禅师所说，“说道修行得佛，有修有证，是心是佛，即心即佛”，都是“死语”（《古尊宿语录》卷一）。但是，第一义总得有方法表现才行，否则禅门的真谛难以承传下去。其实，当禅师说什么第一义不可说之时，就已是在用“遮诠”说第一义。好比画月亮，用线条在白纸上画一个圆圈，这是“表诠”的画法。而在纸上涂些颜料或泼些水墨以作云彩，中间露一个白圆块，烘云托月，这就是用的“遮诠”。看来，曹洞宗的“不犯正位，语忌十成”的精神完全是与“遮诠”相通的。

如果说“言用不言名”之类的诗法仅及“遮诠”的皮毛的话，那么，黄庭坚、陈师道某些“妙脱蹊径，言谋鬼神”的句法算是得到了“遮诠”的精髓。就禅学渊源来说，黄、陈都倾向临济宗。黄庭坚属临济宗黄龙派的事实有案可查，陈师道在《别宝讲主》诗中，自称“重参二祖禅”，并自注明是指赵州（从谂）、临济。但实际上到北宋后期，临济、曹洞、云门诸家已倾向合流，因而作为近禅的诗人，黄、陈对曹洞的禅法也有所吸取。黄庭坚有两句诗形容陈师道的诗法:“十度欲言九度休，万人丛中一人晓。”(《赠陈师道》)而江西派诗人曾几则称:“此正山谷诗法也。”(见曾季貍《艇斋诗话》)值得注意的是，“十度欲言九度休”正好是用的曹洞宗道膺禅师的话头“十度发言，九度休去”(见《五灯会元》卷十三)。这也许是一种巧合，不过可见出黄、陈都是深知语言的局限的，所以作诗大多用“遮诠”而不用“表诠”，避免正面描写说明，横空设一道屏障，不欲使人从字面上理解，或是明修栈道，暗度陈仓，或是草蛇灰线，似断实连，正面的意思从反面侧面来说，理性的说教以非逻辑非理性的言句来表现，语义的空间让读者用联想去填充，言外之意让读者去活参顿悟。“不是无身，不欲全露”，在黄、陈那些若明若暗、半吞半吐的句法中，不正是闪动着曹洞宗的语箭言锋吗?

试看任渊作的《后山诗注》。陈师道《别三子》诗:“夫妇死同穴，父子贫贱离。”任注“死同穴”句:“其意则谓夫妇生常别离，至死方获同穴，此所以可悲也。”(《后山诗注》卷一)不正面说生常别离，而从反面说死同穴，这就是“遮诠”。这里化用了《诗经·王风·大车》“穀则异室，死则同穴”的诗意，熟悉《诗经》的读者自然会从“死同穴”的语表意义下，体会到“穀(生)则异室”的深层含义与悲痛的情感色彩。又《送苏公知杭州》诗:“平生羊荆州，追送不作远。岂不畏简书，放麑诚不忍。”当时苏轼出知杭州，道经南京(今河南商丘)，陈师道为徐州教授，越法出境至南京送苏轼。这几句的大意是：自己为了远送苏轼，虽畏惧不许私出的法令，但为表达师友之谊，冒犯法令也在所不惜。任注“放麑”句:“此句与上句若不相属，而意在言外，丛林(禅林)所谓活句也。”放麑的典故出自《韩非子》，是说孟孙获麑，秦西巴不忍而放之，遭孟孙斥逐。陈师道用此典故的含义如任注所说:“观过(指越法的过错)可以知仁，后山越法出境以送师友，亦放麑之类也。”(《后山诗注》卷二)这几句用了几个典故，再加上前后文语境的跳跃，因而意义十分复杂晦涩，造成一般读者读诗时的“视境中断”，如坠五里云中，甚至连诗意都会误解。读陈师道诗的困难不在于找到典故的出处，而在于如何在那些毫不相干的典故中找出潜藏的意义关系来，如何在欲说还休的羞涩中去体会“十成”语意与“正位”诗旨。“万人丛中一人晓”，这“一人”就是与诗人文化层次相对应的读者，他熟悉典故，精通禅法，领悟诗人的创作心态。陈师道寻求的就是这样的读者。在这样的读者眼里，“丛林活句”的运用使诗歌具有极大的“张力”，于是，生硬变成了耐嚼，深藏变成了含蓄，中断的视境得到连续的延伸。

黄庭坚也在寻求着同样的读者。他的那些“以物为人一体”、“打诨出场”、“断句旁入他意”、“言用不言名”等五花八门的诗法，大抵都是避熟就生的尝试，正如金人李屏山所说："黄鲁直天资峭拔，摆出翰墨畦径，以俗为雅，以故为新，不犯正位，如参禅，着末后句为具眼。"（《中州集》卷二刘西岩汲小传引《西岩集序》）而前面所举陈师道那种“丛林活句”，在黄庭坚诗中更是随处可见，并且运用得更为纯熟自然，巧妙灵活。以任渊的《山谷诗集注》为例，卷一《次韵刘景文登邺王台见思五首》其五："公诗如美色，未嫁已倾城。嫁作荡子妇，寒机泣到明。"任渊注："言其中年之诗多哀伤也。"瞧，绕了多大的弯子，将诗比作美女，美女出嫁，嫁给荡子（游子），于是有离别，于是有寒机之泣，没有半句正面描写，而刘诗怀才不遇的忧伤风格自然暗示出来。又卷十六《次韵高子勉十首》其四最后两句："寒炉余几火，灰里拨阴、何。"任渊注："言作诗当深思苦求，方与古人相见也。"寒炉拨灰的故事见于《景德传灯录》卷九："百丈（怀海）云：'汝拨炉中有火否？'师（沩山灵祐）拨云：'无火。'百丈躬起，深拨得少火，举以示之云：'此不是火？'师发悟礼谢。"灵祐所悟的是，参禅学道，不能浅尝辄止，作诗当然也与之相通。但黄庭坚这两句诗却使有的人误解其意，竟作出这样的解释："'灰里拨阴、何'的意思是说，高子勉在严寒之中拨火使燃，脑子里则构思着新的诗作，如阴铿、何逊水平的不朽诗篇，将在拨灰的同时产生。"（见《宋诗鉴赏辞典》，上海辞书出版社1987年版第558页）这大概是未见过任渊的注释，也不知黄氏使用的禅家手段吧，因而误将"遮诠"当作"表诠"，坐实"寒炉灰火"的字面意义，这就是宋人常说的"参死句"。由此可见，对黄诗本身，也只有用灰里寻火的耐心去精研细读，才能拨开其表层语义或言内之意的纱罩，窥见其深层语义或言外之意的本来面目。

"赋诗必此诗，定非知诗人。"（苏轼《书鄢陵王主簿所画折枝》）严格说来，这条影响深远的文艺观点和曹洞宗"不犯正位，切忌死语"的家风也有相通之处。这一观点当然可以引申出很多文艺创作规律来，诸如形散神不散的抒情原则，浪漫主义性质的写意手法，不拘格套的性灵表现等等。而理解得朴素一点，不过如陈善所说："文章须用于题外立意，不可以寻常格律自窘束。"（《扪虱新话》卷五）金人王若虚理解为"不窘于题，而要不失其题"（《滹南遗老集》卷三十九《诗话》），尚是皮相之见。窘于题则犯正位，不失题便成死语。自汉魏至唐，五七言诗的正面题目已做得够多，宋人不得不转身一路，从侧面、反面来说。比如描写音乐的诗，唐人如李颀的《听董大弹胡笳兼寄语弄房给事》、韩愈的《听颖师弹琴》、白居易的《琵琶行》都用大量篇幅来描绘、渲染、摹状音乐的声音以及音乐唤起的错觉、通感、情绪，审美感觉处于中心。而宋人如苏轼的《舟中听大人弹琴》《听僧昭素琴》、黄庭坚的《听宋宗儒摘阮歌》《听崇德君鼓琴》等等，对音乐本身或音乐声唤起的感觉不太感兴趣，更关心的是音乐性质的雅俗问题、音乐对诗人自身心灵的陶冶，关心音乐唤起的人生经验及至演奏者本人的经历、教养、情趣等，自由联想，任意发挥。“赋诗”而不必作“此诗”，这在黄庭坚等人的咏物诗中表现得尤为典型。吕本中对此深有会心：

> 作咏物诗不待分明说尽，只仿佛形容，便见妙处。如鲁直《酴醾诗》云：“露湿何郎试汤饼，日烘荀令炷炉香。”东坡诗云：“赋诗必此诗，定知非诗人。”此或一道也。鲁直作咏物诗，曲当其理。如《猩猩笔诗》：“平生几两屐？身后五车书。”其必此诗哉？（《宋诗话辑佚》下册《童蒙诗训》）

不欲全露，语忌说尽，不执著于描写物象外形，不粘滞于题目所定范围，比喻多于形容，用典多于白描，联想多于直觉，理性趣味多于感官美感。或是由近及远，由此及彼，扩展引申，举一反三，试看黄庭坚《次韵雨丝云鹤》之一：

> 烟云杳霭合中稀，雾雨空濛落更微。园客茧丝抽万绪，蛛蝥网面罩群飞。风光错综天经纬，草木文章帝杼机。愿染朝霞成五色，为君王补坐朝衣。

这是一首咏雨的诗。先由雨丝联想到茧丝、蛛丝，进而由丝联想到机织之事，于是又生出新的比喻：绮丽错综的风光就好像是天公纵横的丝线交织成的产品，美丽缤纷的草木就好像是天帝杼机里织出来的锦缎，从而暗示出一条深刻的哲理：世上万物都是自然之神按照一定模式创造出来的。又因君王是天帝在人间的代表，所以进一步联想到五色丝线，表达出自己愿补君王衮衣之阙的美政理想。诗的后面六句，离开了咏雨丝的题目，引起了那个要求作诗“要不失其题”的王若虚的不满：“夫雨丝云者，但谓其状如丝而已，今直说出如许用度，予所不晓也。”（《滹南遗老集》卷三十九《滹南诗话》）其实，黄庭坚这首诗关于“雨丝”的联想，完全符合英国诗人柯勒律治论诗的想象的标准，即它的特点在于见出事物中不寻常的关系。王若虚所不晓的是黄氏对“赋诗必此诗，定非知诗人”后面所藏的禅家机锋的发挥，方枘圆凿，自然是格格不入。

应该承认，“不犯正位，切忌死语”的禅法引进宋诗创作以后，多少丰富了宋诗的修辞技巧，扩展了宋诗的表现手法，并给富于理性精神的宋诗人和读者带来几分机智的想象力。不过，宋人的迂回战术常走得太远了一点，特别是黄、陈等人的诗，侧笔、曲喻、僻典、隐语用得过多，语言不够透明，丧失了审美的直接性，让人有“雾里看花，终隔一层”的遗憾。“假如读《山谷集》好像听异乡人讲他们的方言，听他们讲得滔滔滚滚，只是不大懂，那末读《后山集》就仿佛听口吃的人或病得一丝两气的人说话，瞧着他满肚子的话说不畅快，替他干着急。”（钱锺书《宋诗选注》第116页）这大约也应该算是服用禅家偏方过量引起的消化不良吧。

五、翻着袜与翻案法

宋诗人常常觉得自己生得太晚，仿佛诗坛的处女地已被唐人开垦殆尽，英雄再无用武之地。《陈辅之诗话》记载：

> 荆公尝言：“世间好语言，已被老杜道尽；世间俗言语，已被乐天道尽。”（《苕溪渔隐丛话》前集卷十四引）

王安石的两句慨叹道出了宋人的心声。其实，早在中唐，诗歌语言老化的趋势就已经相当严重，李德裕的《论文章》已涉及这一问题：

> 世有非文章者曰："辞不出于《风雅》，思不越于《离骚》。模写古人，何足贵也？"余曰："譬诸日月，虽终古常见，而光景常新，此所以为灵物也。"（《李文饶文集·外集》卷三）

不过，面对同样的问题，唐、宋这两位宰相的意见却不大相同，李德裕注意的是如何组合语言形象（意象），使常见的语言形象通过不同的组合形成新意境，使之"虽终古常见，而光景常新"。而王安石的观点却显示了宋人要在语言方面和前人争胜的心理，并暗含着将在前人道尽的"好语言"、"俗言语"中花样翻新的想法。换言之，宋人在慨叹之余，不得不走上"意新语工"的机智的语言选择的道路。因为到了宋代，即便是李德裕开的药方，也难以医治连意境一并老化的痼疾。

"丈夫皆有冲天志，莫向如来行处行。"（《景德传灯录》卷二十九）然而，经历了唐诗数百年的繁荣，中国古典诗歌的各种体裁已经定型，题材也几乎写尽，诗坛到处都留下唐人的行迹，要完全避开"如来行处"谈何容易。倘若宋诗人如孟浩然那样"一味妙悟"，当然不会去管是否会与"如来"撞车，但偏偏大多数宋诗人（尤以苏、黄为典型）是学富五车的书蠹，能看出"老杜作诗，退之作文，无一字无来处"（《豫章黄先生文集》卷十九《答洪驹父书》）。于是，一腔"着鞭不落人后"的"冲天志"，便逐渐为拆旧翻新的"小神通"所代替。一如宋代的禅学，虽口口声声号称"向上一路"，但无非是捋撦公案，卖弄机锋，翻来覆去还是在如来的手心里。

王梵志的《翻着袜》诗颇为宋人称道，就可窥见宋人的独创精神到底从哪些方面表现出来。这首诗最早见于黄庭坚的品题：

“梵志翻着袜，人皆道是错。乍可刺你眼，不可隐我脚。”一切众生颠倒，类皆如此，乃知梵志是大修行人也。昔茅容季伟，田家子尔，杀鸡饭其母，而以草具饭郭林宗。林宗起拜之，因劝使就学，遂为四海名士。此翻着袜法也。今人以珍馔奉客，以草具奉其亲，涉母之事，合义则与己，不合义则称亲，万世同流，皆季伟之罪人也。(《豫章文集》卷三十《书梵志翻着袜诗》)

“着袜”是禅家宗门威仪之一种，如同禅僧须搭袈裟。王梵志将袜翻过来穿，自然是对宗门的大不恭，但这种“翻着袜”方式，恰恰符合禅家呵佛骂祖、张扬个性的精神。黄庭坚更将此方式引申为背世俗之说而创真见的处世原则。在他看来，《后汉书・郭太传》里的那位杀鸡侍奉母亲、粗茶淡饭款待客人的茅容，就是不同流俗的有个性的人，其所作所为与“梵志翻着袜”毫无二致。

“翻着袜法”是黄庭坚亲证实悟的处世原则，但又何尝不可以看作他标新立异、凌轹前人的创作手法呢？事实上，南宋的陈善就已经把“翻着袜法”进一步引申为文学表现手法：

文章虽工，而观人亦自难识。知梵志翻着袜法，则可以作文；知九方皋相马法，则可以观人文章。(《扪虱新话》卷五)

背离常规，推翻成说，别出心裁，惊世骇俗，“乍可刺你眼，不可隐我脚”，以这样的方法参禅作诗，即便在“如来行处”也能走出一条新路来。“翻着袜”给宋诗人的启示正在这里：如何把前辈诗人写过的内容（穿过的袜）翻过来重写一遍（翻过来穿），从中发掘出新的意义或新的趣味，体现出诗人自己的个性。

“翻着袜”精神更狭隘或更具体的表现就是诗文创作中所谓的“翻案法”。这也是从禅宗那里借来的法宝。禅宗否定外在的权威，突出本心的地位，以“疑情”为参禅的基本条件，以唱反调为顿悟的重要标志，“即心即佛”可翻作“非心非佛”，破关斩壁，转凡入圣，大抵都有点“翻案”的精神，所谓“百尺竿头须进步”，所谓“转身一句”（临济宗十三种句之一），无非都是这个意思。值得注意的是，禅宗的起疑情、唱反调一般都是以一则公案、一个话头或一首偈颂为对象，这就启示宋诗人以前人的作品为对象，从中翻出自己的新见解、新意境、新风格来。

六祖慧能不仅是南宗禅的开山祖师，也是禅宗“翻案法”的创始人。《坛经》中慧能翻神秀、卧轮之偈，后来屡为禅师们仿效。清人梁章钜在其《浪迹丛谈》卷十中举例甚详，足可见禅师们好立异说的习气：

> 诗文之诀，有翻进一层法，禅家之书亦有之，即所谓机锋也。神秀偈云：“身是菩提树，心如明镜台。时时勤拂拭，莫使惹尘埃。”六祖翻之云：“菩提本无树，明镜亦非台。本来无一物，何处著尘埃？”卧轮偈云：“卧轮有技俩，能断百思想。对境心不起，菩提日日长。”六祖翻之云：“惠能没技俩，不断百思想。对境心数起，菩提作么长。”庞居士偈云：“有男不婚，有女不嫁。大家团圞头，共说无生话。”后有杨无知翻之云：“男大须婚，女大须嫁。讨甚闲功夫，更说无生话。”海印复翻之云：“我无男婚，亦无女嫁。困来便打眠，管甚无生话。”后之主席者，多举此公案相示。尤西堂（尤侗）《艮斋杂说》有三首云：“树边难着树，台上莫安台。本来不是物，一任惹尘埃。”“问君何伎俩，有想还无想。心起心自灭，菩提长不长。”“木意须婚，石

> 女须嫁。夜半吼泥牛，解说无生话。”

同一话题，大家翻去覆来，各抒新见。正题反做，旧话翻新，常成为禅师们表现个性、不拘成说的特有方式。这在禅家称之为“死蛇弄活”，而在诗家则称之为“以故为新”。

江西派诗人方回早就看出禅家和诗家“翻案法”的同一性：

> 北宗以树以镜为譬，而曰“时时勤拂拭，不使惹尘埃”；南宗谓“本来无一物，自不惹尘埃”，高矣。后之善为诗者，皆祖此意，谓为翻案法。(《桐江集》卷一《名僧诗话序》)

诗家是否与六祖慧能有实际的亲缘关系姑且不论，但至少与禅宗的这种思维方式有理论上的同构性以及语言形式上的相似性。尽管在宋人眼里，杜甫是“诗家初祖”(曾几《李商叟秀才求斋名》)，也是善于翻案的能手（例如杨万里《诚斋诗话》评杜甫《九日》诗“羞将短发还吹帽，笑倩旁人为正冠”一联：“将一事翻腾作一联，又孟嘉以落帽为风流，少陵以不落为风流，翻尽古人公案，最为妙法。”)，然而，诗家翻案法的真正大规模使用却是始自宋代的王安石、苏轼、黄庭坚等精通禅学的人。

王安石向来有作翻案文章的怪癖，处处和古人定论、世俗成见过不去，为商鞅叫屈（《商鞅》），驳杜牧之说（《乌江亭》），辨孟尝君之不得士（《读孟尝君传》），不一而足。有的陈案一翻顿见精彩，如“意态由来画不成，当时枉杀毛延寿”(《明妃曲》)，曲尽情理；有的却是化神奇为腐朽，如改南朝诗人王籍的“鸟鸣山更幽”为“一鸟不鸣山更幽”，索然寡味。如果说王安石的翻案多少体现了他政治家的眼光以及拗执倔犟的性格的话，那么，苏、黄的翻案则更多地带着矜才斗学、游戏三昧的聪明和幽默。试以杨万里《诚斋诗话》所总结的苏轼的翻案法为例：

> 孔子、程子相见倾盖，邹阳云："倾盖如故。"孙侔与东坡不相识，乃以诗寄坡，坡和云："与君盖亦不须倾。"刘宽责吏，以蒲为鞭，宽厚至矣。东坡诗云："有鞭不使安用蒲。"老杜有诗云："忽忆往时秋井塌，古人白骨生青苔，如何不饮令心哀。"东坡则云："何须更待秋井塌，见人白骨方衔杯。"此皆翻案法也。

借鉴前人的构思或语词，变本加厉，踵事增华，如剥茧抽丝，一层翻进一层，否定中含有演绎的肯定。翻案的结果，意义更深刻、更曲折，它使典故成语的联想范围得到变化、扩大和转移。这和所谓"禅语翻进一层"是一脉相通的。

不仅前人作品，就是同时代人的名章佳句，也常被宋人用作翻案的对象。比如，杜甫翻孟嘉之案，苏轼翻杜甫之案，而黄庭坚却在一首诗中翻苏轼之案，真是螳螂捕蝉，黄雀在后。苏轼《泗州僧伽塔》诗说："至人无心何厚薄，我自怀私欣所便。耕田欲雨刈欲晴，去得顺风来者怨。若使人人祷辄遂，造物应须日千变。"黄庭坚在《宫亭湖》中却写道："左手作圆右手方，世人机敏便可尔。一风分送南北舟，斟酌鬼神宜有此。"苏轼认为造物者不可能满足人们不同的愿望，黄庭坚则以世上机敏的人能左手画圆右手画方为例，说明鬼神（造物者）完全有分风送船行、满足不同愿望的能力。这大约就是黄氏"翻着袜"的处世原则移植到诗歌创作后的结果吧。

不过，黄庭坚和江西诗派更感兴趣的翻案不在于义理的讨论，而在于陈言的翻新或构思的偷换。最受后人讥评的"点铁成金"、"夺胎换骨"之说，其初意也并非叫人蹈袭剽窃，而是强调推陈出新。换言之，“点铁成金”、“夺胎换骨”不过是“翻着袜”或“翻案法”的另一表述方式，只是办法更具体、范围更狭隘。“点铁成金”之说见于黄庭坚《答洪驹父书》：

> 自作语最难，老杜作诗，退之作文，无一字无来处。盖后人读书少，故谓韩、杜自作此语耳。古之能为文章者，真能陶冶万物，虽取古人之陈言入于翰墨，如灵丹一粒，点铁成金也。（《豫章黄先生文集》卷十九）

杜甫作诗“无一字无来处”的说法当然值得商榷，但黄庭坚却并非信口开河，他自有从杜诗中寻来的依据：“杜子美云：‘读书破万卷，下笔如有神。’此作诗之器也。”（《答徐甥师川》）从表面上看，他对杜甫有误解，但从他接着说的“真能陶冶万物”一段话来看，精神上又和杜甫有相通之处。“铁”变为“金”的关键不在于陈言本身，而在于“陶冶万物”的“灵丹”，即诗人富有独创性的审美意识。有此“灵丹”，不但客观物象（“万物”）可以被熔铸为审美意象，即便是前人陈旧的语言（“铁”）也可以被冶炼成新鲜的富有表现力的语言（“金”）。这就是黄庭坚对待前人遗产的态度，其中显然贯穿着禅宗“得活（意）而用死（言）”的精神。事实上，“点铁成金”的说法本来就是来自禅宗典籍。它原是道教炼丹术，但禅师们却常用来譬喻凡俗人的顿悟成佛，如《景德传灯录》卷十八灵照禅师：“灵丹一粒，点铁成金。至理一言，点凡成圣。”又《五灯会元》卷七翠岩令参禅师：“还丹一粒，点铁成金。至理一言，转凡成圣。”黄庭坚则借用来比喻诗文创作中对旧语言材料的改造提炼，化腐朽为神奇。

黄庭坚这一观点刚出笼，各种郢书燕说者便接踵而至。有的人把善用俗语入诗当作“点瓦砾为黄金”（《苕溪渔隐丛话》前集卷二十六引《西清诗话》)，有的人则视用字之工（即所谓“句中有眼”）为“点铁成金”(范温《潜溪诗话》)，更有的人误把黄庭坚戏书古诗、偶改字句看作“点铁成金”的佳例(《道山清话》)。这好比悬挂着同样的羊头，有的人却卖的是狗肉，甚至猪肉，倒是杨万里《诚斋诗话》中的一段话，虽不用“点铁成金”的招牌，却真正算得上黄氏正宗风味：

> 诗家用古人语，而不用其意，最为妙法。如山谷《猩猩毛笔》是也。猩猩喜着屐，故用阮孚事。其毛作笔，用之抄书，故用惠施事。二事皆借人事以咏物，初非猩猩毛笔事也。《左传》云：“深山大泽，实生龙蛇。”而山谷《中秋月》诗云：“寒藤老木被光景，深山大泽皆龙蛇。”《周礼考工记》云：“车人盖圜以象天，轸方以象地。”而山谷云：“大夫要宏毅，天地为盖轸。”孟子云：“《武成》取二三策。”而山谷称东坡云：“平生五车书，未吐二三策。”……此皆翻案法也。

“用古人语，而不用其意”，这大约是对“点铁成金”说最简洁准确的说明，并可以在黄氏自己的创作中得到印证。值得注意的是，在杨万里看来，黄氏的这些“点铁成金”之作与苏轼的那些翻案之作完全是一回事，因为《诚斋诗话》就是把二者放在一起论述的，并通称之为“翻案法”。

“夺胎换骨”之说见于惠洪《冷斋夜话》卷一所记黄庭坚语：

> 山谷云：“诗意无穷，而人之才有限。以有限之才，追无穷之意，虽渊明、少陵，不得工也。然不易其意而造其语，谓之换骨法；窥入其意而形容之，谓之夺胎法。”

“夺胎换骨”也是道教术语，指夺别人的胎而转生，换去俗骨而成仙骨。黄庭坚借用来比喻作诗师法前人而不露痕迹，并另有创新。“夺胎”与“换骨”本是两个不同的概念，前者是“窥入其意而形容之”，即仿效前人的构思而有所引申扩展，演绎发挥，如同《诗宪》所说：“夺胎者，因人之意，触类而长之。”（《宋诗话辑佚》下册）后者是“不易其意而造其语”，即借鉴前人的构思而用自己的语言去表达，《诗宪》所谓：“换骨者，意同而语异也。”（同上）细察黄庭坚的原意，“点铁成金”是指在陈旧的语言材料中搜求意义、构思的翻新，“夺胎换骨”则是指在前人构思的基础上寻求新的语言表现手法，或追求意境的深化与情感的开掘。总而言之，这两条诗法都是宋人在唐诗艺术丰碑的巨大压力下穷极思变的产物，“点铁成金”是对“辞不出于《风雅》”的应战，而“夺胎换骨”则是对“思不出于《离骚》”的回答。就宋人而言，在矿藏被前人采掘殆尽的情况下，废铁回炉乃不失为一种值得推广的办法，因它毕竟比盗窃钢材要高明些。

“夺胎换骨”说也多少带着禅家的色彩，据《景德传灯录》卷三记载，达磨祖师传法给弟子，道副得其皮，尼总持得其肉，道育得其骨，慧可（二祖）得其髓。“夺胎换骨”的精神就是指学习前人不能仅得其皮肉，而要深入其骨髓，并出之以自己的生命。前人的遗产仅仅是寄存自己的思想灵魂的躯壳，自己的创作构思因踏在前人的肩上而起点更高。所以，南宋俞成在其《萤雪丛说》卷一中说道：

> 文章一技，要自有活法。若胶古人之陈迹，而不能点化其句语，此乃谓之死法。死法专祖蹈袭，则不能生于吾言之外；活法夺胎换骨，则不能毙于吾言之内。毙吾言者，故为死法；生吾言者，故为活法。

把“夺胎换骨”和禅家“活法”牵扯到一起，而与专祖蹈袭的“死法”区别开来。借禅家的话来说，胶古人之陈迹就是“参死句”，而点化其句语就是“参活句”。可见，即便是剽窃前人作品，也有聪明的智取巧夺（活法）与愚钝的生吞活剥（死法）之分啊！用内心的默领神会去化活胸中的学问见识，去对待前人的经验，这一点黄庭坚做得很高明，所以有人称赞他："独用昆体工夫，而造老杜浑成之地，今之诗人少有及者。此禅家所谓更高一着也。”（朱弁《风月堂诗话》卷下）与西昆派那些公然挦扯李商隐衣衫的“钝贼”比较起来，他的确算得上是“剽窃之黠者”(《滹南遗老集》卷四十《诗话》)。

“点铁成金”与“夺胎换骨”广为宋人所称引，至少有二十余种诗话和笔记提及这两种诗法，而它们的初原意义也在辗转流传中大为走样。不仅“夺胎”与“换骨”常被后人混为一谈，就连“点铁成金”与“夺胎换骨”这两种内容完全不同的翻案法，也被很多人看作是一码事。陈善在《扪虱新话》卷五中则干脆认为，“古人自有夺胎换骨等法，所谓灵丹一粒，点铁成金也”，合二法为一。值得指出的是，混淆的结果大多是“夺胎换骨”向“点铁成金”的认同，即借用前人的诗歌语言材料（词语、句法等等）来表达一种超出原诗以外或不同于原诗的意思（旧瓶装新酒）。这充分说明宋诗人的兴趣更多地集中在语言的推陈出新上面。以新鲜活泼的自得之意去改造驱遣陈旧僵化的前人之言，这也许就是禅家“翻案法”给宋诗人的主要启发吧。

然而，“翻着”前人的旧袜，毕竟不如另织新袜，“点铁成金”、“夺胎换骨”也始终代替不了自创新意、自铸伟词。生活之树长青，而对前人作品的敏感最终会造成对现实生活的盲点，有如钻进古德公案里的禅师最终失去了观照冥想的自得之悟。正因如此，“夺胎换骨”、“点铁成金”的结果常常是让古人牵着鼻子走。就连颇富独创性的黄庭坚有时也会弄巧成拙，如把杜诗“落月满屋梁，犹疑照颜色”（《梦李白二首》之一）点化为“落日照江波，依稀比颜色”（《和李文伯暑时五首》之四），亦步亦趋，毫无新意，只能叫做“点金作铁”。何况那些书卷不富而又想翻着旧袜的诗人，则更是如陈师道所谓“拆东补西裳作带”（《次韵苏公西湖徙鱼三首》之三），捉襟见肘，窘相毕露，自然难免“拆洗诗”之讥（《诗宪》）。

六、活参与活法

与唐代诗论爱谈“境”、“象”的倾向不同，宋代诗论的重心显然转移到如何处理“言”与“意”之间的关系，显然更注意从语言构造、选择的角度来揭示诗歌意味的奥秘。这只要看看南宋的诗话总集《诗人玉屑》中那些不胜枚举的“句法”、“命意”之类的条目就可一清二楚。从某种意义上说，正是宋人（尤其是江西诗派）才把诗歌从神韵的缥缈天国拉回到语言的质实大地上来。然而，这种对语言的强烈兴趣并不意味着如禅宗所指责的“迷人向文字中求”，至少在宋人眼里，这样的作诗态度和参禅“本无差别”。因为如前所说，宋人的很多诗法都得力于禅宗的启示，而其中大多贯穿着“得活而用死”的精神，或简言之：“活”的精神。

“活”是南宗禅最重要的特征之一。其含义大旨是指无拘无束的生活态度或自由灵活的思维方式，不执著，不粘滞，通达透脱，活泼无碍。从禅宗典籍来看，“活”字正如它的字面意义一样，是一个灵活而不确定的概念，在不同的禅师那里有不同的阐释和运用。有的是从精神本体的角度讲，如临济义玄说：“无形无相无根无本无住处，活拨（泼）拨地。”（《镇州临济慧照禅师语录》）这是强调胸襟的透脱、悟道的随机性，行住坐卧，无非是道；纵横自在，无非是法。有的则是从语言思维的角度讲，如洞山守初说："语中有语，名为死句；语中无语，名为活句。"（惠洪《林间录》卷上引）这又是强调语言的非逻辑性，合理路的为死句，不合理路的为活句。当然，活句的使用也是为了使人不执著于语言本身，打破思维僵局，无拘无碍。

"活"的精神对宋代诗歌艺术思维方式的渗透大致表现在两个方面：一是接受（欣赏、借鉴）过程中的自由理解与随意联想，即所谓"活参"；二是表达（创作）过程中的不主故常与变化万方，即所谓"活法"（其实，"活法"中也往往包含"活参"在内，这里为讨论方便，暂作此界定）。

禅宗示法，常说一些无意义的话头，那么，理解这些话时，也应该以其人之道还治其人之身，这就是要摆脱理性思维的简单联想。德山缘密禅师提出"参活句"的规律：

> 上堂："但参活句，莫参死句。活句下荐得，永劫无滞。一尘一佛国，一叶一释迦，是死句。扬眉瞬目，举指竖拂，是死句。山河大地，更无淆讹，是死句。"时有僧问："如何是活句？"师曰："波斯仰面看。"曰："恁么则不谬去也。"师便打。（《五灯会元》卷十五）

"一尘一佛国"等语言之所以是"死句"，就因其符合佛教教义；"波斯仰面看"之所以是"活句"，就因其毫无道理可言。而那个问话的和尚却用正常逻辑思维去理解，这就叫"参死句"，所以该挨打。真正的"参活句"应该是用无逻辑的直觉去体验，不拘于字面意思，自由理解，任意联想，而这一过程中自然会顿悟本心，从而认识到万物本空、心生万物的佛教真谛。

“参活句”是宋代公案禅、看话禅的一条基本原则。江西派诗人曾几最早把“活参”的说法引进到学诗里来：

学诗如学禅，慎勿参死句。纵横无不可，乃在欢喜处。(《南宋群贤小集·前贤小集拾遗》卷四《读吕居仁旧诗有怀其人》)

他的学生陆游也转述说：

我得茶山一转语，文章切忌参死句。(《剑南诗稿》卷三十一《赠应秀才》)

其实，“活参”的精神在北宋近禅诗人的诗论中早已有所体现。苏轼读李之仪的诗时说：“每逢佳处辄参禅。”(《夜直玉堂携李之仪端叔诗百余首读至夜半书其后》）黄庭坚说：“学者若不见古人用意处，但得其皮毛，所以去之更远。”(《潜溪诗话》引）与禅宗颇有关系的理学家杨时说：“学诗不在语言文字，当想其气味，则诗之意得矣。”(《龟山语录》）大体都是说自觉运用艺术感受力和艺术想象力去追溯、补充诗歌字面以外的意蕴。只是曾几提出的“切忌参死句”带着更强烈的禅家色彩，同时也更强化了诗歌欣赏借鉴过程中的“活参”程度——“纵横无不可”的感受联想体会。与曾几同时的另一个江西派诗人陈与义的两句诗也许能借用来说明诗歌中“活参”的意义：

意足不求颜色似，前身相马九方皋。(《和张矩臣水墨梅五绝》之四)

九方皋相马，略其牝牡玄黄，而得其千里神骏，得其精而忘其粗，有如禅家抛开语言文字的外壳，一切任直觉去感受神秘的本体。诗人的“活参”也如此，用心灵去感受那“不求颜色似”的余意，去品味那墨色形体下流动着的梅花鲜活空灵的神韵。这正如陈善所说：“知九方皋相马法，则可以观人文章。”（《扪虱新话》卷五）

“活参”的意义还在于强调阅读过程中接受者的主动参与，如同当代德国美学家姚斯所说：“审美经验不仅仅是在作为‘自由地创造’的生产性这方面表现出来，而且也能从‘自由地接受’的接受性方面表现出来。”（《审美经验与文学解释学》“导言”，麦纳苏泰大学出版社1982年版）“活参”的结果，欣赏者与创作者在审美经验层次（而非语义层次）得到沟通，诗歌艺术的自由感和超越性功能得以充分发挥。

作为艺术表达方式的“活法”是由吕本中提出来的。鉴于吕氏和宗杲看话禅的关系，我们有理由相信宗杲说的“不用安排，不假造作，自然活鲅鲅地，常用现前”（《大慧普觉禅师语录》卷十九）就是“活法”的底本。吕本中有关“活法”的言论见于他诗、文和诗话中，内涵比较丰富，如他在诗中常说：

> 笔头传活法，胸次即圆成。（《别后寄舍弟三十韵》）
>
> 胸中尘埃去，渐喜诗语活。（《外弟赵才仲数以书来论诗因作此答之》）

这大约是指胸襟的通达超豁决定诗歌语言的活泼自然。而他在《童蒙诗训》中却说：

> 余窃以为字字当活，活则字字自响。（《宋诗话辑佚》下册）

这又是指文字、句法的灵活安排。至于他序《江西诗社宗派图》所说：

> 诗有活法，若灵均自得，忽然有入，然后惟意所出，万变不穷。(张泰来《江西诗社宗派图录·吕本中小传》)

则又包括领悟与表达两个方面。不过，关于“活法”最详明而又最权威的解释应该说是他在《夏均父集序》里的一段话：

> 学诗当识活法。所谓活法者，规矩备具，而能出于规矩之外；变化不测，而亦不背于规矩也。是道也，盖有定法而无定法，无定法而有定法。知是者，则可以与语活法矣。谢玄晖有言“好诗流转圆美如弹丸”，此真活法也。近世惟豫章黄公(庭坚)，首变前作之弊，而后学者知所趣向，毕精尽知，左规右矩，庶几至于变化不测。(刘克庄《后村先生大全集》卷九十五《江西诗派》引))

意思是要诗人既不破坏规矩，又能够变化不测，即所谓“从心所欲，不踰矩”。这实际上讨论的是艺术创作中的自由与规律的关系问题，即自由必须以规律性的认识为基础，在艺术规律的容许之下，创造力有充分的自由活动。这是一个古老而永恒的课题，从陆机《文赋》所谓“虽离方而遁圆，期穷形而尽相”，到皎然《诗式》所云“放意须险，定句须难，虽取由我衷，而得若神表”；从刘勰“至神而后阐其妙，至变而后通其数”的“神思”(《文心雕龙·神思》)，到司空图“超以象外，得其环中”的“雄浑”(《二十四诗品·雄浑》)；从格律层次（方圆）到形象层次（形相），从主体世界（我衷）到客体世界（神表），从生活尺度（精）到情感尺度（妙），人们一直在探寻着“变化”与“规矩”的临界点。单从这一角度看，吕本中的“活法”有似于老生常谈。但在宋代特有的诗学禅学背景下，“活法”的提出却有鲜明的倾向性和积极的现实意义。

在元祐的诗坛上，大致存在着两种创作倾向，“一种则波澜富而句律疏，一种则锻炼精而情性远，要之不出苏、黄二体而已”（刘克庄《后村诗话》前集卷二）。苏轼、黄庭坚虽都好禅学，并引禅入诗，但二人对禅的理解吸取却仍有差异，苏轼更多地接受了禅家思维方式的随机性，心境活泼，机趣骏利，纵横自在，着手成春；而黄庭坚则更多地借鉴了禅家公案中语言艺术的非逻辑性，更注意所谓“不犯正位，切忌死语”，避熟就生，出奇制胜，惨淡经营，句里藏锋。因而，就诗歌创作中的自由与规律的关系而言，苏轼的态度是，从自由出发而不违法度，顺应心灵的感受，遵循自然的极则，“如风吹水，自成文理”；黄庭坚的态度是，从法度出发而最终获得自由，既要经过斧凿，又不要露出斧凿痕，“得句法简易，而大巧出焉”（《与王观复书三首》之二）。本来，苏、黄的诗法有异曲同工之处，都在于打破思维的僵局和语言的桎梏，但北宋末学苏和学黄的诗人却俨然分为两派，“师坡者萃于浙右，师谷者萃于江右”，“大是云门（指苏门）盛于吴，临济（指黄门）盛于楚”，“云门老婆心切，接人易与”，“临济棒喝分明，勘辩极峻”（吴垧《五总志》）。学苏者因相信“天机”自动而往往流于粗疏率易，如像张耒，“一笔写去，重意重字皆不问”（《朱子语类》卷一百四十）。而学黄者却因注重“句法”锻炼而常常显得拘谨生涩，如像陈师道就免不了“拆东补西裳作带”。这两种创作倾向之弊越来越明显，引起了诗坛有识之士的不安。

吕本中虽源出江西诗派，但对“句法”的理解却和早期江西派诗人有所不同，他更注意黄庭坚诗论中变化求新的精神，而不拘泥于“布置”、“规模”等具体诗法。他的“活法”与其说是江西诗派的纲领之一，不如说是体现了南北宋之际苏、黄创作思想的合流，或者说是兼有“天机”和“句法”理论的血统。“规矩备具，而能出于规矩之外”，这是黄氏“不可守绳墨令俭陋”（《答洪驹父书》）的翻版；“变化不测，而亦不背于规矩”，这又是苏轼“出新意于法度之中，寄妙理于豪放之外”（《书吴道子画后》）的重申。这样，江西派的传统“句法”理论因“天机”的引进而变得更加灵活自由，这不啻是对那些死于黄、陈句下的江西末流诗人的当头棒喝。所以曾几感叹：“居仁说活法，大意欲人悟。”（《读吕居仁旧诗有怀其人作诗寄之》）悟的结果，是诗歌创作中“法无定法”的表达方式的发现，是审美创造中主体的随机性的触发。

我们注意到，尽管吕本中非常推崇“豫章黄公”，但他“活法”的另一重要内容“好诗流转圆美如弹丸”，却恰恰是对黄、陈生新瘦硬诗风的背离。以“流转圆美”为“活法”，这多少受到禅宗“活团圞”之说的启示。“活团圞”是指圆无圭角，宛转无碍，自由自在，如珠走盘（见《禅宗辞典》，日本国书刊行社，第233页），禅宗以比喻思维过程的“无住”、“无缚”，不粘滞于任何外物而不断流动。与吕本中同时代的吴坰似乎已悟出诗家“弹丸”之喻与禅家“活法”的理论同构性：

> 六朝人论诗，谓好诗流转如弹丸；唐人谓张九龄谈论滔滔，如下坡走丸。虽觅句、置论立法不同，要之以溜亮明白为难事。释氏以有转身一路为衲僧，似为此设也。（《五总志》）

活而能圆，即诗即禅。不过，对诗家而言，“活团圞”不仅是一种流动灵活、自由无碍的表达方式，而且也指流转自然、浏亮明白的语言艺术境界。在这两方面，“活法”都跳出了黄、陈的窠臼。

从表达方式来看，“活法”强调的是迅疾机敏，如“弹丸脱手”，“输写便利，动留无碍，然其精圆快速，发之在手”（叶梦得《石林诗话》卷下），这当然不同于黄庭坚的“安排一字有神”或陈师道的“闭门觅句”，而毋宁说接近苏轼的“冲口出常言”的写作方式，闪烁着灵感妙悟的火花。从语言风格来看，“活法”提倡的是层次衔接自然，语义转折流畅，而非黄、陈那种语境跳跃过大的硬语。王直方早看出这种区别：

> 谢朓尝语沈约曰：“好诗圆美流转如弹丸。”故东坡《答王巩》云：“新诗如弹丸。”及《送欧阳弼》云：“中有清圆句，铜丸飞柘弹。”盖谓诗贵圆熟也。然圆熟多失之平易，老硬多失之干枯。不失于二者之间，可与古之作者并驱矣。（《宋诗话辑佚》上册《王直方诗话》）

大抵苏轼贵圆熟，黄、陈尚老硬。陈师道《后山诗话》就说过：“宁拙毋巧，宁朴毋华，宁粗毋弱，宁僻毋俗，诗文皆然。”但黄、陈那些言语道断的“丛林活句”，常因有意识切断语义联系而令人“堕在幺妙窟里”，因一般读者的扞格不入而变为“死句”。王直方的观点代表了部分江西派诗人试图调合苏、黄风格的愿望，圆熟而不失于平易，老硬而不失于干枯，既株守宗派成法，又不妨稍作变通。而吕本中的“活法”似乎更进一步向圆熟靠拢，甚至没有为老硬留半席之地，完全让“流转圆美”的审美趣味作主去了。这样，后期江西派诗人大抵开始由黄、陈的奇崛瘦硬向自然流畅方面转化，以思维方式机变灵活的“活法”逐渐取代语言表达形式非逻辑性的“活句”，从而创造出一种句律流动、诗语清丽的新风格：

> 居仁说活法，大意欲人悟。常言古作者，一一从此路。岂惟如是说，实亦造佳处。其圆如金弹，所向若脱兔。风吹春空云，顷刻多态度。（曾几《读吕居仁旧诗有怀其人作诗寄之》）
>
> 人入江西社，诗参活句禅。盘珠无滞迹，溪月有余妍。（章甫《自鸣集》卷四《送谢王梦得监税借示诗卷兼简王佥》）

如金弹一样圆美，如脱兔一样敏捷，如春云一样自然，如盘珠一样灵动，如溪月一样清新，它带着禅家随机悟道、思路活络的精神，而扬弃了禅家公案语境转移、文脉断裂的形式。

“诗家活法类禅机，悟处功夫谁得知？”（史弥宁《友林乙稿·诗禅》）正因为宋人采用了“参活句”的原则，所以对“活法”精神的领悟也如英国谚语所说：“有一千个观众，就有一千个哈姆雷特。”或得其皮，或得其肉，或得其骨，或得其髓，举一反三、郢书燕说者有之；挂一漏万、偷梁换柱者亦有之。试看这些五花八门的阐释：

> 笔有活法，珠走于盘而不出于盘。（《翰苑新书》续集卷二王迈《贺林直院》）
>
> 文章盖自造化窟中来，元气融结胸次，古今谓之活法。……又如优人作戏，出场要须留笑，退思有味。（张元幹《芦川归来集》卷九《跋苏诏君赠王道士诗后》）
>
> 韩、杜门庭，风行水上，自然成文，俱名活法。（同上《亦乐居士集序》）
>
> 东莱老先生，曾作江西派。平生论活法，到底空无碍。微言虽可想，恨不下床拜。欲收一日功，要出文字外。（赵蕃《淳

熙稿》卷四《论诗寄硕父五首》之四）

活法端知自结融，可须琢刻见玲珑。（同上卷十七《琛卿论诗用前韵》）

乍叙事，而间以理言，得活法者也。（姜夔《白石道人诗说》）

两句一意，乃诗家活法。（罗大经《鹤林玉露》乙编卷四）

杜诗："风磴吹阴雪，云门吼瀑泉。酒醒思卧簟，衣冷欲装绵。"此本是难解，乃是十字一意解……读者要当以活法求之。（陈模《怀古录》卷上）

晁（补之）、黄（庭坚）得夺胎换骨之活法。（孙奕《履斋示儿编》卷十）

这里有的是谈自由与规律的关系，有的是讲自然元气对诗人胸襟的影响，有的是说诗歌语言结构（章法、句法）的安排，有的又是指对前人遗产的灵活处理。就其主要倾向来看，大体是把"活法"当作诗歌表达方式的重要原则，即思路活泼、语句灵动与古典活用，还是重在机智的语言选择。事实上，吕本中本人的诗论也主要强调的是语言的生动活泼，如他的"字活"之说。因而，"活法"说中的"弹丸"之喻虽标志着江西派诗风由奇崛瘦硬向流转圆美的转型，但就其"得活而用死"的精神而言，却是对黄、陈等江西派开山祖师的诗法的总结和引申。

从苦吟到活参，从句法到活法，宋代近禅诗人深信从禅宗破弃拘执、变化万方的机锋中，找到了由必然走向自由的道路，这就是用思维的流动性来获取语言的随机性，从语言出发而最终跳出语言的牢笼。"曷日仙能至，何时弹比圆"（赵蕃《淳熙稿》卷十《和折子明文闲居杂兴》之八），然而，这如弹之"圆"并非指意境的浑圆，像唐诗那样浑成圆融的不可解析的美，而是指语言的圆转灵活，即所谓“句欲圆转字欲活”（《前贤小集拾遗》卷四周孚《洪致远屡来问诗作长句遗之》），一种自然流转之美。这是禅家公案中的机括，而非早期禅宗那种息心静虑的直觉体验。的确，由于唐、宋诗人接触的禅宗法门不同，各自形成了不同的思维方式，唐诗追求意境，宋诗讲究活法；唐诗重神韵，故空灵，宋诗重机趣，故活泼；唐近禅诗人好习禅静坐，观照冥想，自见水流花开之妙境，宋近禅诗人好参究公案，研习灯录，自悟话头句下之机关。我们尽可以诟病文字禅对宋诗的不良影响，但也必须看到，正是其特有的机锋或多或少把诗人从苦吟的困惑中解脱出来。

第六章 ◎ 自由的性灵抒发

一、天 然 本 色

自从南宗禅兴起，早期佛教的人生哲学便逐渐由禁欲苦行转向了适意自然。禅宗提倡“即心即佛”，认为自由自在、无念无住的虚空心，就是佛教的本体。世界的本质是无一物性，外在的一切事物都是幻象，而今生来世、罪孽功德，都在一念之间，只要顿悟自性，一切外在的束缚都是多余的了。明白这一点，就既不用苦行，也不必坐禅，更不要读经，只需“饥来吃饭，困来打眠”，“随缘自在，逐物升沉”。因而，从某种意义上来说，禅的本质不在于发现终极实体，而在于如何在此生此世上过一无依无附、自由自在的生活。

既然禅的本质变成了一种生活体验、心性领悟或人生方式，那么，它自然就和表现生活、抒发心性的诗歌有了共同点。于是，禅宗的偈颂不再只是枯燥的教义阐发，也开始有了生活情趣和心灵感受的抒写。而其中一些以禅生活为主要内容的偈颂，更是由禅院僧堂走向山林市井，剥离了宗教的外衣而跨进了文学的殿堂。“我诗也是诗，有人唤作偈”，这是中唐诗僧拾得的表白。严格说来，拾得及其僧友寒山那些说教训戒的打油诗，的确只能唤作偈，而另一部分表现任运随缘的禅生活的诗，则完全算得上真正意义上的文学作品。

当然，寒山、拾得的行迹、生活年代至今仍是一个谜，有人就认为他们是非儒、非道亦非释的人物。但这不妨我们把他们当作禅僧来讨论，一是因为禅门中人以他们为法嗣未详的同道（见《五灯会元》卷二），二是因为他们的诗作中有相当一部分带着禅宗的印记。如寒山诗说：

吾心似秋月，碧潭清皎洁。无物堪比伦，教我如何说？（《全唐诗》卷八〇六，下同）

众星罗列夜明深，岩点孤灯月未沉。圆满光华不磨莹，挂在青天是我心。

这“吾心”、“我心”就是慧能所说“自性清净心”，像秋月一样晶莹，像碧潭一样皎洁。这也是一颗纯洁的诗心，无尘无染，无拘无束。以这样的心来对待生活，表现生活，自然是无所挂碍，适性而为。正因如此，寒山诗中最能代表个性的应该是那些抒写山居生活的诗篇：

粤自居寒山，曾经几万载。任运遁林泉，栖迟观自在。寒岩人不到，白云常叆叇。细草作卧褥，青天为被盖。快活枕石头，天地任变改。

自乐平生道，烟萝石涧间。野情多放旷，长伴白云闲。有路不通世，无心孰可攀。石床孤夜坐，圆月上寒山。

千云万水间，中有一闲士。白日游青山，夜归岩下睡。倏尔过春秋，寂然无尘累。快哉何所依，静若秋江水。

拾得也有类似的作品：

平生何所忧，此世随缘过。日月如逝波，光阴石中火。任他天地移，我畅岩中坐。(《全唐诗》卷八〇七，下同)

松月冷飕飕，片片云霞起。匼匝几重山，纵目千万里。溪潭水澄澄，彻底镜相似。可贵灵台物，七宝莫能比。

卧细草，盖青天，枕石头，伴白云，任随世事推移，天地变改，我自无忧无虑，放旷超然。这种生活似乎不能简单地看作是魏晋以来隐逸之风的产物，因为它的重心不在于借徜徉山水来慰藉精神上的苦闷，或是借观赏自然来契悟老、庄玄远的哲理。它也不同于早期佛教徒独居冥想的生活方式，虽在寂寥无人的场所，却没有摄心内证的参禅打坐。从那些"任运"、"自在"、"快活"、"放旷"、"无心"、"随缘"之类的字眼中，我们显然能感觉到一种强烈的南禅精神。敦煌发现过一首《山僧歌》(斯：5692)，与寒山、拾得的这类诗中的生活态度很相似：

问曰居山何似好？起时日高睡时早。山中软草以为衣，斋食松柏随时饱。卧崖龛，石枕脑，一抱乱草为衣袄。面前若有狼籍生，一阵风来自扫了。独隐山，实畅道，更无诸事乱相挠。……最上乘，无可造，不施工力自然了。识心见性又知时，无心便是释迦老。

既不念佛，也不坐禅，既没有静穆的观照，也没有凝神的沉思，甚至不打算去领悟任何神秘的本体，一切都是无意识、无目的、无思虑的行为，而佛性真如就蕴藏在这“无心”的生活态度之中。在大自然中去过一种与世无争的自由生活，这是盛中唐南宗禅师重要的悟道方式。“入深山，住兰若，岑岭幽邃长松下。优游静坐野僧家，阒寂安居实潇洒。”玄觉禅师（慧能的弟子）的《永嘉证道歌》如是说；“山云当幕，夜月为钩。卧藤萝下，块石枕头。不朝天子，岂羡王侯。生死无虑，更复何忧。”南岳懒瓒和尚《乐道歌》如是说；“乐道山僧纵性多，天回地转任从他。闲卧孤峰无伴侣，独唱无生一曲歌。”道吾和尚的《乐道歌》也如是说（均见《景德传灯录》卷三十）。值得注意的是，这些禅和子们的证道、乐道，并非想领悟一种形而上的终极真理，从而找到渡向彼岸世界的津梁，而是发现“潇洒”、“无虑”、“纵性”的山情野趣本身就是“道”之所在。诗僧栖蟾的《牧童》诗以一种更优美的语言表达了同样的精神：

> 牛得自由骑，春风细雨飞。青山青草里，一笛一蓑衣。日出唱歌去，月明抚掌归。何人得似尔，无是亦无非。（《全唐诗》卷八四八）

在禅僧们的眼中，牧童的生活简直可以和禅宗无念无住的理想行为模式划等号。因而，这首诗与其说是一曲清新的田园牧歌，不如说是对禅宗自然适意的人生哲学的礼赞。

寒山、拾得的诗正是体现了盛中唐这股山居乐道的禅学思潮。然而，南宗禅更深刻的本质不在于定要选择独居山林的生活形式，既然“行住坐卧，应机接物，尽是道”（《马祖语录》），也就不必非到荒林寒岩中去过超脱尘累的生活不可。自“平常心是道”提出后，禅的启悟就是毫无执著地过一种正常人的生活。用禅家的口吻来说，即擎天覆地，不离日用；搬柴运水，总显神通。空谷寒林，活泼泼水流花放；名场利市，冷湫湫潭静月明。如果说，盛中唐的禅生活倾向于隐逸山林，在大自然的怀抱中领略超然自得的乐趣，那么，晚唐以后的禅生活则不妨在世俗环境中寻求心灵的自由。明州布袋和尚就是一个例子。

据《五灯会元》卷二记载，布袋和尚是游方禅僧，常以杖荷一布袋并破席，生活用具尽贮袋中。走村串市，寝卧随处，四处化缘，乞求布施。这是不同于“孤峰顶上，盘结草庵”的另一种禅生活：“十字街头，解开布袋。”它不求助于遁隐山林、静坐独处来化解人生的烦恼，而能在任何外来环境的干扰下保持心理平衡。这是彻底了悟南禅宗旨后的自信，把那些传宗接派的禅师们都衬托得拘谨迂执了。试看布袋和尚诗偈的自白：

> 吾有一躯佛，世人皆不识。不塑亦不装，不雕亦不刻。无一滴灰泥，无一点彩色。人画画不成，贼偷偷不得。体相本自然，清净非拂拭。虽然是一躯，分身千百亿。

这一躯佛就是“清净”的本心，它不需要在大自然中去净化（拂拭），不雕不刻，不塑不装，没有一切外在的修饰束缚。所以，一旦了悟此道，就可以放开手脚，随心所欲，事事无碍，如意自在。这样尊重心灵的自由，显然是给了行动的自由以无上的权力。惠洪《冷斋夜话》卷二记载了这样一则故事：达官王中令馈蒸猪头与一僧，僧食后自言能为诗，赋《食蒸豚诗》一首，操笔立成。诗曰：

> 嘴长毛短浅含膘，久向山中食药苗。蒸处已将蕉叶裹，熟

> 时兼用杏浆浇。红鲜雅称金盘荐，软熟真堪玉筯挑。共把羶根来比并，羶根只合吃藤条。

这和尚又吃肉，又作诗，完全不管什么清规戒律。诗率易写成，当然不算高明，但浅俗中自有几分幽默。故事的结尾是，王中令见诗大喜，赐给这和尚紫衣师号。王中令也许欣赏的是他那种通脱豪放的性格，而这种性格不过是“饥来吃饭，困来即眠”的正常人的生活罢了。

其实，寒山诗中早已涉及日常生活中求佛的主题。他认为：“说食终不饱，说衣不免寒。饱吃须是饭，着衣方免寒。不解审思量，只道求佛难。回心即是佛，莫向外头看。”所谓求佛，不过在穿衣吃饭之间，离开穿衣吃饭这些日常生活去向身外求佛，不啻为南辕北辙。所以，无论是山居野处，还是混迹市廛，表现禅生活的诗大多贯穿着同样的精神或具有共同的艺术风格，这就是所谓“禅家本色”，用寒山的话来说，就是“可贵天然无价宝”。

寒山的这种“天然”的价值取向，不仅符合禅家的生活原则，而且也是禅家推崇的审美理想。《五灯会元》卷四有这样一段记载：

> 雪峰因入山采得一枝木，其形似蛇，于背上题曰：“本色天然，不假雕琢。”寄与师（大安禅师）。师曰：“本色住山人，且无刀斧痕。”

正因为寒山标榜的“天然”完全契合禅门提倡的“本色”，所以，通俗无典、粗俚不训的寒山诗很难得到趣味典雅的正统封建士大夫的喜爱，却在禅门中还颇有点市场。据《宋高僧传》卷十三记载，曹山本寂禅师就曾“注对寒山子诗，流行寓内”。而寒山诗那种特有的直率平易的风格，往往成为禅僧诗偈仿效的对象。如布袋和尚的那首诗偈，语调口吻完全与寒山诗如出一辙。不过，晚唐五代以后，因为禅宗逐渐走向形式化，寒山这样的充满开阔自由精神的僧诗越来越少。法眼文益的一段话可以说代表了讲究修辞的文字禅对寒山们的批评："稍睹诸方宗匠，参学上流，以歌颂为等闲，将制作为末事。任情直吐，多类于野谈；率意便成，绝肖于俗语。"（《宗门十规论》）

然而，寒山诗的"天然"趣味已化作一种普遍的美学原则，融入并影响着中国传统诗论。历代不多的几个喜欢过寒山诗的士大夫，大抵欣赏的是它那种肯定自我、直抒本心的"天然"态度。宋人刘克庄说：

> 余每谓寒山子何尝学为诗，而诗之流出肺腑者数十首，一一如巧匠所斲，良冶所铸。（《后村先生大全集》卷九十八《勿失集序》）

的确，寒山诗不用禅典，不假雕饰，而能把超然自得的禅趣融于意象之中，把自然适意的人生哲学和自由通达的表达方式统一起来。寒山某些山居乐道之诗，内容上较接近盛中唐"澄澹精致"派的冲淡之作，但是在表现手法和语言风格上，二者却崭然有别。寒山的诗没有"寂照"的视点、"澄澹"的神韵和"精致"的形式，一切只是任情直吐。虽不免有点朴拙粗糙，但其纯真自然却足以令同时代的其他诗僧和习禅的诗人相形见绌。正如清人黄宗羲所说：

> 夫寒山、拾得村墅屋壁所抄之物，岂可与皎然、灵澈契其笙簧？然而皎、灵一生学问，不堪向天台炙手，则知饰声成文，

雕音作蔚者，非禅家本色也。(《南雷文约》卷四《定林禅师诗序》)

和寒山、拾得相比，皎然、灵澈的诗是典雅精致有余，而本色天然不足。皎、灵较注意意境的追求和语言的雕饰，但寒山诗中肯定自我的生活情趣及其不拘一格的表现手法，却是他们望尘莫及的。

“最上乘，无可造，不施工力自然了。”佛家的最上乘与诗家的最上乘同在直契本心的“自然”的旗帜下走到一起。这就是寒山诗中那种自由自在的生活内容和自由自在的表达方式相结合的真正意义之所在。所以，尽管寒山其人逐渐被淡忘而成为千古之谜，但寒山式的天然本色却不仅为禅门所推崇，而且随着南宗的生活哲学深入到士大夫的审美趣味中。

值得一提的是，从来不登大雅之堂的寒山诗，在20世纪五六十年代竟漂洋过海，成为美国文学界研究的热门。而寒山本人则成了美国青年一代、尤其是“垮掉的一代”（Beat Generation）和嬉皮士们（Hippies）崇拜的楷模。寒山的“天然无价”的原始主义精神和独居荒林寒岩的生活方式，恰好与现代高科技、商业化文明压抑下的美国青年一代对于自然和人性的呼唤融为一体。这种“墙里开花墙外香”或“橘逾淮而北为枳”的文化传播现象，或许有助于我们去发掘禅家天然本色中更深刻的现代意义。

二、冲口出常言

在唐代习禅的诗人中，除去“思与境偕”的澄澹精致派与“狂搜险觅”的苦吟派之外，还有第三种势力，即白居易的闲吟。这三种势力代表了三种不同的价值取向，体现了不同时期、不同性格的诗人对禅宗精神的不同理解。王维诸人倾向于到深山古寺中去体味宁静的意境，或在行云流水中领略悠远的韵味；贾岛诸人却常在霜天雪夜为表达“极玄”的诗思禅意而搔首撚髭，以搜字觅句去证诗证禅；而白居易则不妨将琴酒女乐与参禅悟道相伴，以极平易自然的语言来表现这种闲适的生活和闲适的心情。

作为一个在家奉佛的居士，白居易对佛学的态度是相当世俗化的、实用主义的。参禅悟道不过是他追求所谓“三适”（“足适”、“身适”、“心适”）的一种手段。因而，在他看来，坐禅与醉酒功能相同，歌妓女乐的价值不亚于西方净土：

> 八关净戒斋销日，一曲狂歌醉送春。酒肆法堂方丈室，其间岂是两般身？（《白氏长庆集》卷三十一《拜表回闲游》）
>
> 若不坐禅消妄想，即须行醉放狂歌。不然秋月春风夜，争那闲思往事何？（同上卷十五《强酒》）
>
> 歌脸有情凝睇久，舞腰无力转裙迟。人间欢乐无过此，上界西方即不知。（同上卷三十四《与牛家妓乐雨夜合宴》）

他虽也斋戒、坐禅，但并不禁欲，宗教生活只是一种消闲、享乐的方式。换言之，他并不笃信佛教的终极真理和彼岸的极乐世界，而是将佛教的超脱意识改造为此岸世界知足保和、闲适无忧的人生哲学。这种实用主义的改造既浅薄又深刻，浅薄之处在于把宗教的功能庸俗化为一种如饮酒听歌般的解忧忘虑的工具，而其深刻之处却契合了“行住坐卧，应机接物，尽是道”的南禅宗旨。庞蕴居士的“神通并妙用，运水及搬柴”与香山居士（白居易）的“酒肆法堂方丈室，其间岂是两般身”并没有本质的不同，都体现了“平常心是道”的精神。只不过前者具有平民阶层的本色，而后者更多达官贵人的气息。

读白居易的诗多少容易让人想起寒山诗。白诗内容如寒山一样驳杂，语言也接近寒山的通俗，更为重要的是，白诗那种任运随缘的生活态度与自由通达的表现方法也和寒山有几分相似。如《对酒五首》之二：

> 蜗牛角上争何事，石火光中寄此身。随富随贫且欢乐，不开口笑是痴人。(《白氏长庆集》卷二十六)

这和前面所举寒山、拾得那些“快活”、“放旷”的诗显然源于同一人生哲学。如果说寒山之诗是“南宗心要”对诗僧影响的产物的话，那么，白居易的某些闲适诗则体现了士大夫对“南宗心要”的理解。这一点，北宋晁迥的《法藏碎金录》已经讲得很明白，其明哲保身的态度对士大夫的消极影响自不待言。

然而，在白居易随缘自适的闲吟后面，还蕴藏着另一深刻意义，即不自觉地将禅宗“唯心任运”的精神化为一种创作思维方式。这种思维方式不同于王、孟派的静观默照、直觉体验，也不同于苦吟派对语言的智性选择。它并不消解自我，创作过程中始终有“我”存在，但另一方面，它却尽可能消解思虑，让“我”的审美意识自然而然地流露出来。这种思维方式是“有心”和“无心”的统一体，即用“无心”（无思虑）的态度表现“有心”（有性灵）的自我。因而，相对于王维那些“无我之境”而言，白居易的闲吟是地地道道的“有我之境”；相对于贾岛那种推敲锻炼的苦吟，它则完全当得上“郢人斤斫无痕迹，仙人衣裳弃刀尺”的评语（《刘宾客外集》卷一《翰林白二十二学士见寄诗一百篇因以答贶》）。当然，这种闲吟往往太率易，语意直露，缺乏空灵的意境，但决没有苦吟派的窘涩艰难。

北宋初期诗坛曾一度流行过“白体”，但大多是模仿白居易浅切的诗风和闲适的情趣。真正从创作思维上继承白居易的是北宋中叶的诗坛领袖苏轼，而且在借鉴禅宗“唯心任运”的思维方式方面，苏轼表现得更为自觉，更富有创造性。诚然，宋代风行“文字禅”，宋代大诗人如王安石、苏轼、黄庭坚等人都好“以文字为诗”，不过，相比较而言，王安石晚年的诗偏重于观照体悟，黄庭坚及江西诗派醉心于句法讨论，苏轼却更多倾向于强调“自然”、“天成”，在机智的语言选择的同时，提倡以一种自由无碍的创作态度来表现个性心灵。

苏轼这种崇尚自然、尊重个性的观点虽然受到庄子思想的一定影响，但更主要是来自禅悟后的透脱无碍，来自禅宗顿悟自性的启发。试看这首充满禅趣的《书焦山纶长老壁》诗：

> 法师住焦山，而实未尝住。我来辄问法，法师了无语。法师非无语，不知所答故。君看头与足，本自安冠屦。譬如长鬣人，不以长为苦。一旦或人问：“每睡安所措？”归来被上下，一夜着无处。展转遂达晨，意欲尽镊去。此言虽鄙浅，故自有深趣。持此问法师，法师一笑许。

这里用一个长鬣人的譬喻，生动地表达了苏轼对禅宗“无住无念”精神的透彻理解。长鬣人本来对他的长胡子毫不介意，而一旦经人提醒，于是处处留意于长胡子，烦恼顿生。这烦恼来自哪里呢？正如石头希迁禅师的一段著名公案所说：

> 僧问：“如何是解脱？”师曰：“谁缚汝？”问：“如何是净

土?”师曰:“谁垢汝?”问:“如何是涅槃?”师曰:“谁将生死与汝?”(《五灯会元》卷五)

是啊,倘若内心无牵无挂,谁能束缚你?谁能污染你?解脱、清净只存在于自在无心的精神状态之中。明白这一点,一切外在的烦恼羁绊就自然消失了。反过来,如果像被人提醒后的长鬣人一样,留意于胡子的处置问题,无异于自寻烦恼。真正的解脱和超越来自心灵的自由,这是苏轼从禅家那里领悟到的处世原则,而这一原则也给他的艺术思维理论以极大的启示。

“兴来一挥百纸尽,骏马倏忽踏九州。我书意造本无法,点画信手烦推求。”(《石苍舒醉墨亭》)这几句诗是苏轼对自己创作态度和创作过程最形象的说明,有“兴来”的冲动,有“倏忽”的敏捷,有个性灵感的自然流露——“意造”、“无法”。没有事先规定的格式,也没有标新立异的念头,完全根据表达审美意识的需要来自由挥洒,如无心出岫的行云,如顺势而下的流水。苏轼的书法创作如此,诗、词、散文、绘画创作也莫不如此。这种审美创造的随意性与禅宗思维过程的“无住”、“无缚”,有一种内在的对应关系,不粘滞于外物,不拘泥于定法,而不断流动。有趣的是,不少披着袈裟的禅僧对此并不了解。据周紫芝《竹坡诗话》记载:

有明上人者,作诗甚艰,求捷法于东坡,作两颂以与之。其一云:“字字觅奇险,节节累枝叶。咬嚼三十年,转更无交涉。”其一云:“冲口出常言,法度去前轨。人言非妙处,妙处在于是。”

明上人显然是那种诗思蹇涩的苦吟诗僧,试图从苏轼这里讨教作诗的“捷法”，殊不知此“捷法”本是来自禅家的“秘密藏”，这种讨教无异于骑驴觅驴。因而，苏轼答之以偈颂禅语，无非要他反求诸身，自悟“捷法”即是“无法”。这两则诗颂鲜明地体现了苏轼不拘成法、放纵个性的观点。也就是说，这种“无法”的“捷法”是诗人沉潜于非理性的艺术想象时的真实情感与表象的直接抒发，往往最能表现诗人的独创性，它的“妙处”就在于自然和真诚。正因如此，真正的好诗就不须觅奇猎险、雕章琢句，而应该是“新诗如弹丸”（《次韵答王巩》）、“好诗冲口谁能择”（《重寄孙侔》）、“人言此语出天然”（《李行中秀才醉眠亭》）或“信手拈得俱天成”（《次韵孔毅父集古人句见赠》）。这种观点显然不同于黄庭坚的“文章必谨布置”（范温《潜溪诗话》引）、“安排一字有神”（《荆南签判向和卿用予六言见惠次韵》）的创作态度。与此相联系，苏轼向往的诗歌佳境是“苏、李之天成，曹、刘之自得，陶、谢之超然”（《书黄子思诗集后》），而不满那些“儿童篆刻劳”（《次韵张安道读杜诗》）的苦吟诗人。以天成自得为标准，他甚至对自己尊崇的韩愈也略有微词。据张耒《明道杂志》记载："子瞻说吏部古诗，凡七言者则觉上六字为韵设，五言则上四字为韵设。"批评韩愈的理由在于，韩为了格律而牺牲了自由，为了艺术形式而牺牲了精神内容。苏轼自己的诗风尽管和他向往的苏、李、曹、刘、陶、谢“高风绝尘”的诗风不同，但在直抒性灵、天然自得方面却有相通之处。

我们知道，审美意识包括评价客体的审美感情和反映客体的审美认识两部分，因而，苏轼的崇尚自然不仅有“意造无法”的一面，还有“随物赋形”的一面，前者要求毫无虚矫之态而达到情真，后者要求毫无刻镂之迹而达到境真。所谓“捷法”也就不光是直抒胸臆，还得随时捕捉灵感，捕捉外物触发产生的种种稍纵即逝的表象。既要如脱兔落鹘，下笔神速，又要做到像弹丸一样圆满流转。他的

《六月二十七日望湖楼醉书五绝》之一，就施展了直抉神髓的手眼：

> 黑云翻墨未遮山，白雨跳珠乱入船。卷地风来忽吹散，望湖楼下水如天。

寥寥四句写出夏日一场风雨变幻的全过程，好似信手拈来，却字字准确生动。难怪清人赵翼感叹说："其尤不可及者，天生健笔一枝，爽如哀梨，快如并剪，有必达之隐，无难显之情。"（《瓯北诗话》卷五）

必须承认，苏轼诗中有学问，有典故，也有理语，但他常常能得心应手地自由驱遣，随心所欲，八面翻滚，僵死的语言也往往能化为鲜活流走的形象。他不是像一般宋人那样去苦苦追求"言与意会"，而是在偶然随意的思维状态下去获取意与言的天机自合。因而，不仅在捕捉或表现非理性的直觉表象时是如此，即便是在说理辩难的理性思辨中，他也能做到横说竖说，头头是道。清人纪昀评点他的《送参寥师》一诗说："直涉理路而有挥洒自如之妙，遂不以理路病之。"（纪昀批点《苏文忠公诗集》卷十七）这一类挥洒自如、活泼无碍的说理诗还有《泗州僧伽塔》《百步洪》《贪泉》等。随心所欲而不逾矩，何等自由的艺术创造啊！这里面既有聪明绝顶的天才因素在内，也和他深契禅宗"唯心任运"的思维方式分不开。

清人刘熙载说得好："东坡诗善于空诸所有，又善于无中生有，机括实自禅悟中来。以辩才三昧而为韵言，固宜其舌底澜翻如是。"（《艺概》卷二《诗概》）何为"澜翻"？水波翻滚是也。有趣的是，苏轼自己也常用水的各种形态来形容诗文创作，而恰巧水生波又是佛教最常见的比喻。"风来波浪转，欲静水还平。"（《五灯会元》卷二牛头法融）禅宗常把"空"、"心"比作水，把"万有"、"万象"

比作波。水生波是空造万有、心造万象之意，而波变水是归空、回归主体之意。苏轼一方面主张空诸所有："君看古井水，万象自往还。"（《书王定国所藏王晋卿画著色山》）"静故了群动，空故纳万境。"（《送参寥师》）另一方面又主张无中生有："吾文如万斛泉源，不择地皆可出，在平地滔滔汩汩，虽一日千里无难。"（《自评文》）但从他本人的实际创作来看，大抵是心造万象、空造万有的水生波。由静止（古井水）的寂照走向流动（泉源）的创造，先空诸所有，而后无中生有，这大约就是苏轼悟到的"辩才三昧"吧。其中当然包括机智的语言艺术，而更多的则是心灵的自由创造性。值得注意的是，这创造性的思维最首要的要求是"无心"或"不住不着"，抒情则随意挥洒，说理则随机应变，写景则随物赋形，它的创造性来自随缘自适、无牵无挂的禅宗人生哲学的启发，而并非来自独居静坐的沉思冥想。唐诗中隐喻"不住心"、"平常心"的行云流水意象，在苏轼这里已演变为艺术思维的最佳表达方式的象征："大略如行云流水，初无定质，但常行于所当行，常止于所不可不止，文理自然，姿态横生。"（《答谢民师书》）总之，苏轼禅悟的结果，形成了一种不拘一格、天然放纵的创作思维定式。

宋人的头脑中有较强的"统"和"法"的观念，史学界有"正统"之争，思想界有"道统"之说，文艺界则有文统、文法、句法、笔法等概念。这些"统"和"法"的观念，强调传统和规则，在思想上把艺术家规范于封建伦理道德之内，在艺术上则追求一种有法可循的模式。特别是宋人的诗歌中，更充斥着对古人句法的膜拜，用技巧的训练和句法的模拟代替天才的创造，用文字的翻新和结构的变化代替性灵的抒发。在一片标榜"统"、"法"的喧嚣声中，苏轼提出的"冲口出常言，法度去前轨"等一系列观点，不啻金声玉振，足以新天下人之耳目。对于冲破道学家伦理纲常的束缚、抵抗江西诗派技巧句法的影响，都有重要的意义。

“定似香山老居士，世缘终浅道根深。”（《轼以去岁春夏侍立迩英……次韵绝句四首各述所怀》之四）的确，尽管苏轼的诗风不同于白居易的浅易，但就深刻领悟禅宗随缘自适的人生哲学和无住无念的思维方式而言，两人的“道根”却是相同的。难怪苏轼谪居黄州之时借用白居易的忠州“东坡”来作为自己的名号，原来是“心有灵犀一点通”啊！

白居易和苏轼的创作实践形成了一种不同于“神韵”派或“句法”派的传统，这就是自由的性灵抒发。苏轼的学生张耒也许最早领会到这一传统的精神，他不仅写过《效白体二首》《效白体赠杨补之》之类的诗，而且公开提倡任情直吐、率易便成的创作态度：

> 文章之于人，有满心而发，肆口而成，不待思虑而工，不待雕琢而丽者，皆天理之自然，而性情之至道也。（《张右史文集》卷五十一《贺方回乐府序》）

在放纵天性方面比苏轼走得更远。而他的作品虽常常不免随便得流于草率，但的确没有雕饰之病，平易而真诚。南宋杨万里在“每读乐天诗，一读一回好”（《读白氏长庆集》）、“晚爱肥仙（张耒体胖，人称肥仙）诗自然，何曾绣绘更琱镌”（《读张文潜诗》）的热情礼赞中进一步强调了这一传统；而到了晚明，公安派的袁宗道名其书斋为“白苏斋”，更标志着这一传统已形成一股声势浩大的文学思潮。

不可否认，近禅的诗人大都崇尚“自然”，但“自然”这一术语在诗歌的理论和实践中，实际上包括两种不同的意义，代表着两种不同的倾向。一种是司空图《诗品》所标举的“自然”，主要是指非理性的直觉与客观物象的天然契合，“俯拾即是，不取诸邻，俱道适往，着手成春”，其特点是“不涉理路，不落言筌”，其审美趣味的指向是简约收敛的静态美，“幽人空山，过雨采蘋”（《诗品·自然》），或是“天外数峰，略具笔墨”（王士禛《香祖笔记》卷十）。其理想的审美范型是“王、孟胜境”，不仅无心、无念，甚至是一种“无我之境”。另一种是苏轼和张耒等人提倡的“自然”，主要是指主观审美意识的自由无拘束的表达，“冲口出常言”、“满心而发，肆口而成”，其特点是提倡创作思维的随机性、流动性，而不在乎什么“理路”、“言筌”的嫌疑，其审美趣味的指向是挥洒放纵的动态美，“行云流水”、“万斛泉源”，或是“新诗如弹丸”、“铜丸飞柘弹”。其理想的审美境界是“不听陈言只听天”（杨万里《读张文潜诗》），因而不标榜任何审美范型；如果说有的话，那就是“独抒性灵，不拘格套”的“有我之境”。

三、诚斋活法诗

南宋的诗人和理学家都爱谈“活法”，这自然是风靡一时的“看话禅”影响的结果。首倡“活法”的吕本中与大慧宗杲关系甚密，常受其点拨指示，稍后的理学大师朱熹（1130—1200年）在青年时代也爱读《大慧语录》，并且常常以“活泼泼地”作为儒家心性修养的方法（参见《朱子语类》）。如果说吕本中的“活法”把江西诗派从“句法”的桎梏中解放出来的话，那么，朱熹的“活法”则代表着宋代新儒学——理学对汉、唐传统的经学的一场革命。其实，吕本中算是诗人中的理学家，而朱熹则是理学家中的诗人。因此，从某种意义上说，不仅禅宗“活泼泼地”精神带来了诗学的解放和儒学的革命，而且南宋的诗学、理学和禅学在思维方式上也有异曲同工之处。而杨万里的“诚斋体”正是在同时代诗学、理学、禅学的启示下，把“活泼泼地”精神发挥得淋漓尽致，登峰造极。

“诚斋体”因杨万里号诚斋而得名，其最基本的特色是“活法”。但诚斋的“活法”与吕本中倡导的“活法”不尽相同。吕氏的“活法”主要在于诗歌创作中变化与规矩的关系，侧重于思路活络和语句灵活。他虽也注意到思维方式的圆转灵活，但在创作实践中还没有多少重要突破，走的还是黄、陈的老路。而诚斋的“活法”却造就出中国古代诗坛上罕见的极有个性的新风格，这是因为它不仅重视机智的语言选择，在句法结构上不拘一格，变化万方，而且特别强调到大自然中去获取灵感天机，强调胸襟的透脱无碍和思维的活泼自在，强调性灵的发现和艺术的独创。总之，“活”的精神不只是贯穿于观物见性、构思表达的艺术创作全过程，也从语言、体验、创造思维各个层面体现出来。

“诚斋”二字虽取自于儒家正心诚意之义，但这并不妨碍杨万里说诗爱用“参”、“悟”之类的禅家术语，这固然是宋人的习气，却也说明他对这种思维方式确实心领神会。我们注意到，杨万里曾经“参”过很多风格不同的诗人和流派，研讨琢磨过各种各样的“句法”：

> 晚因子厚识渊明，早学苏州得右丞。忽梦少陵谈句法，劝参庾信谒阴铿。(《书王右丞诗后》)
>
> 不分唐人与半山，无端横欲割诗坛。半山便遣能参透，犹有唐人是一关。(《读唐人及半山诗》)
>
> 受业初参且半山，终须投换晚唐间。《国风》此去无多子，关棙挑来只等闲。(《答徐子材谈绝句》)
>
> 要知诗客参江西，政似禅客参曹溪。不到南华与修水，于

何传法更传衣。(《送分宁主簿罗宏材秩满入京》)

单就这一点来看，杨万里和江西派诗人韩驹所说的“未悟且遍参诸方”(《赠赵伯鱼》)的观点算是一脉相承，与吕本中所说的“遍考前作”、严羽所说的“熟参”古人也没有两样。然而，“参”的途径虽同，“悟”的结果却有别，用严羽的话来说，有“一知半解之悟”，也有“透彻之悟”。不少宋诗人一般是悟到前人的句法技巧、构思命意，了不起是从各家风格的比较中悟到一种艺术审美鉴赏力。因而，虽然韩驹说什么“一朝悟罢正法眼，信手拈出皆成章”(《赠赵伯鱼》)，但宋人实际的写作情况往往是“信手拈出皆陈章”，或如姜夔所说“不求与古人合而不能不合”(《白石道人诗集》自序之二)。而杨万里的“参”后之“悟”却是放逐了前人，找回了自我，刮掉了古书蒙在眼睛和心灵上的那层膜，恢复了耳目观感的天真状态，重新发现新鲜活泼的大自然。这才是真正的“透彻之悟”。用张紫岩(张浚)的话来说:“廷秀(杨万里的字)胸襟透脱矣!”(罗大经《鹤林玉露》甲编卷四)

“透脱”就是不执著，不拘泥。这是杨万里“参”而“悟”的结果，也是“诚斋活法”的核心精神。如他自己在《和李天麟二首》之二中申说的那样:

句法天难秘，工夫子但加。参时且柏树，悟罢岂桃花。

后两句用了两则著名的禅宗公案，一是有僧问赵州从谂禅师:“如何是祖师西来意?”答曰:“庭前柏树子。”一是灵云志勤禅师见桃花而悟道的故事。有如参禅悟道不必执著于柏树或桃花一样，学诗也不须死死拘泥于江西派或晚唐体的各种句法。“参透”重关，才能洞见自家面目，洞见自然精神。顺便提一句，南宋诗人葛天民称杨万里是“赵州禅在口皮边”（《葛无怀小集·寄杨诚斋》），而“赵州禅”恰巧是大慧宗杲“提撕”的重要“话头”，足可见出杨万里与“看话禅”的关系。

其实，南宋理学的修养认识方式，对杨万里“透脱”胸襟的形成也有重要影响。人们常常强调理学思想压抑人性、否定艺术的一面，而忽视了理学的某些思维方式对艺术思维方式的渗透。例如，南宋理学家罗大经《鹤林玉露》乙编卷三总结的“活处观理”，实际上与杨万里诗歌的观物方式毫无二致：

> 古人观理，每于活处看。故《诗》曰：“鸢飞戾天，鱼跃于渊。”夫子曰：“逝者如斯夫，不舍昼夜。”又曰：“山梁雌雉，时哉时哉！”孟子曰：“观水有术，必观其澜。”又曰：“源泉混混，不舍昼夜。”明道不除窗前草，欲观其意思与自家一般。又养小鱼，欲观其自得意，皆是于活处看。故曰：“观我生，观其生。”又曰：“复其见天地之心。”学者能如是观理，胸襟不患不开阔，气象不患不和平。

且不谈观理的目的，仅从其观的方式来看，它注意的是大自然中生生不息的精神，活泼泼的生命，鸢飞鱼跃，草长水流。大自然的活泼生机化为观物者内心的灵气，于是，在物我交感的过程中完成了自然与心灵的异质同构。这无疑也是一种诗人的艺术思维方式。而它对杨万里的启示在于：一是摆脱从古书中求灵感的“资书以为诗”的陋习，“作诗若忽有寤（悟），于是辞谢唐人及王、陈、江西诸君子，皆不敢学，而后欣如也”（《诚斋荆溪集序》）；二是反对闭居书斋、惨淡经营，主张面向世界，向“自然而来”的诗敞开自己的胸怀，“闭门觅句非诗法，只是征行自有诗”（《下横山滩头望金华山》四首之二）；三是以一种活泼的体察去代替静穆的观照，在大自然中去发现人的性灵。

吕本中曾经称赞黄庭坚作诗是“禅家所谓死蛇弄得活”（见《岁寒堂诗话》卷上），不过，黄庭坚只是给“死蛇”装了些机关，安排布置成常山蛇阵，有“活”之形，而无“活”之神；有“活”之用，而无“活”之体。真正能当得上“死蛇解弄活泼泼”（葛天民《寄杨诚斋》）的是杨万里的“诚斋体”，它给“死蛇”来了个“夺胎换骨”，完全换上新鲜的肌体，成了真正有生命的东西。这是因为他笔下的“蛇”不再是前人的陈言，而是充满生机的自然万象。“诚斋活法”的基本精神就是用透脱的心灵去摄取活泼的审美物象，并将其转化为活泼的审美意象（语言）。而“诚斋体”的特点就在于活、新、趣、灵、快、俗，善用敏捷灵巧的手法描写那些前人难以措手的活泼有趣的情景，并为其打上诗人主观性的鲜明印记。

“活”是“诚斋体”的第一个特点。“活”字包括两层含义：一是意境的鲜活，二是语境的灵活。先看意境。杨万里善于用“活处观理”的方式去捕捉大自然的活泼生机，在诗中创造出千姿百态的充满生意的意象世界。他喜欢描写富于动感、有生命的对象，如捉柳花、追黄蝶的儿童，插秧、荷锄的农夫，空庭喧闹的寒雀；他爱写云的变化，风的声威，写船上急滩，溪注平地……即便是宁静的景物在他笔下也活动起来，写丝丝垂柳是“未必柳条能蘸水，水中柳影引他长”（《新柳》）；写淡淡夕阳是“寸寸低来忽全没，分明入水只无痕”（《湖天暮景》）；平静的秋江是活的：“树无一叶万梢枯，活底秋江水墨图。”（《晚风寒林》之二）肃立的青山也是活的：“路入宣城山便奇，苍虬活走绿鸾飞。”（《晓过花桥入宣州界》之一）至于语境的灵活，主要表现在横说竖说，反说正说，跌宕多变，一笔一转，一转一境。其中借鉴了一些江西诗派的“活法”，如“翻案法”、“切忌死语”等等，但更富有创造性。试看一首七言古诗：

> 老夫渴急月更急，酒落杯中月先入。领取青天并入来，和月和天都蘸湿。天既爱酒自古传，月不解饮真浪言。举杯将月一口吞，举头见月犹在天。老夫大笑问客道：“月是一团还两团？”酒入诗肠风火发，月入诗肠冰炭泼。一杯未尽诗已成，诵诗向天天亦惊！焉知万古一骸骨，酌酒更吞一团月。（《重九后二日同徐克章登万花川谷月下传觞》）

月、酒与老夫（诗人）之间的关系被他颠来倒去，说得头头是道，机趣横生，瞧他想象多丰富，思路又多活络。这种“活”不是来自文脉的断裂，而是出于思维的随机性与语义的流动性。诚然，杨万里作诗“大抵浅意深一层说，直意曲一层说，正意反一层、侧一层说”（陈衍《石遗室诗话》卷十六），但这里面并没有多少人工的安排布置，而是“学诗须透脱，信手自孤高”（《和李天麟二首》之一），只是跟着思路信笔写去。正如张镃赞誉的那样：“笔端有口古来稀，妙悟奚烦用力追。”（《诚斋以南海、朝天两集诗见惠因书卷末》）

“新”是“诚斋体”的第二个特点。“新”就是独创，发他人所未发，题材新，立意新，语言新，感觉新。禅宗强调自悟，反对傍人脚跟、拾人余唾。宋诗人对此深有会心，总想在唐人开垦过的诗歌领域里再伐山林，重辟天地，从唐人影响的阴云下跳出来。因而，求新变可以说是宋代诗学的一股重要潮流。但宋诗人的实践则主要追求的是“句法俊逸清新，词源广大精神”（黄庭坚《再用前韵赠子勉四首》之三），或是翻着旧袜的“以故为新”，或是矜才斗学的立异标新（如次韵赓和）。即便发现一些新题材、新意境，也往往让典故成语给蒙上一层老锈，江西诗派尤其如此。“诚斋体”的新却主要来自扫除一切尘埃的澄明通脱的心灵，“不是胸中别，何缘句子新”(《蜀士甘彦和寓张魏公门馆用予见张钦夫诗韵作二诗见赠和以谢之》)。这种胸襟不拘泥于一迹、一象、一点、一面，而是将天地万物融汇贯通起来。于是，在人们熟视无睹的大千世界中，杨万里也能见出新关系，发现新现象，找到新感觉。且不说他的诗写到过檐滴、树阴、窗纸上的斑点，甚或苍蝇、蚊子、蜘蛛、水螳螂这一类人们极难涉足或从未写过的题材，就是终古常见的月亮，一入他的诗也立即变得十分新鲜：

> 才近中秋月已清，鸦青幕挂一团冰。忽然觉得今宵月，元不粘天独自行。(《八月十二日夜诚斋望月》)

月挂天幕，是诗人也是人们平常的错觉，而月无所粘着、独自悬行则是诗人的新感觉。这种新感觉不正是胸襟透脱、活处观理的结果吗?

“趣”是“诚斋体”的第三个特点，主要指诙谐幽默的风趣。江西诗派有“打诨出场”的宗风，但侧重于游戏的态度和语境的跳跃，而诨趣在诗中占的比例并不大。到了杨万里笔下，大至日月山川，小至虫鱼草木，无不可以打诨，而打诨的重点也趋向一种戏剧性，即把人间喜剧纳入大自然的关系中，以热闹喧哗的场面取代优美宁静的意境。如《烛下和雪折梅》：

> 梅兄冲雪来相见，雪片满须仍满面。一生梅瘦今却肥，是雪是梅浑不辨。唤来灯下细看渠，不知真个有雪无？只见玉颜流汗珠，汗珠满面滴到须。

雪里梅花，本是孤高寂寞而宁静的，而这里却是冲雪来见，雪片满脸，在灯下又变得汗流满面，简直成了喜剧里的角色。又如《鸦》：

稚子相看只笑渠（他），老夫亦复小卢胡（笑貌）。一鸦飞立钩栏角，仔细看来还有须！

长胡须的乌鸦也成了喜剧角色，小孩在笑，诗人在笑，读者受此感染也不由得跟着一起笑，真是“不笑不足以为诚斋之诗”（吕留良《宋诗钞》）。杨万里的“打诨”已不再仅仅是机智的语言选择，而是赋予自然物以世态人情，并以此表现诗人聪明透脱的性灵。正如他所说：“从来天分低拙之人，好谈格调，而不解风趣。何也？格调是空架子，有腔口易描；风趣专写性灵，非天才不办。”（袁枚《随园诗话》卷一引）

而“性灵”之“灵”正是“诚斋体”的第四个特点，也就是说，诗中的自然是有性灵的自然，是人化的自然。如果说黄庭坚诗中的“以物为人一体”还只是一种修辞手法的话，而到了杨万里手中却变成了一种拟人主义的创作方法。这种创作方法在整个审美关系上把自然变成了人，万物皆着我之色彩。无论是动态的还是静态的，也无论是有生命的还是无生命的，无灵的自然物统统有了人的灵性，人的表情，人的动作：

天女似怜山骨瘦，为缝雾縠作春衫。（《岭云》）

好山万皱无人见，都被斜阳拈出来。（《舟过谢潭》）

舞翻柳树知何喜？拜杀芦花未肯休。（《发赵屯得风宿杨林池是日行二百里》）

> 泉岭诸生太劣生，与侬争走学侬行。(《过南溪南望抚州泉岭》)

在我与物的关系上，不是像王维那样在静穆的观照中消解自我、融入自然，而是在征行的体验中把我的情感移注到物里去分享物的生命，这与其说是物象的原始呈露，不如说是物象被诗人强烈的主观态度强制变形。

“诚斋体”的第五个特点是“快”。禅家口舌机锋，贵在迅捷，汾阳善昭禅师说得好：“疾焰过风用更难，扬眉瞬目隔千山。奔流度刃犹成滞，拟拟如何更得全？”(《汾阳无德禅师语录》卷下《识机锋二颂》之二）苏轼识得其中关键，而创立“冲口出常言”的“捷法”；杨万里窥见其中奥妙，更使出“跳腾踔厉即时追”的“活法”。我们说，宋人善用动词，而杨万里更善于在动词前面加上“忽”、“猛”、“旋”、“急”、“偶”之类的副词，以强化其时间的瞬息性、动作的变化性。试看《夜宿东渚放歌》：

> 天公要饱诗人眼，生愁秋山太枯淡。旋裁蜀锦展吴霞，低低抹在秋山半。须臾红锦作翠纱，机头织出暮归鸦。暮鸦翠纱忽不见，只见澄江静如练。

这首诗包括了“诚斋体”活、新、趣、灵等特点，但最突出之处是“快”。天上云霞瞬息万变之态，被“旋”、“须臾”、“忽”这样字眼刻画得活灵活现。诚如钱锺书先生所说：“放翁（陆游）善写景，而诚斋擅写生。放翁如画图之工笔；诚斋则如摄影之快镜，兔起鹘落，鸢飞鱼跃，稍纵即逝而及其未逝，转瞬即改而当其未改，眼明手捷，踪矢蹑风，此诚斋之所独也。”(《谈艺录》第118页）的确，别人的诗一般是共时性的瞬间画面，虽优美，可是静止的空间形象；而杨万里的诗，却是历时性的连续不断的镜头，简直就是有运动过程的电影，在读者眼前活动起来。当然，这不是来自寂照静观，而是所谓“生擒活捉”的结果，是一种极敏锐的眼光（杨万里曾自称“诗人眼毒”，即眼尖）和极敏捷的思维的产物。

“诚斋体”还有个特点就是“俗”，包括题材的通俗性和语言的通俗性。杨万里爱写一些不登大雅之堂的题材，而这些题材却是日常生活中极为常见的，像“童子柳阴眠正着，一牛吃过柳阴西”(《桑坑道中》)、“新秧乱插成‘井’字，却道山农不解书”(《暮行田间》）这一类的诗句，真切朴素而饶有诗意。他写线穿冰盘的稚子，也写晒衣折衣的情趣，“人所未言，我能言之，诚斋之化生为熟也”(钱锺书《谈艺录》第118页)。其实，他并不是去搜奇猎怪，而只是把人们视而不见或不屑一顾的生活场景信笔拈出而已。这无疑与禅家“平常心是道”的精神是相通的。禅师们说："行住坐卧，无非是道。”对于杨万里来说，则“行住坐卧，无非是诗”。诗和禅一样，其“神通并妙用”，本来就存在于“运水及搬柴”这样的世俗生活之中。至于“诚斋体”语言的通俗性，那简直可以说是唐宋时期方言俗语的大展览，仅从以上所举的诗例中就可略见一斑，如“活底”、“真个”、“拜杀”、“太劣生”、“饱眼”、“生愁”、“吃过”等等。以至于后人这样说："用俗语入诗，始于宋人，而莫善于杨诚斋。”（李树滋《石樵诗话》卷四)

在中国古代诗坛上，我们还从来没有见过像“诚斋体”这样活泼有趣的新风格，它标志着禅宗的顿悟对诗歌创作思维的又一新启示：性灵的发现和个性的觉醒。由于前一点，杨万里面对自然山水，有了不同于“王孟胜境”的新的禅学视境："见山不是山，见水不是水。”自然物不再是人心境的泛我象征或即物即真的佛性体现，而是化为活泼的有生命的性灵。诗人在对自然物的观照中，不是消融于自然而获得静寂的心境，而是在自然中寻找种种人的生命的表现形式，从而汲取大自然的活泼生机。于是，静穆的“诗中有画”变为热闹的戏剧和电影，古老的自然山水由隐逸者的世外桃源变为入世者的人间俗境，而这一过程中禅宗世俗化的影响历历可见。由于后一点，杨万里面对前人作品，有了不同于“江西句法”的新的禅家活法：“问侬佳句如何法？无法无盂也没衣。”（《酹阁皂山碧崖道士甘叔怀赠十古风》）“黄、陈篱下休安脚，陶、谢行前更出头。”（《跋徐恭仲省干近诗》）他不再去仿效前人句法，不去刻意安排字眼，甚至也不谈变化与规矩，而是“信手自孤高”，以透彻无碍、自在活泼为写作原则，没有偶像，没有成法，只有物我交感中的天机鸣发，活处观理时的瞬间顿悟。一切是这样自然生动，充满生活的气息，又带着禅悟的色彩。

“知公别具顶门窍，参得彻兮吟得到。”（葛天民《寄杨诚斋》）的确，很少有诗人能像杨万里这样不仅深刻地领悟、并且熟练地运用禅家“唯心任运”的思维方式，意到笔随，心手相应。这里有禅家的天然本色，也有诗人的灵心慧眼，比白居易多一点机灵，比苏轼多一点平易，比张耒多一点风趣。自由的性灵抒发作为一种诗歌创作方式，至此才因典范的确立而获得足以和“神韵派”、“句法派”相抗衡的地位。

四、童心说与性灵说

无疑，禅风的演变对诗风的演变有一定的内在影响，但另一方面，诗人并非被动地接受这种影响，而毋宁说是根据时代的需要和个人的喜好，对禅学有选择地吸收和改造。比如，唐诗人从禅宗那里借来意境理论和观照方式，以变革六朝物质性、感官性的诗歌；宋诗人则从禅宗那里学得熟参顿悟和机锋活法，以求在唐人丰厚的诗歌遗产中推陈出新；而晚明诗人的耽悦禅理，却主要是为了在思想上反抗程、朱理学的压抑，在艺术上反对前后七子的拟古主义诗学的统治。诗坛面临的现状和任务不同，自然对禅学思想的借鉴和汲取也就有别了。因而，在晚明的心学与禅宗的二重奏中，最响亮的声音是对禅宗“本心”、“真性”的阐释和发挥而得出的“童心说”和“性灵说”。

“童心”的概念是晚明异端思潮的领袖人物李贽提出来的。李贽虽是王阳明心学的传人，但其反理学、反传统的叛逆精神却更多有得于禅宗思想。李贽学佛，主要是吸收了禅宗一念净心的观念，他说：

> 岂知吾之色身洎外而山河，遍而大地，并所见之太虚空等，皆是吾妙明真心中一点物相耳。(《焚书》卷四《解经文》)

宇宙万物都是心中的幻影，这当然是唯心主义的说法。但它的意义在于，既然宇宙都包括在一心之中，那么认识自己的本心就很重要，同时自己的本心也就有了无上的权威性，不必服从于外在的天理或圣人的至论。这“妙明真心”和当时的禅学大师达观（紫柏）《心经说》里的论点完全相通：“此经之关键，又照见五蕴皆空一句是矣。照见五蕴皆空，又本乎色心二法。色心二法，又本乎瞥起一念。瞥起一念，又本乎真心。惟真心初本澄湛，本无根尘物我，而独立于五蕴之先，绝无所感。”(《紫柏尊者全集》卷十一）追根寻源，禅宗的基本精神在于无任何污染根尘的“真心”。不必去考证李贽和达观这“二大教主”到底谁影响谁，总之，“童心说”的理论基础正是建立于这禅家的“妙明真心”之上的。试看李贽《童心说》里的一段话：

> 夫童心者，真心也，若以童心为不可，是以真心为不可也。夫童心者，绝假纯真，最初一念之本心也。若失却童心，便失却真心；失却真心，便失却真人。（《焚书》卷三）

显而易见，“童心”的概念源于禅宗的“一念净心”。禅宗所谓“顿悟自性”就是要恢复一念净心，消除烦恼欲念，其价值指向本是禁欲主义的。然而，李贽在借鉴这一观点时，却扬弃了它的宗教内容，以“一念之本心”代替“一念之净心”，其着重点在于“真”，而不在于“净”。因而，他并非想让人们通过“童心”的发掘归复到“清净佛性”上去，而是认为“绝假纯真”的“本心”具有无上价值，真实的感情、欲望、本能都是“本心”的体现，甚至“私者，人之心也，人心有私而后其心乃见”（《藏书》卷二）。这样，“童心”的实质不过是人的自然情感和真实个性，观感嗜欲的天然状态以及意识思维的自由形式。蒙蔽童心的不是七情六欲，而是外来的“道理闻见”，即当时占统治地位的理学教条及士大夫的功名利禄观念。“童心既障，于是发而为言语，则言语不由衷；见而为政事，则政事无根柢；著而为文辞，则文辞不能达。”（《童心说》）由于文辞本是心性的表现，所以“童心”丧失的后果，必然是假言假文的横行，满场是假，真的作品反而湮没无闻。

“童心说”的意义，不仅在思想领域痛斥了程、朱理学的虚伪说教，猛烈抨击儒家经典，以六经、《语》、《孟》为“道学之口实，假人之渊薮”，非“万世之至论”，而且在文学领域对明代的复古主义和剽窃模拟的风气起了强烈的冲击作用。在李贽看来，有“童心”的文学才是真文学，“天下之至文，未有不出于童心焉者矣”（同上）。既然如此，那么评价文学作品的优劣就应当以“童心”为准绳，而不能以时代先后为标尺。“诗何必古《选》，文何必先秦？”（同上）这是李贽对前后七子“文必秦汉，诗必盛唐”理论的攻击；“更说什么六经，更说什么《语》、《孟》乎？”（同上）这是李贽对假道学树起的经典偶像的大不敬。他宁愿为不登大雅之堂的通俗文学（小说和戏曲）献上一瓣心香，只因它们是“有感于童心者之自文”。可见，“童心说”体现了晚明心学、禅宗和市民趣味的合流。

“童心说”使我们想起寒山所说的“天然无价”，其中都包含着呼唤自然人性的精神。而这种精神转化为一种艺术思维方式之时，很容易向“唯心任运”的禅宗思维方式认同，即自由无碍流露真实个性、感情。所以李贽说：

> 且夫世之真能文者，比其初皆非有意于为文也。其胸中有如许无状可怪之事，其喉间有如许欲吐而不敢吐之物，其口头又时时有许多欲语而莫可所以告语之处，蓄极积久，势不能遏。一旦见景生情，触目兴叹；夺他人之酒杯，浇自己之垒块；诉心中之不平，感数奇于千载。（《焚书》卷三《杂说》）

无心为文，而不得不为文，感情的潮水冲决堤坝，不为理性所拘，不为格调所缚，不为句法所碍，如风行水上，自然成文，这就是李贽推崇的“化工”之笔。值得注意的是，李贽的这种“唯心任运”的思维方式，并非指向淡泊闲适，而是更接近所谓“不平则鸣”。这恐怕是受到他所崇敬的苏轼这段话的影响：

> 言发于心而冲于口，吐之则逆人，茹之则逆余。以为宁逆人也，故卒吐之。（《思堂记》，又见《录陶渊明诗》）

诗文是宣泄抒发个人情绪的，并没有载道或从众的义务。因而，只要保持纯真的童心、真实的感情，长歌短吟，无非诗语；嬉笑怒骂，皆成文章。由“唯心任运”的思维方式引申为自由的情绪宣泄，这在晚明的文化背景下，具有深刻的反理学、反传统的进步意义。

“都将舌上青莲子，摘与公安袁六休。”（汤显祖《玉茗堂诗》卷十七《读锦帆集怀李卓老》）的确，自从万历十八年（1590年）袁宏道会见李贽之后，李贽的“舌上青莲”（禅宗思想）对他产生了极大的影响，茅塞顿开，精光披露，竟开出一片诗文的新境界。袁宏道的“性灵说”就是“童心说”在文学评论和创作中的进一步发挥演绎。如果说“童心说”主要集矢于宋明理学，因而带有强烈的思辨色彩的话，那么，“性灵说”则主要矛头指向前后七子的拟古诗风，因而具有更浓厚的文学意味。

和“童心说”一样，“性灵说”的理论渊源也是禅宗的“心性”学说。袁宏道诗文中论及心性、禅观处甚多，他不仅认为“心者，万物之影也；形者，幻心之托也”，提出超于形骸物质之上的“心”（《袁宏道集笺校》卷十一《与仙人论性书》），而且赞赏罗近溪所说的“圣人者，常人之肯安心者也；常人者，圣人之不肯安心者也”的名言（同上卷四十三《答陶周望》），以儒家之“安心”通于禅家之“无念”。不过，袁宏道所谓的“心”并非“清净心”，而是马祖道一的“平常心”，重点在于独立自由、无挂无碍的一面，“性之所安，殆不可强，率性而行，是谓真人”（同上卷四《识张幼于箴铭后》）。所以他认为如果执意追求“净妙境界”，“便是恶知恶解”（同上卷二十二《答陶石篑》）。只要看看他诗文中一再向往的“老庞禅”（庞蕴居士的禅观），就可知道他主张的心性和李贽的“童心”无异，不过是自然人性而已。

尽管在袁宏道之前历史上有很多人使用过“性灵”一词，但一般是泛指精神生活，与“性情”的内涵差不多，如《颜氏家训·文章》篇以为文章可“陶冶性灵”，杜甫也说过“陶冶性灵存底物，新诗改罢自长吟”（《解闷》十二首之七）的句子，大抵都是这个意思。其间虽也有不少学佛之人如谢灵运、颜真卿、齐己、贯休等等从心性角度使用过“性灵”一词，但在文学领域却不太为人注意。袁宏道有关“性灵”的论述则不仅融佛学的心性与文学的性情为一体，集中体现了心学“良知”和禅宗“本心”对文学的渗透，而且具有鲜明的现实针对性和较为系统的内容，因而能在诗坛引起巨大反响，形成文学批评史上著名的“性灵说”。

“性灵说”的核心是袁宏道在《叙小修诗》中所说的一段话：

> 大都独抒性灵，不拘格套，非从自己胸臆流出，不肯下笔。（《袁宏道集笺校》卷四）

这里包括的理论意义是：其一，优秀的诗歌必须是主观心性（性灵）的表现；其二，这种表现必须具有独创性（独抒），而非来自模拟；其三，这种表现不受任何诗法规范（格套）的制约；其四，这种表现是无心的自然流露，而不受任何理念的支配；其五，这种主观心性及其表现必须是真实或真诚的，而不是虚假的。围绕这五点，袁宏道提出了不少有价值的诗学主张，为公安派树起理论的标帜。

第一，肯定诗歌创作中主观心性的地位和作用。他说：“夫性灵窍于心，寓于境。境所偶触，心能摄之；心所欲吐，腕能运之。……以心摄境，以腕运心，则性灵无不毕达。”（江盈科《敝箧集叙》引袁宏道语）这里虽也谈心与境的关系，但并非像唐人那样心入于境，而是把外境看作心灵统摄的对象，境入于心。诗歌要表达就是境在心中的幻象甚或就是心中“欲吐”的感情。因而他在

《叙竹林集》中说：

> 故善画者，师物不师人；善学者，师心不师道；善为诗者，师森罗万象，不师先辈。（《袁宏道集笺校》卷十八）

表面看来，似乎善诗画者与善学者路径不同，但从其排比关系来看，显然所谓“师物”、“师森罗万象”不过是“师心”在具体艺术门类的表现而已。而袁中道在给哥哥写的《行状》中称袁宏道是“能为心师，不师于心”（《珂雪斋集》卷九），则更进一步强调了“心”（主观精神）的能动作用。

第二，崇尚诗歌的独创性，提倡个性的追求。他在《冯琢庵师》中说：“独谬谓古人诗文，各出己见，决不肯从人脚根转，以故宁今宁俗，不肯拾人一字。”（《袁宏道集笺校》卷二十二）这颇有点禅宗所谓“莫向如来行处行”的气概。正因如此，他对当时诗坛上步趋王（世贞）、李（攀龙）的拟古主义风潮深为不满，痛加挞伐，以至詈之为：“粪里嚼查（渣），顺口接屁……记得几个烂熟故事，便曰博识；用得几个见（现）成字眼，亦曰骚人。计骗杜工部，囤紥李空同（前七子领袖李梦阳），一个八寸三分帽子，人人戴得。以是言诗，安在而不诗哉？”（同上卷二十二《张幼于》）真个毫不留情，一针见血。这正如临济义玄痛斥那些从经典中求悟道的人时所说的一句话：“把屎块子在口里含过，吐与别人。”（《镇州临济慧照禅师语录》）本来，前后七子所标榜的盛唐之音已与时代精神错位，那古典主义的风范在晚明带有资本主义因素的市俗文化背景的映衬下，多少有点像骑士堂吉诃德，虽威风尚在，毕竟不合时宜。至于那些前后七子的追随者们的作品，更如同出土的兵马俑的复制品一般，虽也有几分盛唐气象，却千人一面，无半点活气。对于这些假古董，袁宏道是深恶痛绝，甚而不得已矫枉过正：“世人喜唐，仆则曰唐无诗；世人喜秦、汉，仆则曰秦、汉无文；世人卑宋黜元，仆则曰诗文在宋、元诸大家。”（同上）以至于他读罢袁中道（小修）的诗，宁愿喜其“疵处”，因为“疵处亦多本色独造语”，而“佳处”呢，“尚不能不以粉饰蹈袭为恨，以为未能尽脱近代文人习气故也”（《叙小修诗》）。

第三，提倡不拘一格的自由表达方式。由于重视主观心性的作用，袁宏道反对一切外在的成法，认为黄庭坚评苏轼书法时所说的“古人复何法哉”一句，“得诗文三昧”，而且不只是诗文，“禅宗儒旨，一以贯之矣”（同上卷十《小陶论书》）。在他看来，即便是要师法唐人，也只是“法（学习）其不为汉、不为魏、不为六朝之心而已”（《叙竹林集》），即学习唐人不拘前人成法的精神。于是，他一眼觑定的不是唐人的“格调”，而是“唐人妙处，正在无法耳”（同上卷二十一《答张东阿》）。他的这种眼光显然有得于参禅的了悟：“既谓之禅，则迁流无已，变动不常，安有定辙，而学禅者，又安有定法可守哉？”（同上卷五《曹鲁川》）正因如此，他虽也标榜新奇，却认为这种新奇必须以内心真实感情的自然流露为前提，“无定格式，只要发人所不能发，句法、字法、调法，一一从自己胸中流出，此真新奇也”。倘若新奇也成一种套子，那不啻为一种新的心灵枷锁，“似新实腐”，“尤可厌恶之甚”（同上卷二十二《答李元善》）。

第四，提倡天然无心的“趣”与“韵”。袁宏道曾说：“诗以趣为主。”（同上卷五十一《西京稿序》）粗略一看，这似乎是老生常谈：苏轼说过“诗以奇趣为宗”（《冷斋夜话》卷五引），严羽也说过“盛唐诗人惟在兴趣”（《沧浪诗话·诗辨》），甚至袁宏道在解释“趣”字时所用的比喻“趣如山上之色，水中之味，花中之光，女中之态”（同上卷十《叙陈正甫会心集》），都有仿拟严羽对“兴趣”的比喻

“如空中之音，相中之色，水中之月，镜中之象”的嫌疑。然而，苏轼的“奇趣”得之于机智的语言艺术，所谓“反常合道曰趣”；严羽的“兴趣”是指一种不落理路言筌的空灵的意境，所谓“羚羊挂角，无迹可求”；而袁宏道推崇的“趣”则是来自纯真的“童心”或者无拘无缚的自然人性，“趣得之自然者深，得之学问者浅”，所以“趣之正等正觉最上乘”是“面无端容，目无定睛，口喃喃而欲语，足跳跃而不定”的童子之趣。此外，无拘无缚、自在度日的山林之人以及沉溺酒肉声伎、率心而行、无所忌惮的纵欲之人，也近于“趣”(《叙陈正甫会心集》)。可见，“趣”是一种超越伦理功利、摆脱闻见知识、素朴纯真、毫无矫饰的本色美。袁宏道欣赏的“韵”其实质也在于此：

> 大都士之有韵者，理必入微，而理又不可以得韵。故叫跳反掷者，稚子之韵也；嬉笑怒骂，醉人之韵也。醉者无心，稚子亦无心。无心，故理无所托，而自然之韵出焉。由斯以观，理者，是非之窟宅；而韵者，大解脱之场也。(《寿存斋张公七十序》)

童心易失，韵趣难求。只有顺从人的自然本性的生活，才可能接近稚子醉者；对于诗歌创作来说，只有“信心而出，信口而谈”，在没有任何理性格调束缚的“无心”状态下，才可能真正获得“趣”和“韵”。

第五，强调诗歌必须表现人的真实情感，以“真”字为艺术创作的最基本要求。袁宏道认为：“大抵物真则贵，真则我面不能同君面，而况古人之面貌乎？”（同上卷六《丘长孺》）诗歌的新变、独创，甚至趣与韵，都不过是“真”的流衍的结果。“真”是诗歌的生命，“大概情至之语，自能感人，是谓真诗，可传也”（同上卷四《叙小修诗》)。“真”是一种素朴天然的美,往往无闻无识之人最“真”,最具本色,所以,他认为“劳人思妇”之作,往往超过士大夫,因为“情真而语直”。显然,袁宏道对“真”的崇尚与李贽所说“童心者,真心也”一脉相承,它也使我们想起临济义玄说的“你且随处作主,立地皆真”以及曹洞宗的“即事即真”。由于求“真”,袁宏道作诗强调“一一从自己胸中流出”。而这种内心真实感情的自然流露的表现方法,也来自禅宗的话头,如岩头全奯对雪峰义存说:“他后若欲播扬大教,一一从自己胸襟流出,将来与我盖天盖地去。”(《五灯会元》卷七)

本来,在晚明的心学和禅宗的影响下,不少诗人已意识到辞法格调对诗歌创作的禁锢作用,而开始提倡自由的性灵抒发。不仅像焦竑这样的和公安派关系密切的学者提出“诗非他,人之性灵之所寄也”(《澹园集》卷十五《雅娱阁集序》)、“诗也者,率其自道所欲言而已”(《澹园续集》卷二《竹浪斋诗集序》)之类的口号,而且后七子中的王世贞、谢榛、吴国伦等人也开始拆除门户之墙,渐对模拟之风表示不满,在禅宗意识中重新找回早已丢失的般若智慧,从而将诗学的本体论建构在“本心”之上。“闭关逃禅”的晚年王世贞甚至发出了“诗以陶写性灵,抒纪志事而已”(《弇州山人续稿》卷一六八《题刘松年大历十子图》)、“至所结撰,必匠心缔而发性灵”(同上卷三十五《封侍御若虚甘先生六十序》)的呼声,竟有了和晚明文艺启蒙思潮合拍之处。然而,真正称得上“性灵说”的只有袁宏道的诗论,它的独创性、鲜明性以及大胆放纵甚至矫枉过正的偏激情绪都强烈地体现了那个时代个性解放的精神。

必须指出的是,袁宏道似乎过于强调人的欲望、本能等“性灵”的自然流露,认为人生的五大快活,除了吃喝玩乐之外,还应包括携妓冶游以及恬不知耻的乞讨(见《袁宏道集笺校》卷五《龚惟长先生》)。这样，禅宗适意自然的人生哲学在他那里几乎变为一种纵欲享乐的人生哲学。具有讽刺意义的是，他那富于禅学色彩的诗集《解脱集》，开篇的压卷之作居然是些《江南子》《横塘渡》《美人睡起词》《西阊女儿歌》之类的艳体诗。这种观念固然使他的创作摒弃了虚伪，但未免带来内容上的浅薄无聊，而在艺术上也未免因太多的《偶成》《戏题》《任意吟》之类的作品显得粗糙乏味。他的近体律诗很容易使人想起白居易的闲适诗，比如这首《初正偶题》：

> 惯懒无心更出关，清时梦亦趁人闲。几回寺里寻花去，独自江头看水还。处世渐同栗里子，全家拟住玉泉山。千溪万碧何由见，只是苍枝也破颜。（同上卷二十七）

语词平易，句式流畅，性情真而韵味浅，完全是所谓“信心而出，信口而谈”的戏笔。

在诗学和禅学两条线的交叉点上，白居易和苏轼对于晚明浪漫主义文艺思潮有特别重要的意义。不仅袁宗道因慕白居易、苏轼的为人而将自己的书斋取名“白苏斋”，而且袁宏道也一再在自己的诗文中表示对白、苏风流的赞赏，甚至那个晚年觉醒的王世贞也开始“于唐好白乐天，于宋好苏子瞻”（李维桢《弇州山人续稿序》)。而其中苏轼尤为晚明文人学士包括禅师所青睐，李贽、紫柏这“二大教主”几乎都算得上苏轼的信徒，而据董其昌说，王阳明的心学血脉也出自苏（见《万历野获编》卷二十七)。《东坡禅喜集》在万历年间的编纂问世正是这种风气的产物。其实，不光是白、苏，还有张耒和杨万里，都是晚明公安派效法的榜样，袁宏道自己就供认：“白、苏、张、杨，真格式也；阳明、近溪（罗汝芳)，真脉络也（心学脉络)。”而在他看来，白、苏等人正如禅师大慧、中峰，与“默照邪禅”走的不是一条路（见《袁宏道集笺校》卷四十三《答陶周望》)。显然，这一诗歌传统有共同的艺术思维方式：不作默照静观，只知随缘任运、随机而发、随心所欲，思维任意流动而不考虑任何理或法的束缚。

不过，“童心说”和“性灵说”的意义已超出了白、苏“唯心任运”思维方式的范围。它并不一味强调闲适的情怀，也不特别重视“捷法”或“活法”，而是十分注意情感的天真纯洁。佛教有所谓惑情染污，有所谓烦恼障与所知障，就好比世间的各种识见破坏了童心，污染了性灵。如何尽量保持情感的天然真实状态，并在诗文中自然流露出来，是“童心说”和“性灵说”的核心。值得注意的是，清代受“童心说”影响的诗人，也特别强调本心的“绝假纯真”。如龚自珍的两首绝句：“不似怀人不似禅，梦回清泪一潸然。瓶花帖妥炉香定，觅我童心廿六年。”(《午梦初觉怅然诗成》)“少年哀乐过于人，歌泣无端字字真。既壮周旋杂痴黠，童心来复梦中身。”(《己亥杂诗》）而王国维在《人间词话》里说得更明白：“主观之诗人不必多阅世。阅世愈浅，则性情愈真。”这条理论脉络的禅学色彩不是历历可见吗?

五、随园的神通

清代禅宗一蹶不振，虽也有习禅的士大夫，却早已失去晚明那种横扫千军的气势了。不过，禅宗意识已积淀为一种文化心理，融入诗人的艺术思维中。且不说清初王士禛的“神韵说”如何明显带有禅宗的色彩，即便是清中叶不好佛的袁枚，诗论中也常常现出禅学的影子。

袁枚（1716—1798年），字子才，号简斋，又号随园。他的诗论主要见于《随园诗话》（下简称《诗话》），内容很驳杂，有时甚至自相矛盾，但基本倾向仍是很鲜明的，即以抒发性灵为作诗的首要前提。

袁枚生活的时代，诗坛大致先后出现过两种倾向，一是以沈德潜为代表的"格调说"，以形式音律为诗歌创作的关键，甚至认为："诗以声为用者也，其微妙在抑扬抗坠之间。"（《说诗晬语》卷上）一是以翁方纲为代表的"肌理说"，提倡一种有诗法、重学问的学者之诗，主张"为学必以考证为准，为诗必以肌理为准"（《复初斋文集》卷四《志言诗序》）。"格调"主要指一种积淀着时代审美心理内容的语言音律美，"肌理"则是指一种符合义理而又穷形尽变的语言结构美，显然，这二者主要还停留在诗的形式美的层面。所以尽管沈德潜和翁方纲有尊唐和宗宋的区别，但最终都由对形式的重视而导致对古典的尊崇，走向复古之路。

袁枚的"性灵说"正是为了重新找回诗歌失落的本体，找回诗歌失落的生命力和创造性。他一再申说："从《三百篇》至今日，凡诗之传者，都是性灵，不关堆垛。"（《诗话》卷五）他不仅嘲讽"误把抄书当作诗"的翁方纲，而且借杨万里之口表示了对沈德潜一类"格调派"诗人的鄙薄："从来天分低拙之人，好谈格调，而不解风趣。何也？格调是空架子，有腔口易描；风趣专写性灵，非天才不办。"（《诗话》卷一）反对以学问为诗、以肌理为诗、以格调为诗，这样，袁枚的诗论自然接受了禅学色彩甚浓的袁宏道"性灵说"的影响，而且不自觉地与提倡"诗有别材，非关书也；诗有别趣，非关理也"的"神韵派"有暗合之处。

表面看来，袁枚对王士禛之流的以禅喻诗的方式极为不满：

> 阮亭好以禅悟比诗，人奉为至论。余驳之曰：《毛诗》三百

> 篇，岂非绝调，不知尔时禅在何处，佛在何方？人不能答。因告之曰：诗者，人之性情也，近取诸身而足矣，其言动心，其色夺目，其味适口，其音悦耳，便是佳诗。（《诗话补遗》卷一）

其实，这不过是一时意气用事，强词夺理。在《随园诗话》中也常常可以见到借禅喻诗的例子，比如卷二："孔子与子夏论诗曰：'窥其门，未入其室，安见其奥藏之所在乎？前高岸，后深谷，泠泠然不见其里，所谓深微者也。'此数言，即是严沧浪'羚羊挂角，香象渡河'之先声。"孔子论诗时，当然也不知禅在何处，佛在何方，但仍不妨被袁枚看作以禅喻诗的先声。又卷四："白云禅师作偈曰：'蝇爱寻光纸上钻，不能透处几多难。忽然撞着来时路，始觉平生被眼瞒。'雪窦禅师作偈曰：'一兔横身当古路，苍鹰才见便生擒。后来猎犬无灵性，空向枯桩旧处寻。'二偈虽禅语，颇合作诗之旨。"两首禅偈中刻画的钻故纸的苍蝇和无灵性的猎犬，恰巧可作为袁枚鄙弃的以学问为诗的肌理派和步趋前人的格调派的象征。而袁枚自己的作诗之旨则是"撞着来时路"的顿悟和"才见便生擒"的灵性，即思路的豁然开朗和表达的迅捷灵活。又如卷八以天魔献舞、花雨弥空、造八万四千宝塔比喻五、七言长诗的境界，也属此例。

对诗中的禅理袁枚也颇为欣赏，如《诗话》卷一称嵩亭上人和周道士《题活埋庵》"两诗于禅理俱有所得"。又卷十六称鲍氏女《咏溪钟》"是声来枕畔？抑耳到声边？"为"颇近禅理"。按，所谓禅理是指禅家的一段公案：文益禅师指竹问僧："还见么？"曰："见。"师曰："竹来眼底？眼到竹边？"（《五灯会元》卷十）鲍氏女的思索与文益禅师的提撕出于同一思维方式。又《诗话补遗》卷十称梁元帝"不疑行舫往，惟看远树来"、庾肩吾"只认已身往，翻疑彼岸移"的诗句"俱是悟境"，又称王梵志"昔我未生时，冥冥无所知"等八句，“是禅家上乘”。这种品诗方式其实和王士禛评价“王（维）、裴（迪）《辋川》绝句，字字入禅”的那种以禅喻诗方式毫无二致。

袁枚虽不标榜镜花水月般的神韵，但论作诗还是强调妙悟，并时时像他指责的王阮亭（士禛）一样“好以禅悟比诗”。如他的《续诗品·神悟》：

> 鸟啼花落，皆与神通。人不能悟，付之飘风。惟我诗人，众妙扶智。但见性情，不著文字。宣尼偶过，童歌沧浪。闻之欣然，示我周行。

这里的“神悟”或“神通”，很容易使人想起《五灯会元》卷三庞蕴居士的一首偈：“心通法亦通，十八断行踪。但自心无碍，何愁神不通。”所谓“神通”，就是我的“本心”或“性情”的通达无碍，在鸟啼花落等各种自然现象中都能发现心灵的对应物，领略到无穷的诗意。这样，袁枚“神悟”的结果其重点并不在于“不著文字”，摒弃语言逻辑，而在于“但见性情”，突出主体情感的主导作用，只要有我之性情统率，甚至“理语”也可臻于诗家上乘（见《诗话》卷三）。

袁枚诗论中的禅学影子不仅从以禅喻诗方面显露出来，而且也闪现在他的“性灵说”的核心论点之中。“性灵说”大致包含三方面内容，其一曰性情，其二曰灵机，其三曰有我。而这三方面恰巧与禅宗“我心即佛”的本体论与“直指心源”的方法论有千丝万缕的联系。

先看袁枚所说的“性情”。《诗话》卷一：“须知有性情，便有格律，格律不在性情外。”又说：“以为诗与性情，惟吾所适。”单看这些话，似并无新颖之处，因为“诗缘情”早已是诗人老生常谈的话题了。但袁枚所说的性情有两个特点，一是这性情必须是真挚自然的，未受学问闻见污染蒙蔽；二是这性情必须是个人独有的，不可从众、从俗、从古。关于第一个特点，袁枚常说："诗人者，不失其赤子之心者也。"（《诗话》卷一）这显然和李贽的"童心说"一脉相承。事实上，袁枚就很欣赏李贽崇拜的王阳明说的一段话："人之诗文，先取真意。譬如童子垂髫肃揖，自有佳致。若带假面伛偻，而装须髯，便令人生憎。"（《诗话》卷三）而正如前面所说，"童心说"本源于禅宗的"无根尘物我"、未受污染的"一念本心"。如果说，李贽的时代诗人心灵的污染源主要来自程、朱理学的闻见道理和前、后七子的复古模拟的话，那么，袁枚的时代却主要是考据之风壅塞了诗人透脱纯真的心灵。所以，袁枚一再排斥考据学对诗歌创作的干扰，以为"考据之学，离诗最远"（《诗话补遗》卷二）；并主张恢复赤子之心，"空诸一切，而后能以神气孤行"（《诗话》卷七）；甚至进而把读书与作诗二者对立起来，以为学问是诗歌天敌，所以他极欣赏方子云说的"学荒翻得性灵诗"、刘霞裳说的"读书久觉诗思涩"之句（《诗话》卷三）。这种对立，与其说是严羽那种"诗有别材，非关书也；诗有别趣，非关理也"的形象思维与逻辑思维的对立，毋宁说是诗歌创作方法上的"直寻"与"补假"、诗歌内容上的抒写"性情"与"堆垛"学问的对立。虽然论述这一问题时，袁枚未用禅家语，但至少可以说他间接地接受了禅宗"一念净心"的影响。关于第二个特点，袁枚常说："性情遭遇，人人有我在焉，不可貌古人而袭之，畏古人而拘之也。"（《小仓山房文集》卷十七《与沈大宗伯论诗书》）肯定个体心灵感受的独特性，其结果必然是反对以任何格调来规范诗歌创作，反对任何形式的复古拟古。而袁枚所说的"诗者，人之性情也，近取诸身而足矣"，虽是针对王士禛"好以禅悟比诗"而发的，但却很容易让人联想起禅宗马祖道一对慧海所

说的“自家宝藏”:“汝宝藏一切具足，更无欠少，使用自在，何假向外求觅。”(《景德传灯录》卷六)

再看袁枚所谓的“灵机”，除去指诗人的天赋的“灵性”的含义外，主要是指诗人思维方式的灵活性和流动性。这里面当然包含创作的灵感，但未尝不是指一种活泼自由的表现方法，即所谓“笔性灵，则写忠孝节义，俱有生气；笔性笨，虽咏闺房儿女，亦少风情”(《诗话补遗》卷二)。笔性实质上就是艺术思维的外化形式，或者说是思路的文字显现。笔性的“灵”与“笨”之分，相当于禅家所说的“活句”与“死句”之别，所以，袁枚论诗特别重视一个“活”字。《诗话补遗》卷一:“谚云：死蛟龙不若活老鼠。可悟作诗文之旨。”又卷五:“一切诗文，总须字立纸上，不可字卧纸上。人活则立，人死则卧，用笔亦然。”又《诗话》卷十五:“人可以木，诗不可以木。”木就是不灵，不活，近于死。这一点他很像杨万里，一方面注重意境的鲜活，认为“熊掌豹胎，食之至珍贵者也，生吞活剥，不如一蔬一笋矣；牡丹芍药，花之至富丽者也，剪彩为之，不如野蓼山葵矣。味欲其鲜，趣欲其真，人必知此而后可与论诗”(《诗话》卷一)，反对生吞活剥的抄袭和剪彩为之的赝品（假古董)，提倡艺术形象的生动性和艺术趣味的新鲜性。另一方面也注重语义的灵活，提倡“诗贵翻案”、“更进一层”(《诗话》卷二)，说什么“题古迹能翻陈出新最妙”(《诗话》卷四)，以为作诗“其妙处总在旁见侧出，吸取题神，不是此诗，恰似此诗”(《诗话》卷七)，标榜种种近似“诚斋活法”的诗法。因而当时就有人说他的诗似杨诚斋（见《诗话》卷八)。而如前面所说，“诚斋活法”不也正是禅家“活泼泼地”思维方式的产物吗?

最后说说袁枚“性灵说”中的“着我”。所谓“着我”，即要求表现诗人独特的个性，既然各人的情性遭遇不同，那么，各人的那个自我也就不同。于是，诗歌中有“我”，其风格自然既不同于古人，也不同于当代其他诗人。只有突出“我”的个性的艺术，才能成为真正的艺术。所以袁枚一再强调说：“有人无我，是傀儡也。”（《诗话》卷七）“作诗不可以无我，无我，则剿袭敷衍之弊大。”（《诗话》卷七）他的《续诗品》甚至专门列《着我》一品：

> 不学古人，法无一可。竟似古人，何处着我！字字古有，言言古无。吐故吸新，其庶几乎！孟学孔子，孔学周公，三人文章，颇不相同。

张扬主体“自性”的意义和价值，即使是在师法古人之时，也要“吐故吸新”，发挥自我的能动创造性。如马祖道一所说：“汝等诸人，各信自心是佛。”（《五灯会元》卷三）相信“自心”有无上的权威。又如赵州从谂所说：“金佛不度炉，木佛不度火，泥佛不渡水，真佛内里坐。”（《赵州和尚语录》）内里坐的“真佛”就是摆脱一切外在羁绊的自我“本心”。袁枚要求的“着我”，就是强调自我“本心”在艺术思维中的能动作用。《诗话》卷三说：“作史三长：才、学、识缺一不可。余谓诗亦如之，而识最先。非识，则才与学俱悞用矣。北朝徐遵明指其心曰：‘吾今而知真师之所在。’其识之谓欤？”认定识见来源于我之“本心”，而他欣赏的徐遵明就颇有点禅宗“直指心源”的味道。

不可否认，袁枚的“性灵说”与公安派的诗论有明显的渊源关系，只是禅学的色彩淡薄了许多。他更多地从诗歌创作的实际要求来批判地吸收禅宗的思维方式，因而不像袁宏道那样过分相信“无心”、“无法”的创作态度，不像袁宏道那样提倡“信心而出，信口而谈”，而是一再反对“全无蕴藉，矢口而道，自夸真率”（《诗话补遗》卷三）的诗风，甚至不妨主张以学问补救滑易浅薄之弊，“诗难其雅也，有学问而后雅，否则俚鄙率意矣”（《诗话》卷七）。他的诗论虽不如袁宏道那样富有强烈的战斗性和时代精神，却也少了许多偏激。而他的诗作虽用笔轻灵，却往往能做到形象鲜明而情韵悠然，如《湖上杂诗》：

谁家爱唱玉玲珑，笛自西飘曲自东。一夜摇荡声不定，知他船在水当中。

烟霞石屋两平章，渡水穿花趁夕阳。万片绿云春一点，布裙红出采茶娘。

春宵知是可怜宵，柳下呼舟月下摇。消受水晶宫世界，四更犹有满湖箫。

清新流畅，灵巧轻盈，有声有色，韵味无穷，仿佛信手拈来，却决非率意之作，多少避免了公安派诗人浮浅粗率之病。

正如清代很多人的诗话一样，袁枚的诗论也显得通达全面，他对司空图“味外味”的欣赏（《诗话》卷六），就接受了“神韵派”的某些论点。但这并不意味着他的“性灵说”是隐约朦胧的“神韵说”较为生动和具体的阐发（见郭绍虞编《中国历代文论选》第三册第470页），在他的诗话中恰恰可以找出对“神韵说”的正面批驳：

严沧浪借禅喻诗，所谓“羚羊挂角，香象渡河，有神韵可味，无迹象可寻”，此说甚是。然不过诗中一格耳。阮亭（王士禛）奉为至论，冯钝吟（冯班）笑为谬谈，皆非知诗者。诗不必首首如是，亦不可不知此种境界。如作近体短章，不是半吞半吐，超超元箸，断不能得弦外之音，甘余之味：沧浪之言，

> 如何可诋？若作七古长篇、五言百韵，即以禅喻，自当天魔献舞，花雨弥空，虽造八万四千宝塔，不为多也；又何能一羊一象，显渡河、挂角之小神通哉？总在相题行事，能放能收，方称作手。（《诗话》卷八）

当然，这段话有“浅尝妄测”之嫌（见钱锺书《谈艺录》第198页），过分执著于事相变幻，拘泥于渡河、挂角、天魔、花雨的区别。不过，严羽、王士禛标榜的“神韵”或“王、孟胜境”，确实侧重于近体短章，李、杜、韩、白的长篇歌行基本上被排斥在外。倘若以“羚羊挂角，香象渡河”为妙悟的比喻，当然不分短章长篇，俱显神通。但假如以此喻悟后的境界，则“神韵”的短章的确只能算诗中一格，不过是渡河、挂角的“小神通”。唐、宋以来的诗人都好谈“悟”，但“悟”后的境界却千差万别，神韵派悟到的是空灵的意境，江西派悟到的是机智的语言，公安派悟到的是自由的性灵。作为清代“性灵说”的代表，袁枚悟后的眼界更为开阔，他眼里的“大神通”，从写作技巧上来看，是“相题行事，能放能收”；从创作目的上来看，是“一片性灵，笔能曲达”（《诗话补遗》卷五）。无论是“翡翠兰苕”的纤美，还是“鲸鱼碧海”的壮阔，无论是“羚羊挂角”的含蓄，还是“花雨弥空”的放纵，随园的“神通”，断断不会局限于神韵派划定的审美范型之内。

不止袁枚如此，持“性灵说”观点的诗人大都不买严羽《沧浪诗话》的账。如钱振锽《谪星说诗》就力诋严羽的熟读楚辞、十九首、乐府四篇、苏、李、汉魏五言，又须枕藉李、杜之说，称之为“埋没性灵，不通之甚。天下岂有真聪明人具一副诗气骨、诗脾胃、诗肺肠者，先须熟读某诗胶柱鼓瑟以为诗哉！”又在《诗话》中说：“禅悟者，活泼泼之谓也。何谓活泼？不拘泥之谓也。分界大乘小乘，一义二义，拘泥极矣。……诗也者，写性情者也。开辟以来非有扎就一种老诗架子也，非谓作诗必戕贼性情而俯就架子也。(严）羽乃分界时代，彼则第一义，此则第二义。索性能指出各家优劣，亦复何辨。无奈他只据一种荣古虐今见识，犹自以为新奇，此真不可教训!”就“性灵派”的眼光来看，“神韵派”向往的镜花水月般的摒弃思辨痕迹的艺术境界，仅是诗中的一种境界，一种审美范型（袁枚所谓“诗中一格”)，绝非古往今来的诗人必须遵循的美学原则。诗人应遵循的只是心灵的真实和情感的自然，用袁枚的话来说：“诗难其真也，有性情而后真，否则敷衍成文矣。”(《诗话》卷七）以此为标准，袁枚一针见血指出，王士禛作诗“主修饰，不主性情”，“可以想见其喜怒哀乐之不真也”(《诗话》卷三)。

具有讽刺意义的是，袁枚平生不好佛，却偏偏被诗友蒋士铨(心余）称作“诗佛”，袁的弟子梅冲更为他作了一首《诗佛歌》，演绎其义：

心余太史不世情，独以诗佛称先生。先生平生不好佛，攒眉入社辞不得。佛之慈悲罔不包，先生见解同其超。佛之所到无不化，先生法力如其大。一声忽作狮子吼，喝破炎摩下方走。天上地下我独尊，双管兔毫一只手。人间游戏撒金莲，急流勇退全其天。小仓山居大自在，一吟一咏生云烟。有时披出红袈裟，南天门边缚夜叉。八万四千宝塔造，天魔龙象争纷拏。有时敷坐如善女，低眉微笑寂无语。天外心从何处归，鹊巢于顶相尔汝。眼前指点说因由，千山顽石皆点头。三唐两宋摄其总，四大海水八毛孔。一心之外无他师，六合以内皆布施。先生即佛佛即诗，佛与先生两不知。我是如来大弟子，夜半传衣得微旨。放胆为作《诗佛歌》，愿学佛者从隗始。(见《诗话补遗》

卷三）

这首诗连吹带捧，无非用佛来比喻袁枚见识高超，神通广大，诗法无边，影响海内，长篇短章，无所不善，相题行事，能放能收。如果抛开袁枚的创作不论，单看其诗论，这种吹捧还不太离谱。袁枚自己也猜测诗佛“想亦广大教主之义”。的确，就思想的驳杂、性格的自在以及对清诗坛的影响来说，他和“广大教化主”白居易是很接近。但《诗佛歌》中真正抓到袁枚诗论精神的是“天上地下我独尊”、“一心之外无他师”两句，而这也正是禅宗反复申说的“我心即佛”的宗旨。

第七章 ◎ 以禅入诗的意义

一、题材的山林化

中国古人向来就对自然山水有一种特别的亲近感，以为山水有一种灵秀之气，甚至比之为仁者智者（见《论语·雍也》）。尽管如此，从先秦到两汉相当长的时间里，自然山水仍只是诗歌其他题旨（历史事件、人类活动）的背景，在《诗经》、《楚辞》、汉赋里虽然有大量山川草木的描写，但都处于从属的、次要的地位。直到魏晋南北朝时期，自然山水才逐渐由附庸而至于独立，由诗中的背景升腾为主要的审美对象。山水意识的兴起是与当时文化急剧变化分不开的，包括文士以自然对汉儒僵死的名教的反抗，道家的中兴和随之而来的清谈之风，追求与自然合一或全身远祸的隐逸和游仙，以及佛教哲学经过老庄玄学的诠释后的盛行等。

照学术界的通行看法，晋、宋之际出现的山水诗是“物各自然”

的道家观念的直接产物，因为东晋玄言诗人庾阐诸人的作品中就已有大量自然景物的描写。然而，刘勰却在《文心雕龙·明诗》中提出“宋初文咏，体有因革，老庄告退，而山水方滋”的结论。这一结论有无事实根据呢？我以为，刘勰的话准确描述了晋、宋之际诗坛的现状。其一，山水自然取代玄思奥理成为诗歌的主题。换言之，山水诗的出现并非与老庄思想的风行同步，而恰恰是老庄思想在诗坛退却的结果。其二，“老庄告退”的同时是佛教的隆盛，尤其是禅学融合了老庄思想，大有取而代之之势，一时僧俗以佛教禅理入诗，以佛教禅学的观照方式作诗，促进了以山水为题材的诗歌的独立和兴盛。

我们注意到，在玄言诗向山水诗的过渡进程中，始作俑者谢灵运由清谈名士转型为佛教信徒有特别重要的意义。诚然，道家“物各自然”的思想激发了人们对自然山水的兴趣，但这是探究天理的兴趣，因而很容易把山水视作思辨的对象。谢灵运的山水诗在景物描写之后常常拖一条玄言的尾巴，就是这个原因。然而，谢灵运受佛学的浸渍更深，他的《辩宗论》宣扬顿悟成佛说，影响隋唐的禅学，而他自己多少从这一学说中接受了直觉主义的思维方式。比如，他的《于南山往北山经湖中瞻眺》一诗：

朝旦发阳崖，景落憩阴峰。舍舟眺迥渚，停策倚茂松。侧径既窈窕，环洲亦玲珑。俛视乔木杪，仰聆大壑淙。石横水分流，林密蹊绝踪。解作竟何感？升长皆丰容。初篁苞绿箨，新蒲含紫茸。海鸥戏春岸，天鸡弄和风。抚化心无厌，览物眷弥重。不惜去人远，但恨莫与同。孤游非情叹，赏废理谁通？

正如叶维廉先生指出的那样：这首诗虽未摆脱玄言解说的痕迹，但它的解说方式是独特的，颇近后来公案的禅机，如“解作竟何感”之问，其答案是初篁、新蒲、海鸥、天鸡各自的生机活力，这就很像云门文偃的对话，问：“如何是佛法大意？”答：“春来草自青。”也很像王维的诗：“君问穷通理，渔歌入浦深。”用山水本身的自然呈露来代替说明（见《文学评论丛刊》第9辑《中国古典诗中和英美诗中山水美感意识的演变》）。这种独特的解说方式显然是他直觉主义地把握禅玄、心灵体验式地理解自然的结果。这样，一方面他远比玄言诗人善于捕捉自然界的韵律，创造出大量新鲜生动的写景名句，如“白云抱幽石，绿篠媚清涟”（《过始宁墅》）、“云日相辉映，空水共澄鲜”（《登江中孤屿》），等等；另一方面，他更多地从篇幅上用写景的部分来排挤陈述说明，从而使自然山水成为诗歌最重要的内容，具有相对独立的审美价值。正是在这个意义上，后人才有所谓山水诗“滥觞于康乐则一而已”的说法（《带经堂诗话》卷五）。谢灵运同时代的另一佛教徒宗炳则把早期禅学的直觉观照方式移入山水画，提出面对自然山水“澄怀味像”的观道方法（见《画山水序》）。山水诗、山水画同时在晋宋之际发轫，而它们的奠基人又都是佛教徒，这难道仅仅是一种历史的巧合吗？虽然，山水诗的诞生有多种多样的原因，并经历了漫长的演化过程，但其中佛教的因素、尤其是禅学无疑起了重要的作用。

“青青翠竹，总是法身；郁郁黄花，无非般若。”（参见《景德传灯录》卷六）这句话极为形象地说明了自然物象都是佛性真如的体现，感觉中的物质世界都是精神本体虚幻的表现形式。这句名言奠定了后来禅宗泛神主义的佛性论基础，在宗门中广为流传。在对大自然的观赏中来获得对佛性（宇宙目的性）的了悟，成为禅宗的主要证悟途径之一。无论是早期禅宗混迹山林的沉思冥想，中期禅宗在日常生活中进行宗教体验，还是后期文字禅的机锋问答，山水自然都是禅师们最重要的参禅对象或话题。既然"佛性"存在于每一丛翠竹、每一朵黄花、每一片白云、每一条清涧之中，那么，自然山水对于习禅的人来说，再也不存在所谓"空间恐惧"，而是充满"空间信赖"，充满亲切感和愉悦感。于是，楚汉时期"王孙兮归来，山中兮不可以久留"（淮南小山《招隐士》）的对神秘大自然的畏惧，在禅宗的信徒那里转化为"随意春芳歇，王孙自可留"（王维《山居秋暝》）的向往和礼赞。而这种对自然山水的亲切信赖，很容易将宗教体验引向一种审美体验。这样，以禅入诗的作品就顺理成章地把自然山水作为首要选择的题材。

同时，既然自然景物本身就是佛性的体现，那么也就再也不必把物质的山水自然还原为形而上的玄学义理，因为描写景物本身就意味着表现佛理。换言之，虽然道家思想引发人们的山水意识，但真正使诗中自然山水脱离形而上的义理束缚的却是禅宗。剔除玄言思辨的全景描写的纯山水诗，不是出现在晋、宋之际，而是肇端于梁、陈禅学流行之后，并在兼习南北宗的王维那里达到极致。王维与裴迪的《辋川》绝句之所以被后人称为"字字入禅"，"读之身世两忘，万念皆寂"，不正因为诗中纯粹的山水世界（甚至是无人的世界）既是闪现幻化、除尘净虑的审美境界，也是禅宗"山林大地皆念佛法"的"无差别境界"吗？

而对于以禅入诗的诗人来说，追求禅宗的泛神论境界，其结果必然醉心于对自然山水的观照冥想。精于禅理的王维就被黄庭坚称为"定有泉石膏肓之疾"（见《苕溪渔隐丛话》前集卷十五），王维周围的一大群习禅的诗友也都有此疾，遨游深山，宴坐空林，"行到水穷处，坐看云起时"，乐不知疲，荡而忘返。在对盛唐诗人有影响的各种思潮中，如果说儒家引向功名，道教指向寻仙，那么，佛学尤其是禅宗则导向山水。而且即便同样是描写山水，近儒的如杜甫多半赞美的是“江山如有待，花柳更无私”的伦理的山水，近道的如李白多半咏歌的是“且放白鹿青崖间”的想象的山水，而近禅的王、孟诸人才真正关心的是“泉声咽危石，日色冷青松”的感觉的、现实的山水。正因如此，人们才把王、孟诸人视为山水诗派，把王、孟的山水诗视为中国山水诗传统的正源。

一方面，受禅学影响极深的诗人都对山水表现出特别的偏爱。且不说盛中唐山水诗人以及后世的“神韵派”倾心于在大自然中求得“思与境偕”，就是白居易的闲吟、贾岛的苦吟，金陵的王安石、惠州的苏东坡，也无一不是在浸淫禅学之时向山林题材靠拢。正如黄庭坚所说：“天下清景，初不择贤愚而与之遇，然吾特疑端为我辈设。”（《冷斋夜话》卷三引）这里的“我辈”不是泛指诗人，而是特指退避社会、耽悦禅理的诗人。另一方面，中国唐宋以来正宗的山水诗常有极浓重的禅意。或透过宁静、平淡、悠远的景色露出无心淡泊的禅趣，或借助空旷、幽静、寂寞的山水表现宇宙的空无永恒。谢灵运的“白云抱幽石”、王维的“行到水穷处”、韦应物的“野渡无人舟自横”等诗句，常常被后世禅师借用来说法，并非偶然。

禅宗是崇尚山林的佛教，山林与禅宗有不解之缘。《六祖大师缘起外纪》记载六祖慧能“游境内，山水胜处，辄憩止，遂成兰若（寺院）十三所”，“随流至源口，四顾山水回环，峰峦奇秀，叹曰：宛如西天宝林山也”。俗话说：“天下名山僧占多。”而诸等僧众之中，又犹以禅宗和尚爱四处寻找幽静的山林。他们不像法相宗那样因翻译经藏而聚集京城，也不像律宗、净土宗那样爱到市廛去讲经说法，相对说来更喜欢远离世俗城镇。禅宗的佛性论使得禅僧们常到清幽静谧的深林里观照自然胜景，返境观心，顿悟瞬刻永恒的真如；它的行为论又常使得禅僧们到杳无人迹的空山里去过一种与世无争、随缘自在的生活。前者可以从皎然、灵澈们那些充满青山、白云意象的“清境派”诗歌中找出依据，而后者则可以从懒瓒和尚、道吾和尚、寒山、拾得的那些山居乐道歌中得到证明。总之，禅宗比其他任何佛教宗派都更喜欢和大自然打交道。所以，在禅宗的传灯录里，到处都可以看到他们对自己所处的自然环境诗意的描述：

> 问:“如何是天柱家风?”师（崇慧禅师）曰:“时有白云来闭户，更无风月四山流。”(《景德传灯录》卷四）
>
> 问:“如何是夹山境?”师（夹山善会禅师）曰:“猿抱子归青嶂里，鸟衔花落碧岩前。”(《五灯会元》卷五）

这哪里是问道参禅，简直就是审美评价。这样，习诗的禅僧自然而然就把他们身边优美的山水景物当作最主要的题材。从东晋“模山范水”的诗僧支遁开始，通观《古今禅藻集》《方外诗选》中的历代僧诗，扑面而来的几乎都是千姿百态的山石原野、江河溪涧、花草树木、云霞烟雾。这样的选材，使得僧诗俨然是一个独具特色的山水诗的王国。这一点，我在前面评价僧诗的“蔬笋气”时曾举例说明，兹不赘述。

同时，由于佛寺禅院大都位于空山深林，士大夫要和僧徒相往来，少不了时常接触山水自然，“惟江上之清风，与山间之明月，耳得之而为声，目遇之而成色”，山水之美，由感官而至于心灵。因而，在士大夫那些有关僧寺的诗中，寻僧问道和探幽访胜的内容常常交织在一起，并且山水景物描写常占压倒优势。从另一个角度说，人们通常称为山水诗的作品（尤其是盛中唐山水诗派的作品）实际上有相当大部分是在寻访僧寺的情况下完成的，如以下这些诗篇：

> 不知香积寺，数里入云峰。古木无人径，深山何处钟？泉

声咽危石，日色冷青松。薄暮空潭曲，安禅制毒龙。(王维《过香积寺》)

义公习禅寂，结宇依空林。户外一峰秀，阶前众壑深。夕阳连雨足，空翠落庭阴。看取莲花净，方知不染心。(孟浩然《大禹寺义公禅》)

步入招提路，因之访道林。石龛苔藓积，香径白云深。双树含秋色，孤峰起夕阴。屧廊行欲遍，回首一长吟。(戴叔伦《游少林寺》)

显然，这些诗中的僧寺只是种点缀，诗人真正感兴趣的、并着力表现的是山水的美感。不过，这种对山水美感的兴趣不也是因参禅访道的活动而引发的吗?

我们不必再去引证禅宗信徒司空图在其《二十四诗品》中如何以山水意境来象征各种艺术风格，也不必再去评价近禅的诗人方回在其《瀛奎律髓》中品评诗作如何“词涉富贵，则排斥立加；语类幽栖，则吹嘘备至”(纪昀《瀛奎律髓刊误序》)，以山林题材为极则。总之，有充分的证据说明，正是禅宗造就了中国古代诗人对山水自然的审美意识（而非伦理或哲理意识)，从而带来诗歌题材的山林化。中国山水诗正是随着佛教对诗的渗透而萌发，随着禅宗的发展走向兴盛，并随着禅宗意识融入士大夫的文化心理而成为中国诗坛长盛不衰的传统。

二、语言的通俗化

佛教在中国的流布蔓延，促成了通俗文学的发展，如唐代寺院中盛行的宣传宗教的俗讲及“转”出的变文，就以其韵散结合、接近口语的形式，开辟出中国白话小说和说唱文学的广阔天地。而在诗歌领域，则主要是禅宗的偈颂和语录带来诗风的通俗化倾向。

偈颂这种文体由印度佛经中的“伽陀”（诗）翻译而来。翻译之初，译者为了传播经典时便于口头宣讲，同时也限于自身文化水平，于是有意采用了一种接近口语的文字，并按诗坛流行的诗歌形式，创造出这种似诗非诗的文体。由于偈颂具有通俗易懂、便于记诵的特点，因而很快便在不耐烦推理思辨的禅宗和尚中风行开来，普遍地尽情使用偈颂来说教示悟，成为禅宗传教的一种重要手段。同时，当士大夫文人接触到佛经，尤其是禅宗的偈颂以后，不可避免地受到其宗教内容和口语形式两方面的影响，这样，以禅入诗的结果，或多或少造成诗歌语言向平易通俗方向发展。也就是说，佛典的偈颂一方面刺激了僧众禅偈的创作，另一方面也直接或间接诱使士大夫写作白话诗。

禅偈自早期佛经中的偈颂演化而来，逐渐具有诗的形式和韵律，并有一部分像诗一样追求优美的辞藻和隽永的意境，我在第二章里曾描述过偈颂的诗化过程。但由于禅偈和诗的功能不同，“偈不在工，取其顿悟而已”（方回《清渭滨上人诗集序》），所以，无论后期的禅偈如何日趋精美，那些保持着佛典偈颂朴质的口语风格的禅偈仍被视为真正具有“禅家本色”，它那种因机致教、贵在简捷、不假雕饰的作风，仍常为参禅者所仿效，并时时唤起诗人的兴趣。值得注意的是，初唐王梵志和中唐寒山、拾得的诗，对禅僧的偈颂和诗人的白话诗都有重要的影响，甚至可视为连接佛典偈颂与后来的禅偈、白话诗的重要桥梁。

王梵志的诗最早大量借鉴偈颂的形式，大约是为了更好地向下层劳动人民宣传佛教思想，他有意识地以偈为诗，取偈颂的通俗来改造诗的表达方式。且不去评价王梵志的那些宗教说理诗如何充满了人生无常、因果报应的消极思想，单就其语言风格来看，的确是大胆泼辣、平易通俗，大量引用当时通行的方言俗语入诗，很容易为民众所接受。如敦煌写本《佛书》一则：

经云："此身危脆，等秋露朝悬。命若浮云，须臾散灭。"故王梵志诗云："此身如馆舍，命似寄宿客。客去馆舍空，知是谁家宅？"又云："人是无常身。"

王梵志的诗显然是佛经文字更为通俗易懂的形象化的表述。事实上，后来的禅师们向大众说法，就常常引用王梵志的诗，如范摅的《云溪友议·蜀僧喻》里记载，南泉普愿禅师的嗣孙玄朗上人："或遇高才上智者，则论六度迷津，三明启道。此灭彼往，无荣绝辱也。或有愚士昧学之流，欲其开悟，别吟以王梵志诗。"又如敦煌写本《历代法宝记》记载，无住禅师"寻常教戒诸学道，空着言说，时时引稻田中螃蟹问众人，会不？又引王梵志诗：'慧心近空心，非关髑髅孔。对面说不识，饶你母姓董。'"（见伯2125、斯0516）可见，王梵志诗在文化素养较差的"愚士昧学"僧俗之众中很有市场，是真正能为他们所理解接受的通俗诗。

王梵志当然不能算禅僧，但他的诗对禅偈的语言风格影响极大。法眼文益在《宗门十规论》里痛斥的那些"拟他出俗之辞，标归第一之义"的"野谈俗语"，大多都是王梵志诗的苗裔。其实，这些粗俗的禅偈，有些也是极精彩生动的佳作，如京兆重云智晖禅师临终时写下的禅偈：

我有一间舍，父母为修盖。住来八十年，近来觉损坏。早

拟移住处，事涉有憎爱。待他摧毁时，彼此无相碍。（《景德传灯录》卷二十）

这里的比喻显然来自前引王梵志“此身如馆舍”的诗句，然而比喻更贴切形象，比王梵志更多了点对命运开玩笑的诙谐幽默。人生无常的感慨化为禅宗的无憎爱、无障碍的超脱。而这首偈的语言风格却和王梵志诗如出一辙。

寒山、拾得似乎比王梵志更自觉地借鉴偈颂这种新文体，力求浅俗自然，不避俚俗粗朴。他们明知自己的诗在士大夫眼中不登大雅之堂，但仍为有意提倡一种新风格而感到自豪。如寒山所说：

有个王秀才，笑我诗多失。云不识蜂腰，仍不会鹤膝。平侧不解压，凡言取次出。我笑你作诗，如盲徒咏日。（《全唐诗》卷八〇六）

这种不管“蜂腰”、“鹤膝”、“平侧”等“四声八病”，只取“凡言”的作诗态度，显然是和正统的士大夫诗歌大相径庭。但他们却不会因为“王秀才”们的嘲笑而改弦易辙，而是公开申明“诗偈总一般”、“有偈有千万”（拾得诗），承认自己的诗和偈颂的渊源关系。以偈颂接近口语的风格作诗，嘲笑世态人情，阐扬禅思佛理，是寒山、拾得从王梵志那里承接而来的新传统。试看寒山的两首诗：

东家一老婆，富来三五年。昔日贫于我，今笑我无钱。渠笑我在后，我笑渠在前。相笑傥不止，东边复西边。

世有一等愚，茫茫恰似驴。还解人言语，贪淫状若猪。险巇难可测，实语即成虚。谁能共伊语，令教莫此居。（《全唐诗》

卷八〇六）

用一种讽刺的口吻描述世俗生活，并从中引出佛教说理，易读易懂，机警深刻，而其通俗无典、粗俚不训的风格却与正统古典诗歌大异其趣。

然而，这种如诗似偈的通俗诗体不仅在唐代诗僧中广为流行，而且也在士大夫中引起较大的反响。特别是参禅佞佛的士大夫诗人常常有意识地仿效这种诗体。如王维的《与胡居士皆病寄此诗兼示学人二首》，明刻本刘辰翁评点《王摩诘诗集》卷六在诗题就注有“梵志体”的字样。白居易的诗也有很多仿佛偈颂。宋代禅宗大盛，王梵志、寒山的诗更受到不少诗人的称扬、模仿。如王安石就作过《拟寒山拾得》十九首，其俏皮的口吻和机智的哲理，可以说仿拟得维妙维肖。如下面这首：

傀儡只一机，种种没根栽。被我入棚中，昨日亲看来。方知棚外人，扰扰一场呆。终日受伊谩，更被索钱财。（其十一）

讽世警俗，意味深长。而王梵志的诗也引起苏轼、黄庭坚、范成大等不少诗人的兴趣。如王梵志有一首诗：“城外土馒头，馅草在城里。一人吃一个，莫嫌没滋味。”黄庭坚说：“既是馅草，何缘更知滋味？”苏轼改之为“预先以酒浇，且图有滋味”（《冷斋夜话》卷十）。又如前面所举黄庭坚欣赏王梵志的翻着袜诗。范成大更把王梵志的“城外土馒头”和“铸铁作门限”两句诗，揉合成著名的一联：“纵有千年铁门限，终须一个土馒头。”（《重九日行营寿藏之地》）此外，朱熹、陆游、王应麟等人也喜欢过寒山诗。尽管在大多数情况下士大夫诗人是把王梵志、寒山的作品当作宗教与人生处世哲学的打油诗来看待的，但称扬、仿拟之间，也难免受到其不用典故、不避浅俗的“禅家本色”的熏染。

除了偈颂以外，禅宗的语录也对诗歌的通俗化倾向有重要影响。晚唐五代禅宗语录出现，到两宋更是广为流传。禅家机锋讲究以口应心，随问随答，不假修饰，自然天成，因而记载公案的各种语录（包括传灯录）都采用了大量的唐宋时期流行的方言俗语。禅宗语录以其生动活泼的语言风格征服了包括辟佛的道学家在内的士大夫。正如清人江藩所说：“儒生辟佛，其来久矣，至宋儒辟之尤力。然禅门有语录，宋儒亦有语录；禅门语录用委巷语，宋儒语录亦用委巷语。夫即辟之，而又效之，何也？盖宋儒言心性，禅门亦言心性。其言相似，易于混同，儒者亦不自知而流入彼法矣。”（《国朝宋学渊源记》附记）的确，宋代士大夫在汲取禅宗精神内核的同时，也不知不觉接受了禅宗语录的语言外壳。不仅道学家如杨时、朱熹的语录如此，很多习禅的诗人也常效法禅门语录用“委巷语”。如江西派诗人陈师道不单是常用传灯录中的禅语，而且“多用一时俚语”，仅据庄季裕《鸡肋编》卷下统计，就有如下诗句：

昔日剜疮今补肉。
百孔千窗容一罅。
拆东补西裳作带。
人穷令智短。
百巧千穷只短檠。
起倒不供聊应俗。
经事长一智。
称家丰俭不求余。
卒行好步不两得。

巧手莫为无面饼。（巧媳妇做不得无面饦饦）

不应远水救近渴。

谁能留渴须远井。（远水不救近渴）

瓶悬甍间终一碎。（瓦罐终须井上破）

急行宁小缓。（急行赶过慢行迟）

早作千年调。

一生也作千年调。（人作千年调，鬼见拍手笑）

拙勤终不补。（将勤补拙）

斧斫仍手摩。（丈斧斫丁手摩挲）

惊鸡透篱犬升屋。（鸡飞狗上屋）

割白鹭股何足难。（鹭鸶腿上割股）

荐贤仍赌命。

杨万里、范成大那些通俗的诗篇，也从禅宗语录中受益不浅。比如杨万里《竹枝歌》有“须遣拖泥带水行”之句，“拖泥带水”四字就是禅宗语录中常见的话头，承天惟简禅师说：“师子翻身，拖泥带水。”（《五灯会元》卷十五）又如范成大的名作《催租行》“聊复偿君草鞋费”中的“草鞋费”，最早也见于禅宗语录，南泉普愿禅师说：“浆水钱且置，草鞋钱教阿谁还？”（《五灯会元》卷三）类似的例子还可举出很多。可见，以禅语入诗和以方俗语入诗之间确有一种对应关系，甚至有时就是一回事。

诗僧寒山曾经说自己作的诗“不烦郑氏笺，岂用毛公解”（《全唐诗》卷八〇六），易读易懂，不需注释。其实，唐代近禅诗人的作品大多都能做到这一点。如果说六朝诗人大抵醉心于声律排偶、辞藻典故的话，那么唐诗人则多半追求一种不见斧凿痕的平易自然的语言风格。骈赋式的好堆砌藻饰的作风逐渐消失，而代之以相对更富于平民色彩的纯净透明的语言。不仅白居易等人如此，王维、孟浩然诸家也不例外。如明人胡震亨所说："唐诗不可注也。诗至唐，与选诗大异，说眼前景，用易见事，一注诗味索然，反为蛇足耳。"（《唐音癸签》卷三十二）应该说，唐诗之所以较六朝的选诗更平易晓畅，偈颂和王梵志等人诗歌的影响也是重要因素之一。换言之，以禅入诗促进了诗风的通俗化。

不过，从唐到宋，尽管有不少诗人对禅宗偈颂和语录发生兴趣，但在借鉴或汲取其语言风格时却角度不同，程度有别。纵观唐、宋各种诗派或诗人群体，大约可分为三种情况：

其一，追求一种欲老妪尽解的浅易朴实的语言风格，不妨鄙俚粗俗。这是对禅偈语言最忠实的继承，可以称为中国古代真正的白话诗。这派诗人以王梵志、寒山、拾得为代表，白居易的"元和体"有部分作品可归入此类，但"禅家本色"稍逊一筹。学术界常有人认为禅宗带来中国诗歌含蓄蕴藉的审美趣味，而忽视了禅宗对诗影响的另一面，即带着野性、村味、市俗气的粗俗滤漫。这是真正的平民诗，它和士大夫对诗歌的审美要求绝然背反，但在民众中却极有影响力。

其二，借鉴禅偈平易通俗的语言风格，将其融汇于传统诗歌的精美形式之中，从平淡的字句中，显露深邃的禅意。这里面既有士大夫对禅偈的改造，也有禅偈对传统诗歌的反馈。这是吸取了禅偈的平易而扬弃了它的粗俗的士大夫诗。这派诗人以王维、孟浩然等人为代表，语言单纯明净，几乎和寒山、拾得诗一样不必注释就可读懂，但其含蓄隽永、翩翩文雅的情趣却与寒、拾有天壤之别。

其三，借用偈颂或语录中的方言俗语，或受偈颂、语录用"委巷语"的启发，追求一种使诗歌变得陌生新奇的效果。这就是宋诗人津津乐道的"以俗为雅"（苏轼、黄庭坚、陈师道、杨万里等人都论述或转述过“以俗为雅”这句话），用江西派诗人韩驹的话来说：“古人作诗多用方言，今人作诗复用禅语，盖是厌陈旧而欲新好也。”（《陵阳先生室中语》）在宋人看来，方言、禅语都差不多，当其侵入典雅精美的诗歌语词系统之时，立即以其非诗化的形态带来一种新鲜的刺激力。惠洪说得更透彻：“句法欲老健有英气，当间用方言为妙。如奇男子行人群中，自然有脱颖不可干之韵。”（《冷斋夜话》卷四）就是说，这好比在一群谦谦揖让的贤人（典雅的纯诗语言）之中，突然出现一个被发左衽的狂士（方俗语言），这狂士反而显得超凡脱俗。事实上，很多宋诗人像惠洪一样，并不是把方言俗语的使用简单看作使诗歌语言通俗和富有生活气息，而是将其理解为使诗歌充满力量（健）和生命（气）的有效手段。这与俄国形式主义批评提出的文学“陌生化”的手法颇为相似，方言俗语间入诗中，在诗的背景上因其非诗的语言形态而“使对象陌生，使形式变得困难”（转引自张隆溪《二十世纪西方文论述评》第75页），在陌生和困难的审美感觉中，诗歌语言找回了它的新鲜性和刺激力。陈师道的那一大堆用俚语的诗句，实际上就是“以俗为雅”的尝试。这种禅语方言的借用，审美情趣指向的显然是“雅”，这从宋人另一个和“以俗为雅”相提并论的口号“以故为新”也可以看出来。尽管如此，“以俗为雅”毕竟从客观上诱发宋诗人对方言俗语的重视，杨万里、范成大等人的诗歌正是在这个口号的指引下走上了通俗化的道路。

三、意向的哲理化

诗歌是吟咏性情的国度，也是形象思维的国度。专门写景可以成为好诗，纯粹抒情也可以成为好诗，但一味说理则连诗的资格都很难取得，而只能叫做“语录讲义之押韵者”（刘克庄《后村大全集》卷一一一《吴恕斋诗稿跋》）。因为诗毕竟不同于哲学，其功能是所谓“兴观群怨”，主要以其情感性和形象性影响社会人生。所以在中国《诗经》、楚辞和汉、魏古诗传统中，多感慨的议论，却很少纯说理，也少哲理的表现。东晋的玄言诗好说理，但多是虚玄思辨的语言，诗意晦涩而诗味枯淡，未能在诗坛立住脚根。直到禅宗兴起，特别是禅偈和诗歌长期碰撞，双向交流，说理诗才达到一个前所未有的高度，形成中国特有的哲学（理）和诗（趣）相结合的新诗歌传统，在两宋诗坛尤有重要地位。

照理说，禅宗讲“顿悟”，讲“明心见性”，是反对理性认识的。《圆觉经》上说：“云何二障？一者理障，碍正知见；二者事障，续诸生死。”执著于文字，去做逻辑常识的认知推理，就是“理障”。无论是早期禅宗的直觉体验、观照冥想，还是后期禅宗的游戏三昧、文字机锋，几乎都反对诉诸理性思辨的“知解宗徒”。但另一方面，禅宗作为宗教意识，自有其理论内容，必有一种超越于事相的形而上的绝对理念。也就是说，禅家的“顿悟”必然指向对形而上的义理的领悟。因而，从本质上讲，禅宗的各种文字话头都是为阐释佛教义理服务的，只不过阐释的方式千奇百怪罢了。而禅偈由宣扬佛理的佛经偈颂直接演化而来，说理更是其主要功能。

早期的禅偈虽初具诗的形式，如五、七言句式和押韵等，但往往只有枯燥的说理，毫无诗意可言。慧能开宗立派之后，提倡“不立文字”的教外别传，排斥概念化的、说教式的佛经中的文字，即排斥一种纯宗教哲学的语言，而利用象征的、比喻的、暗示的语言来表现禅理。这样，禅偈逐渐借鉴诗歌的表现手法而成为一种诗偈，开始以形象和比喻来表达对禅理的理解。如《坛经》中记载的神秀和慧能的示法偈就是诗意盎然、哲理深刻的作品。在前面第二章我曾描述过偈颂的诗化过程，其实这里面最有意义的是哲理（禅理）的诗化。中唐的大梅法常禅师示法偈就已是借象征说理：

摧残枯木倚寒林，几度逢春不变心。樵客遇之犹不顾，郢人那得苦追寻。（《五灯会元》卷三）

以枯木象征彻底的避世主义哲学。而到禅宗流衍为五宗七派之后，竞相以诗偈说明各家禅理。既戒“理障”，又有所谓“绕路说禅”的手段（见《碧岩集》卷一），所以常常利用日常生活中生动的事例阐明禅理，从而产生了不少艺术性很强的作品。如杨岐派白云守端禅师诗偈：

为爱寻光纸上钻，不能透处几多难。忽然撞着来时路，始觉平生被眼瞒。（《林间录》）卷下）

借用苍蝇钻窗纸的情状，说明佛教真如之光不在于佛经之中（纸上），而在于对“本心”、“自性”（来时路）的顿悟（忽然撞着）。像这种不用禅语而饱含禅理禅趣的诗偈，在宋代禅师那里极为常见，随便举几首就可窥见一斑：

山前一片闲田地，叉手叮咛问祖翁。几度卖来还自买，为怜松竹引清风。（《五灯会元》卷十九法演禅师开悟诗）

雪覆芦花欲暮天，谢家人不在渔船。白牛放却无寻处，空把山童赠铁鞭。（《续传灯录》卷二雪窦重显示法诗）

春天一夜雨滂沱，添得溪流意气多。刚把山僧推倒却，不知到海后如何？（《冷斋夜话》卷六靓禅师溺流诗）

目的还是说理，表现禅思想和人生哲学，并非感物抒情，但能寓理于形象描写之中，韵味深长。

如果说禅僧的习诗使偈颂逐渐获得诗的素质，那么，诗人的习禅则使诗歌日益具有理性精神。一方面是禅师大量利用诗句说法示悟，另一方面是诗人对偈颂禅理心慕手追。王维、白居易、司空图、王安石、苏轼、黄庭坚、范成大等一大群诗人都写过不少表现禅理的偈颂体诗歌。比如司空图的《与伏牛长老偈》之二：

> 长绳不见系空虚，半偈传心亦未疏。推倒我山无一事，莫将文字缚真如。

他那“不着一字，尽得风流”的论诗宗旨，显然是“莫将文字缚真如”的禅理的引申。神韵派诗论家尚且如此摆弄禅理，更不用说“以议论为诗”的苏轼、黄庭坚等人了。苏、黄不仅写过“溪声便是广长舌”（苏《赠东林总长老》）、“海风吹落楞伽山”（黄《为黄龙心禅师烧香颂》）之类的诗偈，而且常取僧徒诗偈中的禅理，或点铁成金，化为己有；或夺胎换骨，不露痕迹。黄庭坚《次韵杨明叔见饯》十首之八有“皮毛剥落尽，惟有真实在”之句，直接采用寒山的一首诗：“有树先林生，计年逾一倍。根遭陵谷变，叶被风霜改。咸笑外凋零，不怜内文采。皮肤脱落尽，唯有真实在。”寒山以经霜老树喻人性精灵，黄用来说明恪守节义的处世原则。又黄庭坚《柳闳展如，苏子瞻甥也，作诗赠之》第八首：“八方去求道，渺渺困多蹊。归来坐虚室，夕阳在吾西。”任渊注曰：“孟子：‘子归而求之，有余师。’法眼禅师《金刚经四时般若颂》曰：‘理极忘情谓，如何有喻齐。到头霜夜月，任运落前溪。果熟兼猿重，山长似路迷。举头残照在，元是住居西。’此用其意，谓道在迩而求之远也。”（《山谷内集诗注》卷五）苏轼化用前人偈颂中的禅理更灵活而富有创造性。《景德传灯录》卷十五记载，洞山良价过水睹影，猛然开悟，作偈一首："切忌从他觅，迢迢与我疏。我今独自往，处处得逢渠。渠今正是我，我今不是渠。应须恁么会，方得契如如。"大旨是说佛性如影随人，步步不离，即心即佛，不须外求。苏轼的《泛颍》也从水中影悟入，而开出新的哲理境界：

> 我性喜临水，得颍意甚奇。到官十日来，九日河之湄。吏民笑相语，使君老而痴。使君实不痴，流水有令姿。绕郡十余里，不驶亦不迟。上流直而清，下流曲而漪。画船俯明镜，笑问汝为谁？忽然生鳞甲，乱我须与眉。散为百东坡，顷刻复在兹。此岂水薄相，与我相娱嬉。声色与臭味，颠倒眩小儿。等是儿戏物，水中少磷缁。赵陈两欧阳，同参人天师。观妙各有得，共赋泛颍诗。

水波乱人须眉，水定人又还原。苏轼睹水中影而悟出玩水之妙，论证水对于人没有损害污染（磷缁），"玩水之好，贤于声色臭味之好"。将禅理化为一般人生哲理。从某种意义上说，正是这些对禅偈禅理的心慕手追，造就了诗人看待世界的哲理眼光，从而形成一种以诗明理的时代风气。

在禅与诗相互渗透的过程中，偈颂的诗化与诗的哲理化几乎是同步的。正如初盛唐的禅偈粗糙而缺乏诗意一样，其时的诗歌也拙于说理。即便是习禅的诗人，要么表现一种无心的直觉体验，以形象性的意境创造见长，诗歌的意向性并非哲理的发现，或者说诗人只注意表现呈露，而不作哲理说明，如王维、裴迪的《辋川绝句》等。要么就像禅偈一样作枯燥乏味的说理，全然不顾形象的生动性。

如王维的《与胡居士皆病寄此诗兼示学人二首》、孟浩然的《陪姚使君题惠上人房》等诗，充满了“声色非彼妄，浮幻即吾真”、“会理知无我，观空厌有形”之类的说教。总之，盛唐诗中的哲理化倾向并不明显，极少数仿效禅偈的作品，还停留在玄言诗说理的水平上。到了中唐，随着禅偈进一步向诗靠拢，以诗明禅说理渐成风尚，但就是善于议论的白居易，也常常不免为理所障。确如前人所说，唐诗以丰神情韵见长，而非以筋骨思理取胜。当然，由于以禅入诗，唐人诗往往在形象呈露中不自觉地契合一种深刻的哲理。

禅偈的诗化在文字禅流行的宋代达到高峰，与此相对应的是诗的哲理化在宋代臻于极致。所谓诗的哲理化是指诗人有意识地将哲理阐发作为诗的主要目的，诗的意向是说理，而非抒发感情或表现感官愉悦。或许人们会说，宋诗的哲理化是和理学的盛行分不开的。但理学家也吸取了不少禅宗的思维方式。比如理学家刘子翚（朱熹的老师），“其《屏山集》诗，往往多禅语。如《牧牛颂》云：‘软草丰苗任满前，苍然觳觫卧寒烟。直饶牧得浑纯熟，痛处还应着一鞭。’……”（王士禛《池北偶谈》卷十七）朱熹本人讲学，也常借禅理相发明。《朱子语类》卷一一八：“寿昌问鸢飞鱼跃，何故仁便在其中。先生良久，微笑曰：‘公好说禅，这个亦略似禅，试将禅来说看。’寿昌对：‘不敢。’曰：‘莫是云在青天水在瓶么？’”朱熹引用的句子，出自唐人李翱（韩愈的学生）写给药山惟俨禅师的一首偈：

> 练得身形似鹤形，千株松下两函经。我来问道无余说，云在青天水在瓶。（《景德传灯录》卷十四）

这就是南宗禅的借物悟道，一个理论命题不是用正常的理论语言来论述，而是借自然景物来启悟，借日常生活来阐发。因而，宋诗哲理化的结果，并非重新回到玄言诗（当然也有“语录讲义之押韵者”，但不能代表宋诗的成就），而是创立了一种形象鲜明、哲理深刻的有理趣的诗歌。

这是真正的哲理诗。无论是在诗人、理学家的诗中，还是在僧尼的偈中，都能看出这种大致相同的创作倾向：从形象中引发哲理或借形象说明哲理。试看三首宋诗，第一首是诗人王安石的《登飞来峰》：

> 飞来峰上千寻塔，闻说鸡鸣见日升。不畏浮云遮望眼，自缘身在最高层。

第二首是理学家朱熹的《观书有感》：

> 半亩方塘一鉴开，天光云影共徘徊。问渠那得清如许？为有源头活水来。

第三首是某女尼姑的悟道诗：

> 尽日寻春不见春，芒鞋踏破陇头云。归来笑撚梅花嗅，春在枝头已十分。（《鹤林玉露》丙编卷六）

千寻高塔、半亩方塘、枝头梅花这些客观物象，并非作者纯感觉经验捕捉到的表象，也非情感外射而达到物我冥契的意象，而是诗人为表现某种哲理通过知性选择的形象。诗的意向显然是哲理性的，它们既喻示禅理，却又超越了禅理，而成为意味无穷的具有普遍意义的哲理。例如某尼的悟道诗，本义是以“春”喻“道”；寻春踏破芒鞋，比喻寻道历尽艰辛；但一旦顿悟，春原来就在梅花枝头，道原来就是自己心头。摆脱正常逻辑思维的局限，就会顿悟自性。儒者则从中引出“道不远人”的结论，但诗人又何尝不可从中生发出“用心灵去发现美”、“美就在你身边”的审美观点呢?

以禅入诗虽促成哲理诗的发展，但诗人阐发哲理的方式并不相同。除去那些早期偈颂式的枯燥的说理诗外，真正的哲理诗大致可分为两种表现方式：第一种不用禅语理语，禅理之在诗，如水中盐，蜜中花，凝合无间；第二种虽用禅语理语，却口角灵活，思路自由，说理而不为理所障。凡此两种，都可以称之为有“理趣”。

先看第一种表现方式。袁宏道说：“西林禅人东林弟，朝作新诗暮作偈。将禅比诗不争多，色里胶青水中味。”(《西林庵为从石上人题》) 大意是说禅偈与诗的说理都不应露出痕迹。用沈德潜的话来说：“诗贵有禅理禅趣，不贵有禅语。”(《息影斋诗抄序》) 或：“贵有理趣，不贵下理语。”(《清诗别裁集·凡例》) 所谓“理趣”，是指诗中通过形象语言表现出来的对宇宙、人生的哲理性认识，是一种形象化的哲理。借用黑格尔的话来说，是一种感性显现的理念 (Idee)。寓理于形象之中，见道于形象之外。王维的“行到水穷处，坐看云起时”向来被视为这种表现方式的典范，就因其形象的自然呈现而契合禅家“对境无心”的宗旨，表现出由理性向感性的深沉积淀而造成的人生哲理的直接感受。但事实上，这只是一种“作者之用心未必然，读者之用心何必不然”的准哲理诗，诗人并无以诗明理的创作意向。相比较而言，柳宗元的《渔翁》更显示出自觉表现哲理的倾向，尽管全诗几乎仍是形象的自然呈现：

渔翁夜傍西岩宿，晓汲清湘燃楚竹。烟销日出不见人，欸乃一声山水绿。回看天际下中流，岩上无心云相逐。

苏轼称此诗有“奇趣”（奇妙的理趣），全诗不用禅语，也不作推理，但其中任运自然的哲理却与禅意相合。诗的最后两句或被人认为是蛇足，但在表明诗人的哲理倾向方面似不可少。

“绕路说禅”的禅僧对这种表现方式极为谙熟，不仅在公案里我们随时可以看到这样说理的例子，例如“千江同一月，万户尽逢春”（《五灯会元》卷十三龙光諲禅师语），而且有不少禅师自觉用此方式作偈颂，决不沾半点禅语，如圆悟克勤的示悟偈：

> 金鸭香消锦绣帏，笙歌丛里醉扶归。少年一段风流事，只许佳人独自知。（《五灯会元》卷十九）

男女相爱的心境非当事者不能理解，而禅宗的体验亦非他人可以理解，这里表现的是禅家所谓“如人饮水，冷暖自知”的个体一得之悟。然而，这哲理已深深潜入人生的真切感受之中，是情？是景？还是理呢？如“色里胶青水中味”一样浑融莫辨了。

如果说唐代近禅诗人的“理趣”多为无心的自然流露的话，那么，宋诗人对“理趣”则大多表现为有意识的自觉追求。通过感性形象显现理念，在宋诗中运用得更为普遍和纯熟，前面所举诗人、理学家、僧尼的诗都是极好的例子。再看两则宋人对本朝诗人的评语，一则是魏了翁在《黄太史文集序》中评黄庭坚诗：

> 山谷晚岁诗，所得尤深。以草木文章，发帝杼机；以花竹和气，验人安乐。

认为黄诗从草木花竹之中表现出对自然人生的哲理性认识。另一则是吴子良称叶适诗以义理胜：

“花传春色枝枝到，雨递秋声点点分”，此分量不同，周匝无际也；“江当阔处水新涨，春到极头花倍添”，此地位已到，功力倍进也。……（《荆溪林下偶谈》卷四）

就作者而言，是寓理于形象之中；就读者而言，是见道于形象之外。有人认为宋人不懂形象思维，恐怕只是以偏概全的表面看法吧。

再看第二种表现方式。与第一种理念通过感性显现的方式不同，这是对感性认识作理性的概括说明。它不是把理性沉潜到感性中去，而是由感性上升到理性，由眼前的一机一境的触发而展开推理的联想或联想的推理。比如前面所举洞山良价过水睹影所作的诗偈，就属这种类型。这种哲理表现方式并不回避理语、甚至禅语，因而很容易成为直白无味的说教。不过，禅家偈颂公案重机锋，句不停意，八面翻滚，口舌伶俐，笔头活络，因而，受其影响的说理诗，往往能死蛇弄活，理语成趣。

一般说来，唐诗人用这种方式常常是单向推理联想，并很难概括到一种哲理的高度。如中唐诗人戴叔伦的一首《古意》：

悠悠南山云，濯濯东流水。念我平生欢，托居在东里。失既不足忧，得亦不为喜。安贫固其然，处贱宁独耻。云闲虚我心，水清淡吾味。云水俱无心，斯可长伉俪。

从行云流水中悟出得失俱忘的人生哲理，这是对“禅意的云水”最直接的说明，但其中缺乏机敏睿智的哲理素质。

运用这种说理方式最成功的无疑要算苏轼。他常常能在日常事物中，生发出对人生、宇宙各种现象的透彻理解。他在偶过旧日驻足僧舍之时，悟出“人生到处知何似？应似飞鸿踏雪泥”的偶然性；

在不同的角度观察过庐山之后，得出“不识庐山真面目，只缘身在此山中”的新思想。特别是他的《百步洪》之一：

> 长洪斗落生跳波，轻舟南下如投梭。水师绝叫凫雁起，乱石一线争磋磨。有如兔走鹰隼落，骏马下注千丈坡。断弦离柱箭脱手，飞电过隙珠翻荷。四山眩转风掠耳，但见流沫生千涡。险中得乐虽一快，何异水伯夸秋河。我生乘化日夜逝，坐觉一念逾新罗。纷纷争夺醉梦里，岂信荆棘埋铜驼。觉来俛仰失千劫，回视此水殊委蛇。君看岸边苍石上，古来篙眼如蜂窠。但应此心无所住，造物虽驶如吾何！回船上马各归去，多言譊譊师所呵。

诗中的说理是由长洪涡流触发的。先用一连串比喻摹写急浪轻舟，突出险中得乐之趣，然后转写光阴似箭、人生无常之慨，最后阐发“但应此心无所住”的禅宗之旨。诗中虽有理语，甚至有禅语（如“一念逾新罗”、“千劫”等），但人生哲理由眼前景引发，又由眼前景得到印证（如以“篙眼”印证“俛仰失千劫”）。清方东树认为这种说理方式“全从《华严》来”（《昭昧詹言》卷十二），是很有眼力的。的确，苏轼的哲理诗吸取了禅宗句不停机、华严事理圆融的表现手法。所以，尽管他的诗好说理，而且“横说竖说，了无剩语”，不讲含蓄，但由于他对禅宗思维方式的流动性、随机性深有会心，因而“事理之障，障他不得”（《紫柏尊者全集》卷十五《跋苏长公集》），在大跨度的联想和多向推理中获得理性的自由。这是另一种“理趣”，是一颗睿智的心灵洞悉宇宙人生之后流露出来的谐趣、风趣和机趣。

严羽《沧浪诗话》说：“诗有别趣，非关理也。”又说：“不涉理路，不落言筌。”倘若是指诗要用形象思维，而不能用逻辑思维，这当然是正确的，但如果是说诗完全不能表现哲理，诗人不需具备理性精神，则未免走到另一个极端。事实上，真正的诗人总是深刻的哲学家，“理”中也可以有“趣”存在，古今中外都有“涉理路”的优秀作品，理本身并非诗的仇敌。以禅喻诗的严羽也许没有认识到，以禅入诗恰巧赋予诗人一种深刻的理性素质，不必说苏、黄诸公“以议论为诗”的作品，就是严羽欣赏的王、孟胜境，其佳处也在目击道存，即事即理，以形象呈露佛性，以直觉体味义理，何尝非关理呢？当然，王、孟在静穆观照中默契哲理，苏、黄在文字机锋中阐述哲理，前者或许更近禅家本色。

四、趣味的平淡化

人生哲学和生活方式往往决定着人们的审美趣味。金戈铁马的英雄人生总是喜爱豪迈奔放、粗犷宏伟的气韵，吃喝玩乐的市侩哲学一般醉心轻佻放荡、庸俗刺激的情调，而奉行超尘脱俗的禅宗哲学，则常常导向虚融清净、平静淡泊的审美趣味。禅门大德说：“道人之心，譬如秋水澄渟，清净无为，澹泞无碍，唤他作道人。”（《景德传灯录》卷九）这种人生哲学和审美趣味随着禅宗的兴盛发展，也逐渐为越来越多的士大夫所接受。自然适意、清净恬淡或简称“平淡”日益成为唐、宋以后诗坛占主导地位的审美理想，成为士大夫追求的最高艺术境界。

当然，老庄哲学也提倡淡泊虚无、清净无为，但将这种人生哲学转化为一种审美趣味，并在中国诗坛上产生广泛影响，却是禅宗的功劳。我们注意到，魏晋时期虽然玄学大盛，并渗透到人们的生活中，但其时的审美趣味却并不平淡。或者是建安诗歌的激昂，“观其时文，雅好慷慨”，或者是太康诗歌的文采，“结藻清英，流韵绮靡”，甚至连写“微言精理”的玄言诗，也是“澹思浓采”，语言亦多藻饰，更不用说南朝“情必极貌以写物，辞必穷力而追新”的诗歌了（参见《文心雕龙·时序》《明诗》）。这一时期的诗歌理论常讨论风骨、情采、物色的范畴，即便是标榜“自然英旨”或“初日芙蓉”，也是指语言的清新自然而文采风流，并不意味着平淡。因为这一时期人们对老庄思想的理解，还主要是哲学上的理解，而非心灵上的契合，超尘脱俗还主要表现为外在行为，而非内在精神的解脱，“志深轩冕，而泛咏皋壤；心缠几务，而虚述人外”（《文心雕龙·情采》），魏晋风度毕竟还是世俗味甚浓的风度。

禅宗是更彻底的避世主义哲学，是一种心灵的逃避。无论是它那澄澈宁静的观照方式，还是无心无念的生活态度，都造就一种绝不激动、平静淡泊的心境。禅悟虽是非理智思辨的直觉体验，但决没有情绪的冲动，而毋宁说深深包蕴着理性的静穆。这理性的静穆将人世的各种悲欢离合、七情六欲引向空无的永恒，化为心灵深处的对物欲情感的淡泊。因而，禅宗对诗歌渗透的结果，必然带来真正的审美趣味的平淡化。这一倾向在禅宗初兴的盛唐发端，习禅的王、孟派诗人大都向往一种恬淡平静的心境：

> 我心素以闲，清川淡如此。（王维《青溪》）
>
> 道心淡泊随流水，生事萧疏空掩门。（韦应物《寓居澧上精舍寄于张二舍人》）

而这种心境使王、孟派诗歌具有一种特别冲淡的韵味，我在第四章对此曾有专节论述。如果说王、孟诸人只是不自觉地创造出冲淡的意境，那么，禅宗信徒司空图则在《二十四诗品》中有意识地标榜冲淡的韵味，不仅专门列出“冲淡”一品，而且欣赏“神出古异，淡不可收”的“清奇”，“落花无言，人淡如菊”的“典雅”，甚至在“绮丽”一品中也认为“浓尽必枯，淡者屡深”。其实，其他各品中也大都有“冲淡”的影子：

> 月出东斗，好风相从。太华夜碧，人闻清钟。(《高古》)
> 幽人空山，过雨采蘋。薄言情悟，悠悠天钧。(《自然》)
> 如将白云，清风与归。远引若至，临之已非。(《超诣》)

明月、好风、清钟、空山、白云，再加上幽人，静穆闲远，淡而无痕，不正是组成“冲淡”趣味的形象特征么？

不仅推崇王、孟胜境的神韵派提倡“冲淡”，而且有文字禅倾向的苏轼、黄庭坚同样向往平淡。苏轼说：

> 大凡为文，当使气象峥嵘，五色绚烂，渐老渐熟，乃造平淡。(周紫芝《竹坡诗话》引)

他欣赏的平淡，乃是韦应物、柳宗元诗“发纤秾于简古，寄至味于澹泊”的风格，以为这一点李白、杜甫都有所未至。诗风生新瘦硬的黄庭坚也同样主张：

> 平淡而山高水深，似欲不可企及，文章成就，更无斧凿痕，乃为佳作耳。(《与王观复书》)

甚至连“独抒性灵，不拘格套”的袁宏道，也把“淡”字视为诗歌艺术的极致，并和“性灵”、“变态”联系起来：

> 苏子瞻酷嗜陶令诗，贵其淡而适也。凡物酿之得甘，炙之得苦，唯淡也不可造；不可造，是文之真性灵也。浓者不复薄，甘者不复辛，唯淡也无不可造；无不可造，是文之真变态也。(《袁宏道集笺校》卷三五《叙呙氏家绳集》)

无论是空灵的意境追求、机智的语言选择，还是自由的性灵抒发，尽管思维方式有所不同，语言风格有所区别，艺术境界有所差异，但审美情趣的平淡化倾向却是一致的。而这种倾向显然是和禅宗宁静淡泊的清净心分不开的，因为参禅悟道的结果，都是要达到一种不食人间烟火的超尘脱俗的境界，即便过着世俗的生活，精神的指向都是清高淡雅，断不会为利欲所惑，为烦恼所苦。

因此，所谓“平淡”和“冲淡”往往是“禅气”、“禅味”的代名词，把人世间的功名利禄、喜怒哀乐化解为“极无烟火”的文字、意趣。具体说来，诗中充满禅意的“平淡”，大致表现在这么几个方面：

一是色彩的清淡。诗僧或习禅的诗人的作品常选择大自然中最能表现宁静清旷的景物作素材，如幽谷、寒泉、明月、白云、苍松、翠竹、远山野水、荒村古寺等，极少描写市井红尘、京华帝都种种鲜艳的风物。以禅入诗或有禅味的作品中，很难看到鲜艳的色彩字，如红、紫、绛、丹、朱、黄、蓝等，即使有色彩的字，也是青、白等冷色调，而绝无引起冲动、刺激感官的暖色调。正如传统的金碧山水画被王维改造为水墨山水画一样，“弃淳白之用，而竞丹雘之奇”的谢灵运山水诗（焦竑《谢康乐集题辞》）也为“澄澹精致”的王、孟胜境所代替。由感官愉悦而至心灵领悟，进而至于理性的直觉，由物质追求、向外开拓转向顿悟自性、向内退避，习禅的宋诗人日益失去了对感性美的兴趣，更倾向于以本色语代替丹臒之辞。正如梅花取代牡丹在花中荣登榜首一样（见《全芳备祖》），宋诗更呈现出一种清丽枯淡的水墨意味。在以禅为诗的江西诗派作品中，景物描写极少色彩渲染或词藻堆砌，多用白描。诗中的意象如茶碗炉熏之清香、古松瘦竹之清劲、书册翰墨之清寒、蛛网尘壁之清贫、扁舟白鸥之清闲，都只有淡淡的色彩。所以有人说黄庭坚诗“洗尽铅华，独标隽旨，凡风云月露与夫体近香奁者，洗剥殆尽”（《宋黄文节公全集》附陈丰《辨疑》）。其实，即使是后来写过体近香奁的袁宏道，也把难以设色之“淡”视为最高艺术境界：“风值水而漪生，日薄山而岚出，虽有顾、吴，不能设色也，淡之至也。”（《叙呙氏家绳集》）

二是感情的恬淡。禅宗把佛家所倡的本体——“自性”看成是每个人空明静寂的“本心”，六祖慧能说：“内见自性不动，名曰禅。”（《坛经》）禅宗以顿悟自性、发现本心为宗旨。从心理学的角度来看，“本心”实际上是指不被外界所惑、不动心起念、没有分别心、没有执著心，也没有感情活动的一种主观状态。这一点禅和诗的对立性很明显，因为照中国传统诗论的见解，诗的核心就是喜怒哀乐的感情，它是“情动于中而形于言”，“感于哀乐，缘事而发”的。那么，既要参禅，又要作诗，这个矛盾怎么解决呢？因而，禅对诗的渗透，就是不断地弱化、淡化诗的情感色彩，将喜怒哀乐的强烈感情化为恬淡超然的心灵妙境。于是，在充满禅意的诗歌中，有的只是“悠然远山暮，独向白云归”那种淡淡的愉悦，“落叶满空山，何处寻行迹”那种淡淡的惆怅，“向晚禅房掩，无人空夕阳”那种淡淡的落寞，甚至是“万籁此都寂，惟余钟磬音”那样的摆脱了一切思虑、意向、情感的境界。不仅禅宗凝神于景的宁静观照方式，使心灵与自然化合，将感情消融于永恒不朽的本体存在（佛性）之中，而且那种任运随缘的生活方式，也引导人们不执著于任何是非爱憎、悲欢离合之情。“枯木寒岩，全无暖气”的清寒枯寂之境，既是僧诗“蔬笋气”的特征，又何尝不是“我辈文字到极无烟火处，便是机锋”（钟惺语）的士大夫习气的体现呢？

三是语言的平淡。禅家主张“不立文字”，实际上主要是指不要执著、粘滞于文字。以禅入诗当然也不能落入文字窠臼，要求遣词造句不露人工雕琢之迹，如风吹水，如月印潭，淡然无痕。梅尧臣说：“作诗无古今，惟造平淡难。”（《读邵不疑学士诗卷》）对于习禅的士大夫来说，作诗的难处不在于情感的淡泊，而在于如何把恬淡的心理状态转化为与之大致相应的语法、词汇、修辞等能为读者感知的语言形态，即如何把语句的深层结构转换生成为语句的表层结构。真正的平淡境界应该是二者的统一，玄言诗那种“澹思浓采”的结合，其结果往往造成言与意的分离、思与采的矛盾，缺乏深永的韵味。习禅的诗人当然深知这一点，力求达到恬淡的感情与同样恬淡的语言的统一。不过，就唐宋以来的创作状况来看，诗人达到平淡的途径大致有二：一种是经过苦吟极炼而至于平淡，如韩愈称贾岛诗：“奸穷怪变得，往往造平淡。”（《送无本师归范阳》）由于得之苦吟，平淡中总有点斧凿痕和幽僻怪奇的色彩。梅尧臣的平淡也大抵如此，欧阳修称他的诗是“古淡”、甚至“古硬”，他自己也承认：“因吟适情性，稍欲到平淡。苦辞未圆熟，刺口剧菱芡。”（《依韵和晏相公》）往往平得来没有劲，淡得来没有味，近乎枯淡。另一种是自然天成、妙手偶得的平淡，思虑仿佛消解了，一切都是在无心无念中完成，“俯拾即是，不取诸邻。俱道适往，着手成春”（《二十四诗品·自然》），妙处不关言语意思，没有半点矫揉造作，没有丝毫雕琢痕迹。“遇之匪深，即之愈稀。脱有形似，握手已违”（同上

《冲淡》)，不可作句法演绎，不可作字词分析。王、孟胜境具有如此特点，如孟浩然的诗就被人称为“所谓篇法之妙不见句法者”（参见本书第四章第三节）。

也许，语言的平淡而不露斧凿痕对于多数近禅的诗人来说，还只是一个高不可及的理想境界，然而，禅宗的人生哲学和生活方式促成士大夫审美趣味的平淡化却是毋庸置疑的。在唐代，这种平淡的审美趣味还只是在少数浸淫禅学极深的诗人那里有所体现。杜甫喜欢“鲸鱼碧海”的壮美和“翡翠兰苕”的纤美，韩愈欣赏“巨刃摩天扬”的雄奇和“刺手拔鲸牙”的险怪，岑参的瑰丽豪壮，李贺的光怪陆离，李商隐的缠绵悱恻，都不在淡。李白虽标榜过“清水出芙蓉，天然去雕饰”之美，但那是清新自然、色泽鲜艳的美，绿水映红蕖，心境色调何曾“淡”呢？只是到了宋代，禅宗精神才不仅征服佞佛的居士，而且渗透到理学的精神中去，这样，虚融清净、平静淡泊的审美趣味才不仅在宋代士大夫中靡然风向，而且成为中国封建社会后期士大夫普遍推崇的审美理想。

我曾在一篇文章中戏谑地提出过“酒神”精神和“茶神”精神的区别（中国传统文化中只有茶酒之辨，如《茶酒论》之类的玩意儿，而无酒神与日神之辨，因而杜撰出“茶神”精神的概念），以为前者浓郁，后者枯淡，前者冲动迷狂，后者宁静清醒。唐诗人好酒，宋诗人好茶，因而唐诗具有强烈的感情和热烈的色彩，宋诗具有平静的理性和清淡的色调。而这种“茶神”精神恰巧是禅宗精神的体现或象征。诗人对待酒与茶的态度，几乎可以检验他与禅宗关系的远近亲疏，判断他到底推崇一种什么样的生活情趣和审美情趣。

禅宗向来与茶有不解之缘。向往过清淡生活的僧家离不开茶，唐人著《茶酒论》以茶之口标榜其功用说：“明（名）僧大德，幽隐禅林，饮之语话，能去昏沉。”而攻击酒说：“酒能破家散宅，广作邪淫，打却三盏已后，令人只是罪深。”（《敦煌变文集》卷三）可见在禅家的立场来看，酒只能引起烦恼罪孽，而茶却能令人保持清净自性。所以，即使是“酒肉穿肠过，佛祖心中坐”的不修行的禅僧，也往往遵循“饭后三碗茶”的“和尚家风”（见《五灯会元》卷九资福如宝禅师），涤尽荤腥油腻。无论是清茶还是酽茶，都能使禅僧获得一种宁静淡泊的清净心境。

习禅的诗人也如此。《旧唐书·王维传》记载他的生活说：“在京师日饭十数名僧，以玄谈为乐。斋中无所有，唯茶铛、药臼、经案、绳床而已。”韦应物也嗜茶，并亲手种植过茶树：

> 洁性不可污，为饮涤尘烦。此物信灵味，本自出山原。聊因理郡余，率尔植荒园。喜随众草长，得与幽人言。（《喜园中茶生》）

在韦应物眼中，茶有高洁的山林之趣，能洗涤世俗的尘烦，是“幽人”的极好伴侣。禅家多饮茶，在于水乃天下至清之物，茶又为水中至清之味，习禅的诗人欲追求清雅的人品与淡泊的情趣，便不可不吃茶；欲入禅体道，便更不可不吃茶。而在唐代，除了少数诗人外，士大夫的兴趣还主要是饮酒，而非啜茗。据笔者粗略统计，在杜甫诗中，提到茶（茗）的仅有六处，而有关酒（醪等）的字样却不下百处，且不谈还有若干形容醉的句子。李白的饮酒更为有名。到了宋代，这一情况大为改变，仅在黄庭坚的诗中，提及茶的意象的诗句就有八十多处，超过酒的意象。如果说在唐诗中还主要是酒的天下的话，那么到宋代至少是茶与酒平分秋色了。酒当然还是饮，但已不如饮茶更具文人本色。静室焚香，僧房煮茗，成为士大夫一代风气。真可谓酒壮英雄胆，茶清居士心，饮食方式亦与审美情趣相通啊！

无疑，以禅入诗或以茶入诗制约着诗人的创作心态和审美趣向。如黄庭坚所说："老翁更把春风碗，灵府清寒要做诗。"（《戏答荆州王充道烹茶四首》）这真是对习禅诗人或诗僧的创作心态的绝妙形容。品茗后的"灵府清寒"当然不同于酒醉后的"兴酣落笔"，它是静穆的、恬淡的，甚至是理性的，不是放纵感情，而是收敛、控制甚至淡化消解感情。它的审美趣味必然是导向虚融清净，平静淡泊。饮茶直如参禅，闲暇宁静之中，世间烦恼、人生苦乐、政坛风云、仕途经济都付之爪哇国去，自然洞见清净心。这就是与禅相通的"茶神"精神。在此精神的指导下，诗人失去了凄楚执著或怨愤呼号的炽烈感情，没有冲动和愤怒，也没有磅礴的气势和雄伟的人格，回避社会矛盾，淡化人生苦难，诗歌倾向于表现某种精灵透妙的心境意绪和清幽淡雅的境界氛围。"淡比汤煎第一泉"（赵庚夫《读曾文清公集》），这是宋人对江西派诗的评价；"诗清都为饮茶多"（徐玑《赠徐照》），这是南宋四灵诗人的自白。真可谓"颓然寄淡泊，谁与发豪猛？"以禅（或茶）入诗在表现诗人高洁淡雅的趣味之时，也付出了背离古老的"兴观群怨"诗学传统的沉重代价。

第八章 ◎ 以禅喻诗概说

一、以 禅 品 诗

禅属宗教，诗属艺术，是两种不同的意识形态。前者立足于彼岸世界，后者立足于此岸世界，对于人生的价值和功用有本质的不同。然而，禅和诗都重内心体验，都重启示和象喻，在思维方式（观照、顿悟、表达）上有许多相通之处。并且，自禅宗在唐代确立以后，就与诗歌发生了千丝万缕的联系，禅师以诗明禅，诗人以禅入诗，所谓“诗为禅客添花锦，禅是诗家切玉刀”（元好问《答俊书记学诗》）。诗禅双向渗透，是中国文化史上一个独特的现象。与此相对应，唐宋以来，以禅喻诗遂成风气，成为中国封建社会后期（尤其是宋代）诗歌理论的重要特点之一。

以禅喻诗只是一个笼统的说法，其理论内涵极为丰富，涉及诗人、诗派、作品、读者，包容构思、表达、欣赏、评论。或以禅趣说诗趣；或以禅理析诗理；或以禅法比诗法；或借禅说诗，取其皮毛；或通诗于禅，得其骨髓。有的只是外表形式简单的比附，有的却是内在精神深刻的契合。纵观历代以禅喻诗的资料，大致可分为四种情况：一、以禅品诗，用禅家有关宗派区别的说法来品评诗派和作品；二、以禅拟诗，用禅法、禅理或禅语来比拟学诗或作诗的一些具体门径与方法；三、以禅参诗，用参禅的态度和方法去阅读欣赏诗作，培养艺术鉴赏力；四、以禅论诗，用禅家的妙谛来论述作诗的奥妙。这是四种不同的以禅喻诗，理论价值差异甚大，不能混为一谈。下面试分别阐述其具体内涵。

以禅品诗的情况出现较早。中唐遍照金刚作《文镜秘府论》，就已用禅宗的南北宗来品评诗文流派了，其南卷《论文意》说：

> 荀、孟传于司马迁，迁传于贾谊。谊谪居长沙，遂不得志，风土既殊，迁逐怨上，属物比兴，少于《风》《雅》。复有骚人之作，皆有怨刺，失于本宗。乃知司马迁为北宗，贾生为南宗，从此分焉。

这段话牵强附会，其中“迁传于贾谊”一句，明显有时代错误。以司马迁为北宗、贾谊为南宗，揣其意，似以骚人怨刺者为南宗，风雅不失其本者为北宗。此说虽是遍照金刚杜撰，想必也是受了以南北宗喻诗文的时代风气之影响。

虽然同为借禅门宗派之说以喻诗歌，但以禅品诗又有种种不同的侧重点。有的着眼于作诗手法；有的着眼于诗人地位；有的品藻艺术风格；有的比喻派别流变；有的是客观赏鉴，指出区别，却无轩轾；有的是主观评骘，辨别正邪，说明高下。

承接中唐余绪，晚唐五代诗人常常借禅宗的南北宗之说来区分诗歌。如题名贾岛作的《二南密旨》说：

> 论南北二宗：宗者，总也。言宗则始南北二宗也。南宗一句含理，北宗二句显意。南宗例：如毛诗云："林有朴樕，野有死鹿。"如钱起诗："竹怜新雨后，山爱夕阳时。"北宗例：如毛诗："我心匪石，不可转也。"如左太冲诗："吾希段干木，偃息藩魏君。"

所谓"一句含理"，大约类似南宗的"直截根源"，词约意丰；所谓"二句显意"，大约类似北宗的"藉教悟宗"，不惮辞费。而从例句来看，似乎是以虚而尚比兴者为南宗，实而用赋体者为北宗。晚唐诗僧虚中的《流类手鉴》也说：

> 诗有二宗：第四句见题是南宗，第八句见题是北宗。

似乎是以见题先者为南宗，见题后者为北宗，前者顿而后者渐。晚唐五代这类诗格著作，不仅爱总结诗法口诀条例，而且往往词意暧昧，令人难以揣测。比如五代徐寅的《雅道机要》也以南北宗喻诗，其说法却与《二南密旨》刚好相反：

> 南宗则二句见意，北宗则一句见意。

何为南宗精神？何为北宗精神？不甚了了。作者是见仁见智，各有会心；读者是丈二金刚摸不着头脑。以南北宗喻作诗手法，是诗格类著作的特点。后世之人以南北宗论画（如董其昌）论词（如张其锦），则着眼于品评艺术风格了。

江西诗派因吕本中仿禅门宗派作《江西宗派图》而得名。吕氏虽称是“少时戏作”（见范季随《陵阳先生室中语》），但以禅门宗派比附诗派，确实是宋人习气。有的借禅门宗祖喻诗人的地位，如刘克庄在《茶山诚斋诗选序》中论江西诗派：

余即以吕紫微（本中）附宗派之后，或曰：“派诗止此乎？”余曰：“非也。曾茶山（几），赣人；杨诚斋，吉人，皆中间大家数。比之禅学，山谷初祖也；吕、曾，南北二宗也。诚斋稍后出，临济、德山也。初祖而下止是言句，至棒喝出，尤经捷矣。（《后村先生大全集》卷九十七）

以临济、德山的棒喝来比喻杨万里的“活法”对江西诗派的继承发展。有的借禅门派别来比喻诗歌派别，如周紫芝《竹坡诗话》说：

吕舍人（本中）作《江西宗派图》，自是云门、临济始分矣。

意思是说江西诗派确立后，作为一个流派的师法渊源和理论宗旨也就明确了。但周紫芝这里语焉不详，云门、临济各指什么诗派，他并没有说。不过，南北宋之交的吴坰在其《五总志》里对此有间接说明：

（黄山谷）始受知于东坡先生，而名达夷夏，遂有苏、黄之称。坡虽喜出我门下，然胸中似不能平也。故后之学者因生分别，师坡者萃于浙右，师谷者萃于江右。以余观之，大是云门盛于吴，临济盛于楚。云门老婆心切，接人易与，人人自得，以为得法，而于众中求脚根点地者，百无二三焉；临济棒喝分明，勘辩极峻，虽得法者少，往往崭然见头角，如徐师川、余荀龙、洪玉父昆弟、欧阳元老，皆黄门登堂入室者，实自足以名家。噫！坡、谷之道一也，特立法与嗣法者不同耳。

云门宗指学苏轼的人，临济宗就是指江西诗派。大约因苏轼提倡“冲口出常言，法度去前轨”的态度，学苏者也多半是“不待思虑而工”，所以喻之为“接人易与，人人自得”的云门宗。而黄庭坚则有种种句法技巧，门庭森严，好比临济宗有种种“勘辩极峻”的“四料简”、“四宾主”等接引方式。显然，吴坰是站在临济宗和江西诗派的立场，因而对云门宗的禅法和苏轼的诗法略有微词。他的这段话既借禅喻两种流派、两种风格和两种诗法，又加进了具有主观倾向性的评骘，在以禅品诗中很有代表性。

江西诗派诗人也常用禅门宗派比喻自己的诗法渊源，如曾几就经常说：“工部百世祖，涪翁一灯传。”（《东轩小室即事》五首之一）“老杜诗家初祖，涪翁句法曹溪。”（《李商叟秀才求斋名》）“华宗有后山（陈师道），句律严七五。豫章乃其师，工部以为祖。”（《次陈少卿见赠韵》）曾几的继承者赵蕃也说：“诗家初祖杜少陵，涪翁再续江西灯。”（《书紫微集后》）以至于后来的方回倡江西诗派的一祖三宗之说。

在众多以禅品诗的资料中，严羽的《沧浪诗话》最具特色。他不仅借禅家大小乘等说法来品评历代诗歌的高下，而且借禅家“向上一路”、“正法眼”等说法来比喻作诗取法的标准。他首先把诗划分为汉魏晋盛唐、大历以还（中唐）、晚唐三个等级，以比附禅家证悟的各个等级：

禅家者流，乘有大小，宗有南北，道有邪正。学者须从最

> 上乘，具正法眼，悟第一义。若小乘禅，声闻、辟支果，皆非正也。论诗如论禅，汉魏晋与盛唐之诗，则第一义也。大历以还之诗，则小乘禅也，已落第二义矣。晚唐之诗，则声闻、辟支果也。学汉魏晋与盛唐诗者，临济下也。学大历以还之诗者，曹洞下也。

严羽虽自称“以禅喻诗，莫此亲切”，但这段话中的比喻不只蹩脚，而且错谬甚多。佛家有三乘：一菩萨乘，二辟支乘，三声闻乘。菩萨乘普济众生，故称大乘；辟支、声闻仅求自度，故称小乘。而严羽却将辟支、声闻视为小乘外的又一乘。临济、曹洞二宗俱出自南宗，机用不同，但均为最上一乘。而严羽却将曹洞视为小乘。清人冯班《钝吟杂录》卷五已指出严羽之谬，看来，严羽于禅学也不过是道听途说、一知半解的“声闻”吧。

尽管如此，严羽这段话的意思还是很明显的，即以汉魏晋盛唐诗成就最高，中唐诗次之，晚唐诗更次之。他认为江西诗派、永嘉四灵以及江湖诗派的弊病，就在于取法不高，未得大乘正法眼。所以，他强调说：

> 入门须正，立志须高。以汉魏晋盛唐为师，不作开元、天宝以下人物。

熟读汉魏晋盛唐名家诗的学诗门径，就是他所谓的“从顶𩕳上做来，谓之向上一路，谓之直截根源，谓之顿门，谓之单刀趣入”。禅语连篇，无非是以盛唐诗为诗歌最高艺术标准、效法榜样。禅，只是一种比喻，没有更深的含义。

总之，历代的以禅品诗大抵停留在简单的借喻或比附上。由于唐宋以来禅学在士大夫中有广泛的影响，以禅品喻诗品，往往能做到简明透彻，使读者深有会心。不过，这种在习禅的士大夫眼中“莫此亲切”的品诗方法，现在看来已无多少理论价值，仅从侧面反映了诗人与禅宗的密切关系而已。

二、以禅拟诗

禅门各宗派有诸多常用话头、接引方式，熟悉禅宗语录公案的诗人，常用来比拟学诗或作诗的一些具体门径和方法。由于禅与诗长期互相影响，在思维方式上有共通之处，因而，以禅法拟诗法就往往超越了外表的比附，而揭示出二者的异质同构性，抓住了艺术思维中某些规律性的东西。

以禅拟诗是中国古代诗论中极常见的现象，内容繁杂，难以概例。就其性质而言，大约有三个不同的层次：一是以禅语拟诗，二是以禅法拟诗，三是以禅理拟诗。

所谓以禅语拟诗，只是借用禅宗常用术语来比拟诗法，禅语和诗法之间缺乏内在的必然联系。比如，“点铁成金”本是禅家典籍中常见话头。《景德传灯录》卷十八灵照禅师说：

> 灵丹一粒，点铁成金。至理一言，点凡成圣。

《五灯会元》卷七翠岩令参禅师也说过相同的话。圆悟克勤《碧岩集》卷九有一条垂示：

> 点铁成金，点金成铁，忽擒忽纵，是衲僧拄杖子。

灵照、翠岩是用来譬喻凡俗人得一语指点顿悟成佛，克勤是用来形容接引学人的灵活机智，黄庭坚却用此禅语来比拟对前人语词的改造翻新。又如“句中有眼”也来自禅家，“眼”本来是指正法眼或金刚眼睛，即禅家所谓“具眼”，指识见高明，而在江西派诗人那里却用来比拟处于诗句中关键位置的字词。不过，这种郢书燕说式的比拟却自有其文化移植方面的意义，在解释诗歌表现手法上也自有其理论价值，我在第五章中的分析足可证明这一点。

所谓以禅法拟诗，是指借用禅宗各家的接引方式、证悟手段、表达方式来比拟种种诗法和诗格。比拟基于禅法和诗法内在结构的相似性，因而往往能从禅法中得到启示，总结出新的艺术手法。试看下面这些例子。

（一）死句与活句。洞山守初禅师说：“语中有语，名为死句；语中无语，名为活句。”（《林间录》卷上）禅家反对作正常的逻辑推理，因而以合理路、有意义的句子为“死句”，不合理路、没有意义的句子为“活句”，让人不执著于语言本身的意义，明白佛性的不可解说性，从而直证自悟，这就叫做“须参活句，莫参死句”（《碧岩集》卷二）。这种“参活句”的方法对诗人的启发表现在两方面：一是阅读欣赏方面，如前面所说，曾几提出“学诗如参禅，慎勿参死句”的原则，强调阅读过程中接受者的主动参与，自由地再创造；二是创作表达方面，清吴乔《围炉诗话》卷一说：

> 诗贵活句，贱死句。石曼卿《咏红梅》云：“认桃无绿叶，辨杏有青枝。”于题甚切，而无丰致，无寄托，死句也。明人充栋之集，莫非是物，二李（李梦阳、李攀龙）为尤甚耳。子瞻能识此病，故曰：“赋诗必此诗，定非知诗人。”其题画云：“野雁见人时，未起意先改。君于何处看，得此无人态？”措词虽未

似唐人，而能于画外见作画者鱼鸟不惊之致，乃活句也。

禅家把正面阐释佛理的句子称为“死句”，如德山缘密说：“一尘一佛国，一叶一释迦，是死句。”（《五灯会元》卷十五）而诗家则把正面描写诗题的句子称为“死句”，如“认桃无绿叶，辨杏有青枝”，类似植物学上的分类，将读者的思路限制在固定范围内，从而“死于句下”。禅家的“活句”在于打破名言概念带来的思维僵局，诗家的“活句”在于充分调动读者的联想，留下想象力的巨大空间，二者在冲破思维定势的束缚方面具有内在的一致性。

（二）云门三种句。云门文偃的法嗣德山缘密说：“我有三句语，示汝诸人：一句函盖乾坤，一句截断众流，一句随波逐浪。作么生辨?”（《五灯会元》卷十五）后来云门宗的禅师对此三句语递相祖述引申，用来接引学人，示法开悟。试看两则公案：

信州西禅钦禅师。僧问：“如何是函盖乾坤句?”师曰：“天上有星皆拱北。”曰：“如何是截断众流句?”师曰：“大地坦然平。”曰：“如何是随波逐浪句?”师曰：“春生夏长。”（《五灯会元》卷十五）

南康军云居大庆海印禅师。僧问：“如何是函盖乾坤句?”师曰：“合。”曰：“如何是随波逐浪句?”师曰：“阔。”曰：“如何是截断众流句?”师曰：“窄。”（《五灯会元》卷十五）

这三种句例子甚多，不能备录。禅师的解释，答案各异，神秘玄虚，而饶有诗意。函盖乾坤大约是指对合天盖地、无所不包、普遍存在的佛性的顿悟，截断众流大约是指斩断语言的葛藤而获得超出常情的识解，随波逐浪大约是指一法不立、无可用心的随机应物。这三种句是证悟禅旨的方法或证悟所达到的境界，诗人则用来比拟诗歌表现手法和诗歌中创造的境界。宋人叶梦得说：

> 禅宗论云门有三种语：其一为随波逐浪句，谓随物应机，不主故常；其二为截断众流句，谓超出言外，非情识所到；其三为函盖乾坤句，谓泯然皆契，无间可伺。其深浅以是为序。余尝戏谓学子言，老杜诗亦有此三种语，但先后不同："波漂菰米沉云黑，露冷莲房坠粉红"为函盖乾坤句；以"落花游丝白日静，鸣鸠乳燕青春深"为随波逐浪句；以"百年地僻柴门迥，五月江深草阁寒"为截断众流句。若有解此，当与渠同参。（《石林诗话》卷上）

据叶氏对三种句的理解来推论，诗家的函盖乾坤句应是指物我冥契、情景交融的境界，即一切景语皆情语。随波逐浪句应是指触兴而发、情随景生的境界，唯心任运的即兴创作。截断众流句应是指设计情景、出奇制胜的境界，构思造语，出人意表。进一步引申开来，这三种句是否正好可分别用来比拟神韵派、性灵派、句法派诗中最成功的境界呢？

（三）临济四宾主。临济宗主张参禅学道之人，应先辨宾主位置。凡观点明确、态度坚决，就是"升堂入室"的"主"，反之，就是门外汉——"宾"。因而临济义玄有"四宾主"之说，即所谓"宾看主"、"主看宾"、"主看主"、"宾看宾"四种证悟深浅不同的禅法。后来临济宗的禅师一般都转述为"宾中宾"、"宾中主"、"主中宾"、"主中主"。试看两例：

> 涿州纸衣和尚。……僧问："如何是宾中宾？"师曰："倚门

傍户犹如醉，出言吐气不惭惶。”曰：“如何是宾中主？”师曰：“口念弥陁双拄杖，目瞽瞳人不出头。”曰：“如何是主中宾？”师曰：“高提禅师当机用，利物应知语带悲。”曰：“如何是主中主？”师曰：“横按镆铘全正令，太平寰宇斩痴顽。”（《五灯会元》卷十一）

滁州琅邪山慧觉广照禅师。……问：“如何是宾中宾？”师曰：“手携书剑谒明君。”曰：“如何是宾中主？”师曰：“卷起帘来无可睹。”曰：“如何是主中宾？”师曰：“三更过孟津。”曰：“如何是主中主？”师曰：“独坐镇寰宇。”（《五灯会元》卷十二）

禅师说“四宾主”，均喻之以诗句。“宾中宾”无非是依人门户之客，拜谒明君之臣，只是参拜佛祖，不知顿悟自性；“主中主”则是证悟的最高层次，一空依傍，自我独立，所谓“丈夫皆有冲天志，莫向如来行处行”。临济宗有关宾主的说法常被诗人用来说明创作中审美主体和客体的关系。王夫之《薑斋诗话》卷下：

诗文俱有主宾。无主之宾，谓之乌合。俗论以比为宾，以赋为主，以反为宾，以正为主，皆塾师赚童子死法耳。立一主以待宾，宾无非主之宾者，乃俱有情而相浃洽。

这里的“主”即抒情主体，“宾”则是自然对象，“立一主以待宾”，即所谓使情感对象化，融入客体之中；“宾无非主之宾”，即所谓使对象转化为意象。这样，主宾相浃洽，情景相交融，在对客体的自然呈现中表现主体感情。吴乔《围炉诗话》卷二更直接以“四宾主”说诗：

四宾主法者，一主中主，如一家惟一主翁也；二主中宾，如主翁之妻妾儿孙奴婢，即主翁之分身以主内事者也；三宾中主，如主翁之朋友亲戚，任主翁之外事者也；四宾中宾，如朋友之朋友，与主翁无涉者也。于四者中除却宾中宾，而主中主亦只一见，惟以宾中主勾动主中宾而成文章，八大家无不然也。

他以高适的《燕歌行》为例，“主中主”是诗人“忆将军李牧善养士而能破敌”，其实就是诗的主题：“君不见沙场征战苦，至今犹忆李将军。”而“主中主”在诗中只此一处。“主中宾”是“壮士军前半死生，美人帐下犹歌舞”、“相看白刃血纷纷，死节从来岂顾勋”四句，直接为主题服务，但并非正面点题，在诗中有照应主旨、组织篇章的功用。其余的诗句都是“宾中主”，从各个侧面渲染烘托主题。“宾中宾”是不足取的，它与抒情主体毫无关系，如王夫之所说：“无主之宾，谓之乌合。”游离于主题之外的景物描写或不着边际的议论陈述，都属此类，不啻为诗中的附赘悬疣。“四宾主”之说启示诗人进一步探讨我与物、情与景、立意与行文之间的辩证关系，对中国诗具有普遍意义。

除以上三条外，较有影响的还有前面各章节所举的曹洞宗“不犯正位，切忌死语”、禅偈“翻案法”以及“活团圞”等，也常被人们用来比拟诗法。至于零星的以禅法拟诗，如吴乔以禅家的“句划意”拟诗中的“句划意”（见《围炉诗话》卷一）、徐增以“释迦说法，妙在两轮”以喻“作诗有对，须要互旋”（见《而庵诗话》），更散见于古人诗话序跋之中，不胜枚举。

所谓以禅理拟诗，是指借禅宗参悟的某些普遍原理来比拟作诗的某些普遍原则和方法。这种比拟，不借助于具体的禅语和禅法，而是注意发掘参禅和作诗内在精神的一致性。略举数端如下：

（一）以参禅之无心拟作诗之天然。宋人赵蕃《诗法》一诗说：

> 问诗端合如何作，待欲学耶无用学。今一秃翁曾总角，学竟无方作无略。欲从鄙律恐坐缚，力若不足还病弱。眼前草树聊渠若，子结成阴花自落。

又张镃《诗本》一诗说：

> 诗本无心作，君看蚀木虫。旁人无鼻孔，我辈岂神通！风雅难齐驾，心胸未发蒙。吾虽知此理，恐堕见闻中。

大旨是说参禅作诗，如草树结子，其花自落，如蠹虫蚀木，偶成文字，一切出之自然无心，无须学问，无须见闻，不为诗法禅法所缚，便是好诗，便能顿悟。

（二）以禅与律的关系比拟作诗变化与规矩的关系。宋人饶节说："禅家妙用似孙吴，奇正相生非一途。"（《送池州诸化士》四首之一）谢逸说："古者禅律合为一，后世禅律分为二，故学禅者笑律而不知律中有禅，学律者笑禅而不知禅中有律。"（《上高净众禅院记》）禅家主张不拘故常，变化万方，但其中仍有基本原则一以贯之，即无所不在的佛法。所谓"奇"与"正"、"禅"与"律"其实都说的是自由与规律的关系。饶节和谢逸都是吕本中的朋友、学长，属江西派诗人，我们有理由认为吕本中的"活法"说就受其启发，试看吕氏的解说：

> 所谓活法者，规矩备具，而能出于规矩之外；变化不测，而亦不背于规矩也。是道也，盖有定法而无定法，无定法而有定法。（《后村先生大全集》卷九十五《江西诗派》引）

"规矩"就是禅家的"正"、佛家的"律"，"变化"就是禅家的

“奇”、佛家的“禅”。后来的傅占衡在《释竺裔诗序》中更直接以此禅理说诗：

> 昔严仪卿（羽）以禅论诗，余尝申其说焉：教外有禅，始悟律苦；诗中有律，未觉诗亡；两者先后略相同异。然大要缚律迷真，无论诗之与禅均是病痛耳。
>
> 偲然绳墨之中，即禅而不禅也，不律而律也；飘然蹊径之外，即律而不律也，不禅而禅也。

不即不离，不粘不脱，禅而不禅，律而不律，自由与规律辩证统一，这是诗和禅的共通之点。

（三）以禅家的呵佛骂祖比拟诗人的独创自立。吴乔《围炉诗话》卷一说：

> 诗人措词，颇似禅家下语。禅家问曰：如何是佛？非问佛，探其迷悟也；以三身四智对，谓之韩卢逐兔，吃棒有分。云门对曰“干屎橛”，作家语也。刘禹锡之《玄都观》二诗，是作家语。崔珏《鸳鸯》、郑谷《鹧鸪》，死说二物，全无自己，韩卢逐兔、吃棒有分者也。

这段话有二解，所谓“作家语”一是指有“自己”，有个性，蔑视权威，敢称佛为“干屎橛”；二是指不“死说”一物，不作正面回答和描写。徐增《而庵诗话》中的比拟更清楚明白：

> 夫诗一字不可乱下；禅家着一拟议不得，诗亦着一拟议不得；禅须作家，诗亦须作家；学人能以一棒打尽从来佛祖，方

是个宗门大汉子；诗人能以一笔扫尽从来窠臼，方是个诗家大作者。可见作诗除去参禅，更无别法也。

禅家和诗家的语言都具有模糊性、超越性、非逻辑性的特点，“着一拟议不得”；参禅和作诗都必须摆脱对经典、偶像的迷信和依赖，充分发挥主观能动性，从必然王国走向自由王国。

以上种种以禅拟诗是否有牵强附会、舍近求远之嫌呢？本来，人文各科彼此系连，交互映发，尽可以自由穿越界线，而禅与诗的互文（Intertextual）关系尤为明显，拟诗于禅自有其内在的理论依据。何况上述种种比拟基本上做到了移植中有变异，借鉴中有创造。对于禅的文本来说，可谓遇劫变形，投胎转世；对于诗的接受来说，可谓由此及彼，举一反三。总之，这些比拟拓宽了诗人的眼界，激发了诗人的联想力，并给中国诗论带来不少新术语、新概念、新范畴。

三、以禅参诗

如果说以禅拟诗重在诗歌的表现手法，那么以禅参诗则在于诗歌的欣赏方式，即用参禅的态度和方法来读诗。就有关以禅参诗的资料来看，可分为两部分：一是活参，指具体欣赏诗作所应持的态度；二是饱参，指培养艺术鉴赏力的途径。

“活参”来自禅宗的“须参活句，莫参死句”，诗人借用来说明诗歌欣赏过程中的感受、联想、体会。关于“活参”的内涵，第五章已有详细阐释，这里再举一些宋人有关“活参”的论述以及诗人“参活句”的例子。徐瑞《论诗》说：

> 大雅久寂寥，落落为谁语。我欲友古人，参到无言处。（《松巢漫稿》）

参诗参到无言处，其实就是追寻诗歌那只可意会而不可言传的妙处，而这必须依靠直觉的体验、自由的理解与随意的联想。如张扩所说：

> 说诗如说禅，妙处在悬解。（《东窗集》卷一《括苍官舍夏日杂书》之五）

“悬解”即悬想揣测，默然神会。又如龚相说：

> 学诗浑如学参禅，语可安排意莫传，会意即超声律界，不须炼石补青天。（《诗人玉屑》卷一引）

大抵是说不要死于句下，而应寻求超越文字声律之外的深远涵意与感情哲理。杨万里有两句诗极形象地传达出“活参”的特征：

> 参时且柏树，悟罢岂桃花？（《和李天麟二首》之二）

参究柏树而不执著于柏树，悟后桃花已非原来的桃花，作者之用心未必然，读者之用心何必不然，这是一种创造性的“误读”，强调读者接受的自由，在文学欣赏中极有意义。正是这种超越于文字之外的自由联想的阅读态度，大大拓展了诗意的空间，丰富了作品的意蕴，扩充或改变了作者原来的构思立意。中国传统的“诗无达诂”的消极说法因“参活句”的提出而转化为一种积极的欣赏手段。用心灵去感受语言形象后面蕴藏的弦外之音、韵外之致、象外之象、景外之景，迁想妙得，得意忘言，不执著于文字本身，不死于章句之下。这确实是符合诗歌欣赏规律的。王士禛说得好："妙谛微言，与世尊拈花、迦叶微笑，等无差别，通其解者，可语上乘。"（《带经堂诗话》卷三）所以，他不仅能从王维、裴迪的《辋川集》中参出"与净名默然，达磨得髓，同一关捩"的禅意来，而且以为祖咏的应试诗《终南残雪》和李白的宫怨诗"却下水晶帘，玲珑望秋月"也有"虽钝根初机，亦能顿悟"的妙谛（同上）。我们尽可以诟病他对原作的歪曲理解，但不得不承认他这种"活参"的方式富有再创造的积极意义。

"饱参"也是禅宗术语，意思是多方参究禅理，烂熟于心，领略甚多。宋释晓莹《罗湖野录》卷四："明州和庵主，从南岳辨禅师游，丛林以为饱参。"陈师道《答颜生》诗说："世间公器无多取，句里宗风却饱参。"宋诗人（尤其是江西派诗人）常用"饱参"来比喻对前人诗歌风格、句法的研读，领会其艺术精神，借鉴其艺术手法。"饱参"之说实有二义，一是"遍参"，二是"熟参"。二者有联系，又有区别。

何为"遍参"？禅宗以全面参究诸方禅学为"遍参"，如宋初诗僧惟凤所说："祖意会诸方。"（《与行肇师宿庐山栖贤寺》）玄沙师备从雪峰义存问道，雪峰说："备头陀何不遍参去？"（见《五灯会元》卷七）诗人以此比喻对前人诗歌的广泛学习和师承，比较、鉴别、领悟，从而做到"荟萃百家句律之长，究极历代体制之变"（《后村先生大全集》卷九十五《江西诗派黄山谷》）。江西派诗人韩驹大约最早将"遍参"的方法用来说诗：

学诗当如初学禅，未悟且遍参诸方。一朝悟罢正法眼，信手拈出皆成章。（《赠赵伯鱼》）

篇成不敢出，畏子诗眼大。唯当事深禅，诸方参作么。（《次韵曾通判登拟岘台》）

正如龟山正元禅师所说：“已到岸人休恋筏，未曾渡者要须船。”（《五灯会元》卷四）对于一个初学诗的人来说，前人作品、尤其是典范作品中的各种优秀的艺术经验，就是一条渡向艺术创造的自由彼岸必不可少的船。至少江西派诗人深信这一点，“学者若能遍考前作，自然度越流辈”（吕本中《童蒙诗训》）。

何为“熟参”？用大慧宗杲教人参究公案的话来说：“时时提撕话头，提来提去，生处自熟，熟处自生矣。”（《大慧普觉禅师语录》卷二九《答黄知县》）诗人借此来比喻对前人作品的朝夕讽咏，反复研读，悉心体会。江西派诗论中贯穿着这种“熟参”精神，如黄庭坚多次号召人们熟读陶渊明、杜甫和建安作者之诗，体味其中的句法和精神，不仅要“精熟”，而且要“入神”，领会“古人用心处”（参见《与王庠周彦书》《与王子予书》）。吕本中也说：“只熟便是精妙处。”（《紫微诗话》）“熟”就是精熟前人作品。这一点，严羽与其痛诋的江西诗派的观点完全一致，并且公开承认他的诗论与大慧宗杲的关系：

妙喜（是径山名僧宗杲也）自谓参禅精子，仆亦自谓参诗精子。（《答出继叔临安吴景仙书》）

黄庭坚反复申说的“熟读”、“熟观”的方法也由严羽套上“熟参”的禅学外衣：

试取汉、魏之诗而熟参之，次取晋、宋之诗而熟参之，次

> 取南北朝之诗而熟参之，次取沈、宋、王、杨、卢、骆、陈拾遗之诗而熟参之，次取开元、天宝诸家之诗而熟参之，次独取李、杜二公之诗而熟参之，又取大历十才子之诗而熟参之，又取元和之诗而熟参之，又取晚唐诸家之诗而熟参之，又取本朝苏、黄以下诸公之诗而熟参之，其真是非亦有不能隐者。傥犹于此而无见焉，则是为外道蒙蔽其真识，不可救药，终不悟也。(《沧浪诗话》)

在熟悉各时代、各流派、各作家的作品的基础上，比较鉴别各种艺术风格审美价值的高低，“酝酿胸中，久之自然悟入”，培养出能辨别“真是非”的高度的艺术鉴赏能力。就其学习参究的广度而言，可称为“遍参”；就其讽咏酝酿的深度而言，可称为“熟参”。

事实上，不管是“遍参”还是“熟参”，都是为了获得对诗歌艺术审美特征的深刻认识和见解，即江西诗派和严羽强调的“识”、“真识”或“正法眼”。范温《潜溪诗眼》引黄庭坚语：

> 故学者要先以识为主，如禅家所谓正法眼者。直须具此眼目，方可入道。

确实，学诗者只有在具备这种审美能力的前提下，才能真正进行诗歌艺术的欣赏和创造。而在大多数宋人看来，这“识”或“正法眼”离不开“饱参”前人作品所获得的深厚的艺术修养和丰富的审美经验。

从某种意义上说，“饱参”是一条切实可行的艺术成功之路，具有相当的合理性。因为，从低标准来看，“饱参”至少可掌握前人诗歌基本的句法和技巧，而这些是一个诗人必不可少的基本功。从高标准来看，“饱参”可以窥见艺术创作的内在规律，把握住只可意会不可言传的诗歌审美特征，从而达到纵心所欲而不逾矩的境界。当然，“饱参”的过程类似于北宗的渐修，是一个艰苦的过程，“遍参真已悟，换骨久其时”（赵蕃《淳熙稿》卷十二《赠严黎二师》），“竹榻蒲团不计年”（吴可《学诗诗》）。然而，诗人得到的报偿也是丰厚的，“一朝悟罢正法眼，信手拈出皆成章”。姚勉说得好：

> 诗亦如禅要饱参，未须容易向人谈。阵无活法徒奔北，车恐迷途在指南。悟后欲知新句长，读时须见旧诗惭。江湖浪走知何益，归看秋月印空潭。(《雪坡舍人集》卷三十七《再题俊上人诗集》)

饱参的结果，如奔北之阵有了活法，迷途之车有了指南，茅塞顿开，灵根透脱，新句日长，功力日进。如果说“顿悟”是岸，那么“饱参”就是筏。一方面，“未曾渡者要须船”，广泛学习、深刻领会前人诗歌创作中成功的经验，另一方面，“已到岸人休恋筏”，当前人的艺术经验已转化为自己的艺术创造力之时，就不必再抱住前人成法不放，而应显出自家面目，跳出前人窠臼。杨万里的创作道路就是这样：

> 予之诗，始学江西诸君子，既又学后山五字律，既又学半山老人七字绝句，晚乃学绝句于唐人。……是日即作诗，忽若有寤（悟），于是辞谢唐人及王、陈、江西诸君子，皆不敢学，而后欣如也。(《诚斋荆溪集序》)

不过，就大多数宋诗人而言，常常在“饱参”之时忘记了“顿悟自性”，因而作诗往往让古人作主去了。“饱参”培养出诗人的艺术鉴赏力，但有可能压抑了诗人的创作冲动力。因为，在持“饱参”说的诗人那里，都缺少关于诗人与现实世界关系的论述，忽视了生活这一创作源泉。

四、以 禅 论 诗

禅宗给诗歌最重要的启示无过一个“悟”字。通禅家真谛于诗家妙谛的种种诗论，大多是围绕着“悟”这一核心展开的。我们在这里之所以把以禅悟喻诗的资料称为以禅论诗，就因为禅之悟与诗之悟已不仅仅是比附、比拟或比喻的关系，而是在思维方式上有深刻的契合。换言之，“悟”是普遍存在于宗教活动（参禅）和艺术活动（作诗）之中的一种独特的精神现象，因而用禅悟来解释诗歌创作，与其说是以禅喻诗，不如说是以悟论诗。

禅宗所谓的“悟”，是指自心对佛理的契合与领会，自心对绝对真实的神秘本体的觉认。抽取其神秘的宗教内容而单看其思维的表现形式，“悟”其实近似于一种沉潜着理性智慧的直觉体验，在不同程度或角度上与艺术活动中的形象思维（imaged thought）、直觉表现（intuition or expression）、灵感状态（inspiration）、审美判断（Aesthetic judgement）等等都有相通之处。唐宋以来，随着禅宗思想影响的深入，人们日益从理论上自觉地把禅之悟和诗之悟沟通起来。特别是到了宋代，“悟”字更成了诗文评论中的口头禅。所谓“大抵禅道惟在妙悟，诗道亦在妙悟”（《沧浪诗话》），几乎是宋诗人公认的定理。

步武苏轼的吴可说：“凡作诗如参禅，须有悟门。”（《藏海诗话》）祖述黄庭坚的范温也说：“识文章者，当如禅家有悟门。夫法门百千差别，要须自一转语悟入。如古人文章，直须先悟得一处，乃可通其他妙处。”（《潜溪诗眼》）不仅反江西派的严羽高扬“妙悟”的旗帜，大谈“第一义之悟”和“透彻之悟”，而且醉心于前人句法的江西派诗人，也以“悟入”为作诗的旨归，正如曾季貍《艇斋诗话》所说：

> 后山论诗说换骨，东湖论诗说中的，东莱论诗说活法，子苍论诗说饱参，入处虽不同，然其实皆一关捩，要知非悟入不可。

不仅如此，江西派重要作家还有不少直接谈“悟”的话头。如黄庭坚说：

> 凡书画当观韵。……余因此深悟画格，此与文章同一关纽，但难得人入神会耳。（《豫章黄先生文集》卷二十七《题摹燕郭尚父图》）

陈师道说：

> 法在人，故必学；巧在己，故必悟。（《后山谈丛》二）
>
> 张长史见担夫争道而得笔法，观曹将军舞剑又得其神。物岂能与人巧，乃自悟之。（同上）

晁冲之、吕本中、韩驹、曾几以及后继者赵蕃、方回等人，都有专门讨论“悟”的诗句或诗篇，尤以晁冲之的《送一上人还滁州琅琊山》一诗所言最为通达：

> 上人法一朝过我，问我作诗三昧门。我闻大士入词海，不

> 起宴坐澄心源。禅波洞彻百渊底，法水荡涤诸尘根。迅流速度超鬼国，到岸舍筏登昆仑。无边草木悉妙药，一切禽鸟皆能言。化身八万四千臂，神通转物如乾坤。山河大地悉自说，是身口意初不喧。世间何事无妙理，悟处不独非风幡。群鹅转颈感王子，佳人舞剑惊公孙。风飘素练有飞势，雨注破屋空留痕。惜哉数子枉玄解，但令笔画空腾骞。君看琅琊酿泉上，醉翁妙语今犹存。向来溪壑不改色，青嶂尚属僧家园。君行到此知此意，辩才第二文中尊。西江一口尽可吸，云梦八九何劳吞。他年一瓣炉中香，此老与有法乳恩。(《晁具茨先生诗集》卷三)

在宋人以禅喻诗的诗作中，这首诗不仅篇幅最宏大，对“悟”的理解和剖析也很精彩。诗中首先形象地描述了禅悟的过程：在摄心宴坐的观照冥想中，森罗万象纷然现前，草木禽鸟俱显神通，山河大地皆念佛法，恍然领悟到永恒的佛性无处不在，心灵与自然泯然化合，悠然心会，妙谛无言。然后指出“悟”作为一种精神现象并非仅仅是参禅的成果，世间万事万物均有类似佛性的“妙理”，因而“悟”也就存在于人们的所有活动中。于是举王羲之睹鹅转颈、张旭观舞剑器而悟书法等故事为喻，感慨他们的“玄解”(悟)仅限于书而未通于诗。接着勉励法一上人用此“玄解”之法去参究欧阳修的文章，从而真正获得诗家的辩才三昧。

尽管宋代(特别是南宋)的各个诗派、众多诗人都好以禅悟论诗，但其内容却五花八门，千差万别。或者是对“悟”的理解不同，或者是谈“悟”的角度不同，“悟”在宋人诗论中并非同一层次的概念；有的是指“悟”的过程，有的是指“悟”后的境界，有的是指对艺术技巧的融会贯通的透彻掌握，有的是指对微妙的艺术意蕴会心的领悟理解。下面试分别而言之。

就宋人对“悟”的理解来看，“悟”主要有以下四个特征：

（一）个体性，即禅家所谓“自悟”。禅宗认为，既然自性本来清净，因而“悟道”就不需外求，只需反求“自性”，如黄檗希运说：

> 今学道人不向自心中悟，乃于心外着相取境，皆与道背。（《黄檗山断际禅师传心法要》）

这种“悟”是个体内心的精神活动，是个体对“即心即佛”的亲身感受体验，“如人饮水，冷暖自知”，当然不可能以他人悟后的经验来代替，或是“把屎块子在口里含过，吐与别人”（《镇州临济慧照禅师语录》）。禅悟的这种个体性，既通于审美判断中的美感差异性原理，也通于诗歌创作中的独创性原则。姜夔说：

> 文以文而工，不以文而妙。然舍文无妙，胜处要自悟。（《白石道人诗说》）

张元幹《跋山谷诗稿》说：

> 山谷老人此四篇之稿，初意虽大同，观所改定，要是点化金丹手段。又如本分衲子参禅，一旦悟入，举止神色，顿觉有异。超凡入圣，只在心念间，不外求也。句中有眼，学者领取。（《芦川归来集》卷九）

自悟的结果，不再拘守陈法，规模前人，更反对因循剿袭，拾人余唾，而是猛然发现艺术的一切真谛都来自内心的独特体会。如陆游说：

文章之妙，在有自得处，而诗其尤也。(《颐庵居士集序》)

有此体会，自然敢于破弃陈规，突破传统，这可以说是一切有成就的诗人取得成功的不二法门。

（二）瞬时性，即禅家所谓“顿悟”。按《坛经》的说法，“一念悟众生即佛，一念迷佛即众生”；或是“一念愚即般若绝，一念智即般若生”。就是说“悟”完成于灵心一动的刹那之间，是个体感性经验的某种神秘飞跃。《五灯会元》卷九香岩智闲禅师：

一日，芟除草木，偶抛瓦砾，击竹作声，忽然省悟。

“忽然省悟”就是“顿悟”。从这段公案来看，“顿悟”具有突发性和偶然性的特点，在出其不意的瞬间突然领悟到佛性的永恒和普遍。这与艺术思维中灵感瞬时迸发的现象极为相似，所以诗人常用“顿悟”来说明诗歌欣赏和创作中的灵感状态。如吴可在《藏海诗话》中说到作诗须有悟门后，接着举例：

少从荣天和学，尝不解其诗曰“多谢喧喧雀，时来破寂寥”。一日于竹亭中坐，忽有群雀飞鸣而下，顿悟前语。自尔看诗，无不通者。

这是谈欣赏过程中的突然省悟，在一瞬间把握住作品的艺术精髓。叶梦得在《石林诗话》卷中里说：

“池塘生春草，园柳变鸣禽。”世多不解此语为工，盖欲以奇求之耳。此语之工，正在无所用意，猝然与景相遇，借以成章。不假绳削，故非常情所能到。诗家妙处，当须以此为根本。而思苦言难者，往往不悟。

这是谈创作过程中灵感发生的偶然性。它使我们想起智闲禅师偶抛瓦砾、击竹有声的顿悟，想起大慧宗杲的教诲："第一不得存心等悟。若存心等悟，则被所等之心障却道眼。"(《大慧普觉禅师语录》卷三十《答汤丞相进之》）禅与诗的"顿悟"都是来自随机偶然的心念一动，因而具有瞬时间豁然开朗的特点。

(三）模糊性，即禅家所谓"妙悟"。佛理神秘而不可言说，因而也被称为"玄道"、"妙道"。《涅槃无名论》说："玄道在于妙悟，妙悟在于即真。"这一点，禅悟和诗悟完全一致。就本质上来说，诗人的美感意识不仅是个体的，也是非逻辑的，"可以意冥，难以言状"(皎然《诗式》)，它在于心灵对事物的直接感受。"妙悟在于即真"，参禅作诗都是如此。"妙悟"略相当于审美直觉，这种直觉产生的是意象，而非概念，很难用语言文字传达出来。所以南宋邓允端在《题社友诗稿》中说：

诗里玄机海样深，散于章句领于心。会时要似庖丁刃，妙处应同靖节琴。

徐瑞也说：

文章有皮有骨髓，欲参此语如参禅。我从诸老得印可，妙处可悟不可传。(《雪中夜坐杂咏》十首之一）

南宗的"悟"是超绝语言名相的，诗人的"悟"其实就是个体的审美判断，也是超越逻辑语言的，二者在思维的模糊性方面有一致之处。

（四）深刻性，即禅家所谓“了悟”。《景德传灯录》卷四智威禅师：“师知其了悟，乃付以山门。”佛经以三兽渡河譬喻佛教徒证悟的深浅，兔渡浮在水上，马渡则及半，唯有香象渡沉底截流而过。“了悟”即如香象渡河，悟到透彻处，悟到第一义处，悟到正法眼，悟到最上乘。诗人以“了悟”来比喻对诗歌艺术审美特征和艺术创作规律的透彻理解，尽管各个诗人“了悟”的第一义有差异。如范温所说：

> 盖古人之学，各有所得，如禅宗之悟入也。山谷之悟入在韵，故开辟此妙，成一家之学，宜乎取捷径而径造也。如释氏所谓一超直入如来地者，考其戒、定神通，容有未至，而知见高妙，自有超然神会，冥然吻合者矣。（《潜溪诗眼》）

“悟入”者，透彻之悟也，所谓“一超直入如来地者”。黄庭坚所“悟”在韵，句法不过是其“戒定神通”的枝节。更多诗人悟到的“真乘”是摆脱雕章琢句的自然。龚相《学诗诗》说：

> 学诗浑似学参禅，悟了方知岁是年。点铁成金犹是妄，高山流水自依然。（《诗人玉屑》卷一）

明人都穆《学诗诗》也说：

> 学诗浑似学参禅，不悟真乘枉百年。切莫呕心并剔肺，须知妙语出天然。（《历代诗话续编·南濠诗话》）

严羽对“悟”的深刻性有专门的剖析，悟入之处也与他人不同：

> 惟悟乃为当行，乃为本色。然悟有浅深，有分限，有透彻之悟，有但得一知半解之悟。汉、魏尚矣，不假悟也。谢灵运至盛唐诸公，透彻之悟也；他虽有悟者皆非第一义也。（《沧浪诗话·诗辨》）

所谓“一知半解之悟”，指“近代诸公”（苏轼、黄庭坚）以文字、才学、议论为诗的“奇特解会”。在他眼里，真正的“透彻之悟”不是靠文字、才学、议论所能得到的，而是来自心灵对诗的素质的冥然契合。值得指出的是，有的学者以为严羽的“妙悟”似有二义：一指第一义之悟，以汉、魏、晋、盛唐为师；一指透彻之悟，重在透彻玲珑不可凑泊（见郭绍虞《中国历代文论选》第二册第429页）。揣摩严羽之说，以汉、魏、晋、盛唐为师，乃“悟”之途径，即前面所谓“饱参”；透彻玲珑不可凑泊，乃“悟”后之境界，即前面所谓“神韵”，均非“悟”之本身。“妙悟”析为二义，实属强生分别。其实，“透彻之悟”就是悟到“第一义”，指“妙悟”的深刻性，在严羽看来，就是通过对各种艺术风格的辨析，而获得对“莹彻玲珑，不可凑泊”、“言有尽而意无穷”的诗歌审美特征的透彻理解，并透彻掌握创造这种诗美的能力。

总之，“悟”的深刻性在于，它是迷惑的清醒，枷锁的解放，是艺术创作中由必然王国走向自由王国的一次神秘飞跃，“一朝悟罢正法眼，信手拈出皆成章”（韩驹《赠赵伯鱼》），“直待自家都了得，等闲拈出便超然”（吴可《学诗诗》）。“了悟”之后，再也无须雕琢字句，信手拈来即成妙趣。

禅门南宗主张顿悟，认为人心本有佛性，可顿然破除妄念，悟得佛果；北宗主张渐悟，认为佛性虽本有，但障碍甚多，必须渐次修行，方能领悟。纵观历代以禅悟论诗者，亦大致可分为顿渐二派，顿派重天机鸣发，即杨万里所说，如“子列子之御风”，“无待者神于诗”；渐派重工夫学力，如“灵均之乘桂舟，驾玉车”，“有待而未尝有待圣于诗”（《诚斋集》卷七十九《江西宗派诗序》）。有趣的是，禅门是顿悟的天下，而诗坛却主要是渐悟的地盘。前面所说的有关“饱参”的论述，都是指渐次修行，通过严格的训练（如句法研摩）而逐渐达到不烦绳削而自合的境界。这是一个长期的过程，如吴可《学诗诗》说：“学诗浑似学参禅，竹榻蒲团不计年。”陆游《赠王伯长主簿》说：“学诗大略似参禅，且下功夫二十年。”方回说得更明白：“诗则一字不可不工。悟而工，以渐不以顿。”（《清渭滨上人诗集序》）又说：“诗视文尤难，愈参则愈悟，愈变则愈进。”（《唐师善月心诗集序》）以渐悟说诗因与儒家心性修养功夫相通、且有诗人成功经验的支持而成为诗论的主流。也有公开倡言空诸依傍的“顿悟”的，如林希逸说：

然后山尝曰：“学诗如学仙，时至骨自换。”余则曰：学诗如学禅，小悟必小得。仙要积功，禅有顿教。譬之卷帘见道，灭教明心，是所谓一超直入者。固有八十行脚如赵州，白发再来如五祖，而善财童子，临济少年，楼阁一见，虎须一捋，直与诸祖齐肩，是岂可以齿论哉！（《竹溪鬳斋十一稿续集》卷十三《黄绍谷集跋》）

清代的王士禛的诗论，也倾向于天才兴会式的“顿悟”。他的《带经堂诗话》卷三记载：

洪升昉思问诗法于施愚山，先述余夙昔言诗大指。愚山曰：“子师言诗，如华严楼阁，弹指即现，又如仙人五城十二楼，缥

> 缈俱在天际。余即不然，譬作室者，瓴甓木石，一一须就平地筑起。”洪曰：“此禅宗顿、渐二义也。”

不过，即使主张“顿悟”的人，也还是承认作诗要有学力修养作后盾。如严羽虽认为孟浩然学力远在韩愈之下，而诗在韩愈之上，就因“一味妙悟”的缘故，但他指示的“妙悟”的门径却是“熟参”，似也离不开学力。王士禛也是如此，主张作诗要以“根柢”和“兴会”二者兼之，并不废渐修的工夫（见《带经堂诗话》卷三）。

“悟”在禅门和诗家的这种差异，显然来自禅和诗属性的不同。元好问说得好：

> 诗家所以异于方外者，渠辈谈道不在文字，不离文字；诗家圣处不离文字，不在文字。唐贤所谓情性之外，不知有文字云耳。（《遗山先生文集》卷三十七《陶然集诗序》）

虽然二者都不以文字为目的，但诗歌毕竟是语言艺术，不离文字还是第一位的。诗歌的这种特性决定诗人的“悟”必须以深厚的语言艺术修养为前提，而且“悟”后还必须靠文字去表现。所以胡应麟《诗薮》内编卷二说：“禅必深造而后能悟，诗虽悟后，仍须深造。”钱锺书先生说得更透彻：

> 禅家讲关捩子，故一悟尽悟，快人一言，快马一鞭（《传灯录》卷六载道明语）。一指头禅可以终身受用不尽（见《传灯录》卷十一）。诗家有篇什，故于理会法则以外，触景生情，即事漫兴，有所作必随时有所感，发大判断外，尚须有小结裹。（《谈艺录》第101页）

了悟之后，禅可以不立文字，诗却不得不托诸文字。因而，杰出的诗人必须是杰出的语言大师。

值得注意的是，宋人有些以禅论诗的话头，讨论的并非“悟”本身。比如说吴可的《学诗诗》“学诗浑似学参禅，自古圆成有几联？春草池塘一句子，惊天动地至今传”，孙昌武先生将其归为强调一体之悟（见《佛教与中国文学》第四章第373页），而实际上这首诗旨在标榜一种圆成的艺术境界。“圆成”在佛教典籍中是指成就圆满的意思，《楞严经》曰：“发意圆成一切众生无量功德。”吴可借“圆成”来比喻诗歌完美的艺术生命整体，将“圆成”看作一种极高的诗歌境界。所谓“圆”含有自然、完整、流转、贯通等多方面意义，禅家的“活团圞”、诗家的“弹丸”之喻，都与之有关。钱锺书先生《谈艺录》有“说圆”一节，旁征博引，所论甚详。吴可标举“圆成”的境界，不仅独具慧眼，也表达了从苏轼、江西诗派到严羽一致认同的诗家公论。此外，严羽的“羚羊挂角”、“镜花水月”之喻，也并非如孙昌武先生所说是指直证之悟，而是借以说明诗歌意境的不可解析性。

以禅喻诗涉及到许多重要的诗歌理论问题，在千余年来的诗坛上产生了极广泛的影响，但也招致不少人的非议。刘克庄说：“诗家以少陵为祖，其说曰：‘语不惊人死不休’。禅家以达摩为祖，其说曰：‘不立文字。’诗之不可为禅，犹禅之不可为诗也。”（《题何秀才诗禅方丈》）从语言文字方面指出诗与禅的对立。清人潘德舆说：“以妙悟言诗犹之可也，以禅言诗则不可。诗乃人生日用中事，禅何为者？”（《养一斋诗话》）从人生哲学方面指出诗与禅的对立。李重华说：“严沧浪以禅悟论诗，王阮亭因而选《唐贤三昧集》。试思诗教自尼父论定，何缘堕入佛事？”（《贞一斋诗说》）这是以儒家诗教排斥以禅喻诗。当今学者亦多指责以禅喻诗为恍惚迷离，故弄玄虚。这些批评当然有一定道理。不过，论者似乎未注意到以禅喻诗的深刻内涵，即诗和禅在本体的性质（禅之“真如”、诗之“性情”）、进入本体的过程（参禅、吟诗或赏诗）以及体验到本体的感受（禅悟、诗悟）上都有相似之处。借禅学的思维方式说诗，并非牵强附会，而自有其内在依据。何况那些由禅而引申出来的“妙悟”、“活参”、“境界”、“圆成”、“渐修”、“活法”等概念、范畴、理论，大都是符合诗歌欣赏和创作的艺术规律的呢！

第九章 ◎ 诗禅相通的内在机制

一、价值取向的非功利性

宋人李之仪说："说禅作诗，本无差别，但打得过者绝少。"（《姑溪居士前集》卷二十九《与李去言》）大约是说宗教体验和艺术体验的过程（参悟过程）是一致的。明僧普荷说："禅而无禅便是诗，诗而无诗禅俨然。"（《滇诗拾遗》卷五《诗禅篇》）认为有禅味而无禅语者就是诗，有诗境而无诗句者就是禅。清人李邺嗣更进一步把禅宗祖师和诗人等同起来，他指出：迦叶微笑、达磨传衣、慧能示偈，都极富诗意，"试屈从上诸祖作有韵之文，定当为世外绝唱"；而唐人妙诗，如孟浩然、常建、韦应物的作品，却极富禅意，"使招诸公而与默契禅宗，岂不能得此中奇妙？"（《杲堂文钞》卷二《慰弘禅师集天竺语诗序》）禅中有诗，诗中有禅，禅家佛祖是不写诗的诗人，诗坛作者是不谈禅的禅师，二者在本质上是相同的。而王士禛也一再说唐人五言诗与“世尊拈花，迦叶微笑，等无差别”，与“净名默然，达磨得髓，同一关捩”(《带经堂诗话》卷三)，诗的神韵与禅的妙谛并无二致。

那么，以上这些说法到底有没有道理呢？换言之，诗和禅到底在什么层次上或多大程度上有共通性呢？诚然，诗和禅分属不同的意识形态，然而，正如其他一切宗教与艺术之间的关系一样，诗和禅在价值取向、情感特征、思维方式和语言表现等各方面有着极微妙的联系，并表现出惊人的相似性。而这一切，构成诗禅相互渗透产生瓜葛的客观基础，也成为通诗于禅的内在机制。

价值取向的非功利性，这是诗禅相通的第一个方面。禅宗的基本宗旨是解脱人世间的烦恼，通过自性净心的发现而达到自由无碍的涅槃境界。南宗禅虽然不提倡坐禅、苦行、念佛、读经，在一定程度上解除了佛门繁多的清规戒律，但在本质上仍然奉行的是禁欲主义，一种心灵上的禁欲主义。所以，无论是参禅打坐、静观冥想，还是任运随缘、自然适意，禅家都没有任何物质欲望的追求、功名利禄的追求。信州鹅湖大义禅师说得好：

> 法师只知欲界无禅，不知禅界无欲。(《景德传灯录》卷七)

在禅家我即佛、佛即我的真正超越里，世界的一切有无、色空、虚实、生死、忧喜、爱憎、善恶、是非、荣枯、贫富、贵贱等都浑然失去区别，于是心灵获得从“欲界”(一切世事)中解放出来的自由感，这就是禅的意义之所在。

禅的这种非功利性与诗的性质十分接近。诗作为艺术的一种，以审美为其核心。审美是一种形相的直觉，本是不带实用目的的。正如德国哲学家叔本华谈及月光美时所说：

> 为什么满月的景色具有这样一种仁慈的、宁静的和崇高的印象？因为月亮是一个观照的对象，却从来不是欲求的对象。（《意志和表象的世界》英译本第136页）

叔本华以为人人都是他自己意志的奴隶，有意志于是有欲望追求，有欲望追求于是有悲苦烦恼。在审美过程中可以暂时忘却自我，摆脱意志的束缚，由意志世界移到意象世界。因而，审美是一种不带欲求、超越功利的活动。受叔本华思想影响甚深的王国维更认为生活的本质是“欲”，要摆脱生活之欲带来的苦痛，只有求助于美和艺术（包括诗)。“美之对象，非特别之物，而此物之种类之形式；又观之之我，非特别之我，而纯粹无欲之我也。”所以，美和美感都是超功利的，“唯美之为物，不与吾人之利害相关系；而吾人观美时，亦不知有一己之利害”(《静庵文集·叔本华之哲学及其教育学说》)。在王国维眼里，艺术和宗教的功能几乎差不多，都有消除现实世界中自我分裂、自我矛盾所带来的痛苦的作用：

> 美术之务，在描写人生之苦痛与其解脱之道，而使吾侪冯生之徒，于此桎梏之世界中，离此生活之欲之争斗，而得其暂时之平和，此一切美术之目的也。(《静庵文集·红楼梦评论》)

“欲界无禅，禅界无欲”，同样，欲界无美，美界无欲。艺术中的审美愉悦感绝不同于日常生活的知觉情感。就主体对客体的态度而言，他必须超脱实用的目的和直接的功利性，超脱“知识判断”、“科学归类”等认知模式，而要把全部注意力放在对客体感性形态的观察与揭示上，寻找出与主体的情感模式的契合点。这种审美愉悦感是经过“净化”的情感，它排斥低级的生理欲求，抵制污浊的尘世纷争，回避政治和道德的评判，最能体现人类超越自身、超越现实的自由的精神品格。

就这一点而言，参禅如同审美。由于禅宗主张“对境观心”，强调感性即超越，瞬刻可永恒，因而更着重从动的现象世界中去领悟永恒不动的静的本体，从而完成从欲界到禅界的心灵飞跃（顿悟），进入佛我同一、物己双忘的异常美妙而又神秘的精神境界。换言之，参禅和审美都不离欲界，却又超越欲界，都具有摒功利而持静观的特点以及净化心灵的功能。

华亭船子德诚禅师（船子和尚）有首诗偈，可以说用形象化的语言表现了“禅界无欲”的哲理：

千尺丝纶直下垂，一波才动万波随。夜静水寒鱼不食，满船空载月明归。(《五灯会元》卷五)

平湖万顷，月色澄澈，一叶扁舟独下钓丝，水面荡起圈圈波纹。意在鱼而鱼在水，心如月而月在船。是何等宁静清虚的境界与何等自然澹泊的情怀！这里的垂钓如参禅，亦如审美，展现了一个从欲界到禅界的顿悟过程。先是“鱼我所欲也”，于是垂下千尺丝纶；最后归之于超越解脱，遂载回满船明月。而明月如叔本华所说，“是一个观照的对象，却从来不是欲求的对象”。显然，船子和尚正是从满船月色中悟出他另一首偈阐述的“不计功程便得休”的禅理。这片银色的世界，是无欲的禅界，也是诗的境界。这首偈简直可以和柳宗元的《江雪》、张志和的《渔歌子》等渔父词相媲美，以至于引起黄庭坚的极大兴趣，将其改为长短句倚声歌唱：

一波才动万波随，蓑笠一钩丝。金鳞正在深处，千尺也须

垂。吞又吐，信还疑，上钩迟。水寒江静，满目青山，载月明归。(《冷斋夜话》卷七)

无论是诗情还是禅意，都使人清心寡欲，除尘净虑。

正因为诗和禅价值取向的相似，所以，同一事物，可能既是禅悟的对象，又是审美的对象；既是禅的价值的体现，又是诗的价值的体现；既可唤起体验佛性的宗教感情，又可引起物我双遗的审美愉悦。总之，禅僧和诗人在观照外物时，都没有占有的欲望，不仅禅僧是“一切声色事物，过而不留，通而不滞，随缘自在，到处理成”(《无门关》)，而且诗人也认为：“君子可以寓意于物，而不可以留意于物。……譬之烟云之过眼，百鸟之感耳，岂不欣然接之，然去而不复念也。”(苏轼《宝绘堂记》)这种观物态度与瑞士心理学家布洛（Bullough）关于审美的“心理距离说”(Psychical distance)有相似之处：即在心理上和审美对象保持一种距离，不考虑审美对象和自己的实用需要目的有什么利害关系。艺术家之所以比一般人善于进行审美活动，就在于他们能随时随地对生活保持一种非实用功利的审美态度。中国古代不少诗人被目为“潇洒出尘”、“超然物表”或是“脱尽人间烟火气”，就是因为他们的诗作表现出对人世间的嗜欲功名的淡泊。所以，当诗人从名利场中退出来向禅宗靠拢之时，他们的作品显然更倾向于纯粹的审美，王维如此，韦应物如此，王安石亦如此，近禅的诗人大都如此。

不过，在中国诗歌发展史上，这种纯审美的诗作和诗学观念却出现较晚。魏晋以前的诗大抵以抒写诗人在社会人际中的哀乐之情为务，孔子以“兴”“观”“群”“怨”四字论诗，而其归宿点其实是在“群”上，诗中的情感须服从于维系社会群体和谐的任务。诗在儒家的眼中不过是“经夫妇、厚人伦、美教化、移风俗”的工具而已。当然，部分诗人发展了“诗可以怨”的一面，抒发个性遭受社会压抑的不平之鸣，表现人生的痛苦与挣扎，但在诗的本体上，这种表现个体意识的“情”和表现群体意识的“志”都未能摆脱人生的嗜欲与功名的困扰。如许多“缘情”的作品实际上表现的是仕进无门、沉沦下僚的苦闷，忧谗畏讥之怀，借美人香草以出之，着眼点仍多在政治道德、是非善恶。而自魏晋以后，以玄学为代表的道家思想打破了儒家的一统天下，把人们的目光从社会群体中解放出来，引向无限的自然。它力求在自然面前去“机心”(功利之心)，以达到一种“与天地精神相往来”的“物化”境界，这些都促进了人们对自然界的审美意识的觉醒。从此，诗人才在人情的“善”之外，又发现自然的“美”，在人生的主题（言志、缘情）之外，又发现自然的主题（审美)。

禅宗作为中国的大乘佛学，与魏晋玄学有千丝万缕的联系。不过，它摒弃了玄学的思辨色彩，更进一步把“物化”的境界本体化了。参禅过程中梵我合一的体验，也更深刻地契合物我双遗的审美体验。这种体验“遗声利，冥得丧”，不仅逃避世俗红尘，甚至也忘怀了内心的欲念和烦恼。只是因为禅宗的影响，中国人超功利的审美意识才转化为纯审美的诗。因而，不是魏晋，而是南北朝以后，超脱现实、观照自然的纯审美诗歌才得以与表现群体意识、干预现实社会的“言志诗”，表现个体意识、抒写喜怒哀乐的“缘情诗”鼎足而三。唐宋以还，提倡“平淡”、标举“清空”蔚成风气，有很大程度上是与人们对审美的非功利性的认识分不开的。作者是“思与境偕”，“不知何者为我，何者为物”，而读者是“读之身世两忘，万念皆寂”(《诗薮》内编卷六)，诗人对美的感受几乎与禅家对真如本体的印证混为一体。事实上，另一方面，禅僧对待世界万物的态度也很有几分审美的味道，刘禹锡就认为一位和尚“能离欲，则方寸地虚，虚而万景人”，所以能写出好诗（见《秋日过鸿举法师寺院便送归江陵引》）；而苏轼称僧人“阅世走人间，观身卧云岭”因而能令诗语妙（见《送参寥师》），则近于审美中的心理距离，所谓“出乎其外，故能观之”。僧诗中的“蔬笋气”，也很大程度上与诗僧超功利的审美态度有关。

当然，禅与诗的价值取向只是在形式和功用上有某种同一性。毕竟，诗是指向现实人生的，讴歌生命，赞美生活，辨别真伪，评价美丑，很难与认识作用、教育作用等社会功利性绝缘。这一点，诗和指向虚幻空无的禅有本质的不同。因而，如果将诗的目的仅归结为孤立自在的“美”，将诗人变为“纯粹无欲之我”，势必把艺术与生活割裂开来，从而降低艺术的多方面价值。不过，从历史的角度来看，受禅宗影响而出现的纯审美诗，不仅把传统诗歌从儒家狭隘的功利目的下解救出来，而且开拓出新的诗歌领域，促进了中国诗学对艺术自身的规律和特点的认识，是有其积极意义的。

二、思维方式的非分析性

在人类的认识活动中，艺术掌握世界与宗教掌握世界的方式有相似之处，二者都缺乏严格、明晰、精确的概念，不采用严密的逻辑推理进行思维。诗和禅尤其如此，禅的顿悟佛性有似诗的审美直觉，和借助于抽象分析的理性思考无关。可以说，思维方式的非分析性，是诗禅相通的第二个方面。

佛教以世界上一切具体事物为“假相”，以永恒常在的佛性真如为“真相”，这“真相”就是禅的本体。在主张以心传心的禅宗看来，这本体虽具有无一物性、虚空性、即心性、自己性、自在性等特点，但它“不可以智慧识，不可以言语取”（《黄檗断际禅师语录》），没有任何概念、任何语言能企及它、穷尽它。有一则公案典型地表达了禅宗对佛性真如神秘性的认识：

> （怀让）乃白祖（慧能）曰：“某甲有个会处。”祖曰：“作么生？”师曰：“说似一物即不中。”（《五灯会元》卷三）

怀让虽然领悟到了神秘的本体，但深深感到无法用任何语言概念传达出来。

诗人也有同样的困惑，常常慨叹语言的无能：“此中有真意，欲辨已忘言。”其实这也是认识到诗的本体的不可表述性。诗的本体并不是具有特定的语言结构形式的东西，即作品本身，而是作品传达的精神、观念，主要是指审美观念。而用德国哲学家康德的话来说：

> 我所了解的审美观念就是想象力里的那一表象，它生起许多思想而没有任何一特定的思想，即一个概念能和它相切合，因此没有言语能够完全企及它，把它表达出来。人们容易看到，它是理性的观念的一个对立物（Pendent），理性的观念是与它相反，是一概念，没有任何一个直观（即想象力的表象）能和它相切合。（《判断力批判》上卷160页，商务印书馆1964年版）

显然，这种审美观念就是中国诗人常说的“韵味”、“兴趣”或“神韵”，它“不涉理路，不落言筌”，如“羚羊挂角，无迹可求”，它只能体验冥契，是人的心灵无声感受到的东西。所谓“阏于无声，诗之精；宣于有声，诗之迹”（文天祥《罗主簿一鹗诗序》），大约就是说有声的语言之外那无声的性情（主要指审美感情）才是诗的真正本体——“精”。可见，诗的本体和禅的本体一样，绝非语言概念所能真正把握传达。

正是由于诗禅本体的这种特性，所以禅僧的参禅悟道以及诗人的审美活动，都是借助于形象，而不是概念。换言之，无论是立足于彼岸世界佛性的确证，还是立足于此岸世界人性的确证，禅和诗都以形象为中介，都以非概念的直观体验为手段。这样，禅和诗的思维方式的双向渗透也就成为必然现象。清人杨益豫在为僧含澈所辑《方外诗选》作序时形象地描绘了作诗参禅过程的相似性：

> 当夫冥心取影，入瓮撚须，木然兀然，入无声无臭而不知者，诗境也，抑禅象也；当夫水流花放，悟彻慧通，融然杳然，至不生不灭而不知者，禅象也，抑诗境也。(《方外诗选》卷首)

这是没有智性思辨介入的直觉，“木然兀然”，徘徊在感性之中；这又是沉潜着理性精神的直觉，“融然杳然”，超越于感性之上。禅师有观桃花、闻击竹而悟道者，不就是诗人在外境触发下产生的美感体验么？这种非概念的理解，直觉式的智慧，可以说是禅与诗思维方式最突出的特征。

日本学者铃木大拙把禅的方法称为“后科学的”(metascientific)或“前科学的”(antescientific)，甚至“反科学的”(antiscientific)。科学对于事实的研究，主要是通过理性的分析，将事物抽象化，并从中总结出概念、范畴、定理。铃木大拙指出：

> 科学的方法是把对象宰杀，把尸体分解，然后再合并各部分，以此想把原来活生生的生命重造出来，但实际上这是不可能的；禅的方法则是按生命的本来样子来生活，而不是把它劈

成碎片，再用知性的方式企图复合出它的生命，或用抽象的方法把碎片粘合在一起。禅的方式是把生命保存为生命，而不是用外科手术刀去触及它。(《禅宗与精神分析》第18页，贵州人民出版社1988年版)

比如说，科学家对待一朵花，会把它当作植物学的、化学的、物理学的等各种分析的对象，划定其植物分类，测定其化学成分，得到关于花的种种知识。而禅师对待花，却是直探其对象本身，从花中体验到一种“无情世界的感情”，领悟到宇宙和自我的精神，而这一切都近乎在无意识中进行，是直证，而非分解，花仍是花。

禅的方法无疑接近于诗人的艺术创造。科学家从事理性的宰杀，艺术家则谋求感性的显现。英国浪漫主义诗人华兹华斯（W. Wordsworth）在其名作《劝友诗》（The Tables Turned）中说过这样的话：

大自然给人的知识何等清新；
我们混乱的理性
却扭曲事物优美的原形——
剖析无异于杀害生命。

意思是自然和艺术的美都像活的有机体，一经冷静的理性剖析，便遭破坏而了无生气。这是浪漫主义时代十分普遍的观念。而这种观念在中国诗论中更为常见且源远流长。宋人张表臣说诗，就提到雕章琢句对诗歌自然美的宰杀：

篇章以含蓄天成为上，破碎雕锼为下。如杨大年西昆体，

> 非不佳也，而弄斤操斧太甚，所谓七日而混沌死也。（《珊瑚钩诗话》卷一）

当然，杨亿（大年）的弄斤操斧不同于科学的分解剖析，但无疑也是一种理性的语言选择，丧失了审美的直觉，扭曲了事物优美的原形。这里“七日而混沌死”的故事见于《庄子·应帝王》：混沌待人甚善，朋友思报其德。他们注意到混沌没有感觉器官，于是商量说：“人皆有七窍以视听食息，此独无有，尝试凿之。”这样一天凿一窍（感觉器官），七天后混沌就死了。这则寓言的本意是主张保持一种绝圣弃智的蒙昧状态，诗人借以说明作诗应尽量使语言接近天然的直觉状态。

事实上，推崇混沌的庄子本人并不混沌，他的破对待、齐死生、同物我、反认识等等观念，仍是通过相对主义的理性论证和思辨探讨表现出来的，尽管借用了不少形象化的寓言。禅则完全强调通过直观领悟，竭力避开任何抽象概念，更不谈抽象的本体、道体，它只讲眼前的生活、境遇、风景：“三月懒游花下路，一家愁闭雨中门”，“常忆江南三月里，鹧鸪啼处百花香”（《五灯会元》卷十一）。有人问黄檗希运，他的话讲的是什么道理，他回答说：“觅什么道理？才有道理，便即心异。”（《黄檗断际禅师传心法要》）因而，禅家“悟”的过程刚好与科学的认知过程相反，科学认知是在分析、推理、抽象、综合的基础上形成对事物一个清晰的知解；而在禅看来，对这种知解的脱离、摒弃才是真正的觉悟。与庄子相比，禅宗的思维方式更接近一种非分析、非综合、非抽象、非概念的直觉灵感。如果说庄子的思维方式更多在散文领域发挥影响的话（事实上，庄子汪洋恣肆的文风就是其思维方式的体现），那么，禅宗的思维方式却在诗歌欣赏和创作中受到人们更多的青睐。因为赏诗者对诗本体的体验与参禅者对佛本体的体验，在非分析性方面更加一致，所以人们常说，赏诗“殆真如禅家之印证，不可以知解求者”（方东树《昭昧詹言》卷一），“诗有禅理，不可道破，个中消息，学者当自领悟。一经笔舌，不触则背。诗可注而不可解者，以此也”（黄子云《野鸿诗的》）。

禅家有类似于庄子的说法，大抵也是说佛性是不可解析的，有如混沌：“直截根源佛所印，寻枝摘叶我不能。”（永嘉玄觉《证道歌》）用这种非理性分析的思维方式来认识事物，既是模糊的，又是直观的，浑成而完整。以此思维方式创造出的艺术形象，就有所谓“气象混沌，难以句摘”、“全在气象，不可寻枝摘叶”的说法，不求词语选择的精工，不求句法安排的连贯，只是不经意地道出自己感受最深的一些印象、感觉、情感而已，或者是以自然自身呈露的方式来呈露自然。有如前面所说，禅家“依前见山只是山，见水只是水”的证悟境界，从纯审美的角度来看，也是诗人思维达到的“思与境偕”的最高艺术境界。而这一境界显然是排除了知性概念干扰的。

三、语言表达的非逻辑性

禅的目的是追寻本体论水平上的“悟”，而不是认识论水平上的“知”；有如诗的目的是追求现实世界艺术意义上的“美”，而不是科学意义上的“真”。无论是禅悟还是审美，本质上都是与逻辑主义不相容的。

就个体的体验而言，禅宗是不需要语言的，只要心灵得到解脱，获得自由，洞见佛性，何必多作表白。然而，作为一种宗教，禅宗必须传宗续派，心灯相接，要指示悟道门径，传达悟道体验，不得不借助于语言。诗人也是如此，审美意识可以是无言的，但要将其传达给他人，结撰为艺术品，更离不开语言。皎然说“但见情性，不睹文字”，司空图说“不着一字，尽得风流”，当然不是所谓无字天书，也不是皇帝的新衣，或是外国幽默画所讽刺的一画家在一张白纸上注明标题“北方的暴风雪”那样，大约只是说明不粘着于文字本身的意思。

诚然，禅和诗都“不离文字”，但又都“不在文字”。禅是要指出语言文字的虚幻性质，以一切经典理论为“魔说”、“戏论”、“粗言”、“死语”；诗是要借用语言文字的隐喻功能，传达出种种复杂的意义、微妙的感觉及神秘的体验。而在共同对抗语言文字的逻辑功能方面，二者却有异曲同工之处。

《老子》开篇即说：“道可道，非常道；名可名，非常名。”《周易·系辞上》也说：“书不尽言，言不尽意。”都是慨叹语言文字的局限性，说明更深刻的东西（道或意等精神性本体）的不可喻性。语言文字总是与逻辑的东西不可分割地联在一起，一旦你开口说话，举笔写字，说出的、写下的必然是某种逻辑表达式，而不再是你体验到的“道”或想表达的“意”本身。聪明的庄子之所以提出“得意忘言”论，就是力求超越语言的障碍：

> 筌者所以在鱼，得鱼而忘筌。蹄者所以在兔，得兔而忘蹄。言者所以在意，得意而忘言。吾安得夫忘言之人而与之言哉！（《庄子·外物》）

如同筌的功用是捕鱼、蹄的功用是捉兔一样，言的功用是明意。言对于意，只有从属的地位。所以，只要得到意就不必拘守原来用以明意的言。然而，庄子似乎还只是从理解或欣赏的角度来探讨言与意的关系，并未涉及到如何从表达的角度来克服逻辑语言（常道）的局限性。魏晋时期王弼等人的言意之辩基本上也囿于庄子命题的范围，也多半作理论上的探讨，而在增强语言的表意功能方面并无多少实绩。

禅宗进一步发展了老庄、周易中“言不尽意”的思想，并将其付诸实践。因为无论是庄子还是玄学，仍摆不脱概念逻辑、思辨推理，有作“知解宗徒”之嫌。而禅宗干脆用种种形象直觉的方式或背离常规的语言来表达传递那些被认为本不可以表达传递的东西。或拈花指月，磨砖拨火，或棍棒交加，拳脚相见，或戏言反语，机锋闪烁。不只是“忘言”或“言不尽意”，而是干脆指出那个本体只有通过与语言思辨的冲突和隔绝才能领会把握。雪峰义存禅师说：

> 我若东道西道，汝则寻言逐句。我若羚羊挂角，汝向甚么处扪摸？（《五灯会元》卷七）

一使用语言，就很容易进入逻辑规则的牢笼，从而使人“寻言逐句”，追随语言的逻辑轨迹去探寻佛性。而这恰恰是禅宗的大忌，称为“死于句下”。真正的佛性，是不可以语言迹象求的。“羚羊挂角”，可作两种解释，一是承认悟道的体验不可能用语言表述，“啼得血流无用处，不如缄口过残春”，晚唐诗人杜荀鹤这两句咏杜鹃（子规）的诗，被禅师用来形容悟道境界，正是如此。二是不逃避语言，但尽可能利用日常语言的多义性、不确定性和含混性，甚至随心所欲，完全不顾日常逻辑和一般规范，极度夸大语言的荒谬性、虚幻性。玩语言，玩文字，指东道西，答非所问，叫人丈二金刚摸不着头脑，让人知道语言的不可信赖，道体的不可“扪摸”。这第二种“羚羊挂角”，与诗歌的语言表达方式颇有相似之处。

禅宗的千七百公案，机锋多于棒喝，而其中绝大多数是毫无逻辑的话头。例如：

问："如何是佛？"师曰："干屎橛。"(《五灯会元》卷十五云门文偃)

问："如何是佛法大意？"师曰："十年卖炭汉，不知秤畔星。"(同上卷三黑眼和尚)

僧问："风恬浪静时如何？"师曰："吹倒南墙。"(同上卷七法海行周)

师室中常问僧曰："人人尽有生缘，上座生缘在何处？"正当问答交锋，却复伸手曰；"我手何似佛手？"又问诸方参请宗师所得，却复垂脚曰："我脚何似驴脚？"(同上卷十七黄龙慧南)

佛如何会是“干屎橛”？佛法大意怎么会是不识秤的“卖炭汉”？风平浪静怎么反而会“吹倒南墙”？手脚又怎么会似“佛手”、“驴脚”？答得荒唐，问得离奇，不着边际，莫名其妙。这样的语言毫无意义可寻，禅宗正是用这种无意义的语言，破除人们对任何正常逻辑的执著，真正体会和领悟到那个所谓真实的绝对本体。

禅宗的这种语言表达，看似荒诞无稽，却与诗歌有不解之缘。诗歌不是用逻辑思维，而是靠形象思维。尽管诗人的想象和联想多少还有点理性精神，不同于禅师的神秘直觉，但在语言表达上都有背离和超越日常逻辑语言的特征。从诗歌艺术的观点来看，公案机锋往往是一些打破常规的比喻，引发联想的契机，正是这些不合理之“理”，不可比之“比”，反倒符合艺术的辩证法。其实，佛与干屎橛、佛法大意与卖炭汉之间的关系，不就是一种语境大跨度跳跃的比喻关系吗？风恬浪静而吹倒南墙，不就是一种有意造成形象冲突而获得奇趣的修辞技巧吗？前者类似于所谓“曲喻”(conceit)，此处指一种牵强性的比喻，用暴力将两种异质的东西铐在一起，喻依和喻旨相距甚远。后者类似于所谓“悖论”(Paradox) 或“反讽”(irony)，表现一种矛盾的语义状态。而这二者在诗歌修辞方式中运用都极为普遍。

先看看“曲喻”。曲喻事实上包括两种不同的内涵，一种是扩展性比喻，在逻辑上环环相扣复杂地展开的比喻；另一种是牵强性比喻，抽象与具象之间的比喻，从分属于两种迥异的经验领域的喻依和喻旨之间，挑出一种超乎人意义联想和逻辑判断的关系。用英国文学批评家瑞恰慈 (I. A. Richards) 的话来说：“如果我们要使比喻有力，就需要把非常不同的语境联在一起，用比喻作一个扣针把它们扣在一起。”(《修辞哲学》1936年版，第94页) 江西派诗人特别爱使用这种曲喻。例如，黄庭坚的诗句“西风鏖残暑，如用霍去病”(《又和黄斌老二首》)，用霍去病扫荡匈奴比喻西风扫荡残暑，说明秋天不可抗拒地到来了。又如“文章功用不经世，何异丝窠缀露珠”(《戏呈孔毅父》)，用挂在蛛丝上的露珠来比喻无补于世、徒有藻饰的文章。最妙的是《戏答陈季常寄黄州山中连理枝》中的比喻：

> 老松连枝亦偶然，红紫事退独参天。金沙滩头锁子骨，何妨随俗暂婵娟。

参天的古松居然生出象征爱情的连理枝，诗人于是想象，这恐怕和佛家故事所说一样，金沙滩头的锁骨菩萨，也不妨偶然化为人间的多情少妇。此外，江西派诗人李彭的“老语如冻芋，时时强抽萌”(《日涉园集》卷四《喜遇洪仲本于山南》)，谢薖的“此心如蒸幡，袅袅风中悬”(《竹友集》卷四《求定斋》),比喻也很新奇。这些比喻如西风与霍去病、文章与露珠、古松与菩萨之间的语境都相距甚远,形象、事类上毫不相关。虽然这种牵强性的曲喻在异质的东西中加进了智力性的联系,不同于公案中那种佛与干屎橛的毫无理性的牵扯,但在违反常规语言的逻辑统一方面却有相似之处。

再看看“悖论”和“反讽”。根据赵毅衡先生的解释,悖论是“似非而是”,反讽是“口非心是”,但都表现了一种矛盾的语义状态,都是一种旁敲侧击的表现手法,因而英美新批评派常将二者混同起来(见赵毅衡《新批评——一种独特的形式主义文论》,中国社会科学出版社1986年版,第185页)。我们且不管悖论和反讽到底可分为多少类型,单就禅家公案来看,大抵是“正话反说”或“正言若反”,这恰巧也是反讽最典型的表现方式。试以黄庭坚的《夜发分宁寄杜涧叟》一诗为例:

> 《阳关》一曲水东流,灯火旌阳一钓舟。我自只如常日醉,满川风月替人愁。

本是人有情,物无情,故意说成人不知愁,物替人愁,这种反讽显然使诗义更加丰富:一是所谓“树犹如此,人何以堪”的沉痛;二是“而今识尽愁滋味,欲说还休”的超脱;三是“今朝有酒今朝醉”的麻木。金代王若虚批评说:“山谷《题阳关图》云:‘渭城柳色关何事,自是行人作许悲。’夫人有意而物无情,固是矣;然《夜发分宁》云:‘我自只如常日醉,满川风月替人愁。’此复何理?”(《滹南遗老集》卷三十九《诗话》)王氏似乎不懂反讽的非逻辑性质,欲以常理揣度,不免失之肤浅迂腐。钱锺书先生在注解宋人王禹偁《村行》中“数峰无语立斜阳”一句时,从逻辑学的角度指出这种反讽的特点：

> 按逻辑说来，“反”包含先有“正”，否定命题总预先假设着肯定命题。诗人常常运用这个道理，山峰本来是不能语而“无语”的，王禹偁说它们“无语”……并不违反事实；但是同时也仿佛表示它们原先能语、有语、欲语，而此刻忽然“无语”。这样，“数峰无语”……才不是一句不消说得的废话。……改用正面的说法，例如“数峰毕静”，就削减了意味。（《宋诗选注》第9页）

这段话大可解王若虚之惑。反面的说法虽不合语义逻辑，却与诗人的情感逻辑、审美直觉相契。至于诗中常见的“可怜杨柳伤心树，可怜桃李断肠花”意即杨柳、桃花美得极为可爱，“可憎夫婿”意即“如意郎君”等，简直就和禅家公案的语言艺术差不多——问：“如何是修善行人？”答：“捻枪带甲。”问：“如何是修恶行人？”答：“修禅入定。”

诗歌语言形式不同于散文。由于诗的本体是无法用概念表现的审美观念，因而诗歌不得不突破常规语言和线性思维的桎梏。诗歌“语法”的形成过程，就是一个逐渐与散文的语言规范相分离的“非逻辑”过程。特别是唐代近体诗的出现，意象的罗列和并置、词类的活用、词序的错综更成为诗人们普遍采用的句法结构。“文不能言之者，诗或能言之”，诗歌因一种特殊的表现性语象结构而使语言获得极大的弹性，意味也更加丰富。人们常常标榜的“诗家语”，其实是指一种乖离逻辑的非规范语言形态，以上所举的“曲喻”、“悖论”和“反讽”，仅仅是众多的“诗家语”中两种较突出的表现方式而已。

我们注意到，禅家公案的语言有个突出特点，即用具象的语言回答抽象的问题。这种具象语言如“春来草自青”、“庭前柏树子”等，实际上就是诗歌中的意象语言。它有意识地破坏诗句的逻辑性，严格地把诗与散文区别开来。英国批评家休姆（T. E. Hulme）认为常规语法没有诗的效果，他指出：

> 散文，跟代数一样，把本来是具体的东西变成另一种符号或筹码来运作。运作的过程，东西本身看不到。经过运作之后的结果，才把符号或筹码变成具体的东西。诗歌的目的在于避免散文的这种特性。诗绝不是符号或筹码，而是深具视觉效果的语言，是诉诸直觉，可以激起活生生的体验的语言。（转引自梅祖麟、高友工《论唐诗的语法、用字与意象》，《哈佛亚洲研究月刊》，1971年9月）

或许人们不同意把意象语言看作唯一的诗歌语言，但至少得承认意象语言在相当大的程度上划清了诗歌和散文的界线。它有这样一些特点：(1) 具象性，直接诉诸人的直觉，读者从中得到的是感悟，而不是理解；(2) 多义性，如杜甫《江汉》诗中的“片云天共远，永夜月同孤”，几个意象之间有几种各自独立甚至互相背离的逻辑关系，可作几种解释；(3) 跳跃性，压缩语法，隐藏逻辑，读者可在语法空白处任意创造想象。总之，可以这样说，意象语言从创作和欣赏两方面把诗歌纳入纯粹的形象思维王国，而排斥了逻辑条理的干扰。至于宋人从禅宗那里借鉴来的种种“活句”，更是有意识地暴力破坏语言的逻辑功能，第五章已多次谈到这一点。

诗语中有禅意，禅言中有诗味。人们常说庄子的得意忘言论对后世的艺术哲学有如何重大的影响，但事实上庄子注意到的多半是逻辑语言的局限，即“常道”的局限。他想大量使用寓言来克服

“言”的局限，然而寓言也是一种有逻辑的叙述语言，而非无逻辑的表现语言。所以，虽然我们承认庄子的观点对于后世诗歌理论有极为重要的意义，但真正在实践上取得成就的却是禅宗与诗歌，它们才真正以其活生生的语言艺术冲破逻辑法则，为得意忘言的悟道或赏诗提供了可能。也就是说，禅宗和诗歌以其语言表达的非逻辑性(老子所说的“非常道”)多少接近了“道”或“意”的本体。

> 舍筏登岸，禅家以为悟境，诗家以为化境，诗禅一致，等无差别。(王士禛《带经堂诗话》卷三)

正是由于语言逻辑功能的淡化或消解，禅和诗才从语言的枷锁中挣脱出来，使人不再执著于文字本身，而是体验到文字外的神秘本体。

四、肯定和表现主观心性

对于禅宗来说，至高无上的东西是个人的“心”，而不是道家所说的那产生了自然万物的无限伟大的“道”。在禅宗看来，世界万物都是心灵的幻相，“心生则种种法生，心灭则种种法灭”(《古尊宿语录》卷三)。禅的实相是所谓“涅槃妙心”，是一即一切、一切即一的“心”，它犹如虚空，无所不包，所以说“心外无别法”，“即心是佛”。这种彻头彻尾的主观唯心主义，对于哲学来说当然是一种谬误，但对于艺术创作和欣赏却有极宝贵的价值。中国诗歌史上从主体心灵的外化、个体意识的觉醒到创造性的充分发挥甚至个性解放思潮的出现，都或多或少与禅宗的“心性”学说有一定的关系。

在各类艺术中，诗歌的主观精神性因素最强。按黑格尔的艺术分类，诗歌属于浪漫型艺术。在浪漫型艺术里，无限的心灵发现有限的物质不能完满地表现它自己，于是就从物质世界退回到它本身，即退回到心灵世界。浪漫型艺术的特点之一是把“自我”抬到很高的地位，它的主观性特别突出。浪漫艺术的主要种类是绘画、音乐和诗歌，而诗歌是最高的浪漫型艺术，比绘画、音乐更多地脱离物质的束缚，它不用事物形体而用语言，间接唤起“心眼”中的意象和观念，所以诗歌所表现的主要是观念性或精神性的东西（参见朱光潜《西方美学史》下卷第493—494页）。可以说，正是在强调主观精神性方面，禅和诗又有不少共通之处，正如宋僧绍嵩亚愚在《江浙纪行集句诗·自序》中所说：

> 永上人曰：禅，心慧也；诗，心志也。慧之所之，禅之所形；志之所之，诗之所形。谈禅则禅，谈诗则诗。（《南宋群贤小集》第二十三册）

禅和诗不过是主观精神的不同表现而已。

纵观禅宗史和诗歌史，二者在肯定与表现主观心性方面大致有以下几种对应关系。

第一，禅宗“三界唯心，森罗万象，一法之所印”（《五灯会元》卷三马祖道一）的观点与中唐诗学中的取境、造境理论相通。有学者指出，中唐时期禅宗与天台宗在心与物的关系上观点大致相同。天台宗的祖师智颤在《摩诃止观》卷一下说：“三界无别法，唯是一心作，心如工画师造种种色。”大致是说“心造万物”，把心当作万物产生的根源，把真实的客观世界视为主体意识虚妄分别的产物，这和黄檗希运所说的“瞥起一念便是境”（《黄檗断际禅宛陵录》）没什么区别。不过，“心造万物”理论并不是说物质世界都是主观精神创造出来的，像上帝造人那样，而只是说“主体在自身意识活动中为自己投射出相应的对象世界”（王雷泉《天台宗止观学说述评》，《中国社会科学》1987年1月）。正如智颛所说，这种思维方式和艺术创造的“意中之境”（画师造种种色）显然存在着一种同构关系。对于诗人而言，就是在构思的想象活动中，将我的情感与从客观世界获得的感性经验相交融，形成一种不同于单纯的认知反映的新表象，并根据自己的审美趣味和主观表现的要求进行选择和组合，使客观景象成为心灵化的意象。中唐的诗学理论正是基于这种认识建立起来的，如《文镜秘府论·南卷》引《诗格》：

> 夫置意作诗，即须凝心，目击其物，便以心击之，深穿其境，如登高山绝顶，下临万象，如在掌中。以此见象，心中了见，当此即用。

心击物穿境，实际上是一种主观的移情，外在的视觉形象转化为生于我心的心理幻象。刘禹锡说得更明白：

> 心源为炉，笔端为炭，锻炼元本，雕砻群形。（《董氏武陵集纪》）

一切艺术形象都是心源之炉锻炼熔铸的产物，这不正是“心造万物”的形象比喻吗？值得注意的是，中国传统文化在唐代以前缺乏佛教的“心性”之学，中国传统诗歌理论在唐代以前也很少涉及创作中心灵的创造性问题。六朝的诗论大都以“感物”（构思）、“体物”（表现）为中心论题，强调自然事物对人的主体意识的感发作用，所谓“人禀七情，应物斯感”（《文心雕龙·明诗》）；强调意识和语言对物质世界的准确反映，所谓“指事造形，穷情写物”（钟嵘《诗品序》）。而唐代禅师的看法却恰巧相反，如大珠慧海说：“心逐物为邪，物从心为正。”（《五灯会元》卷三）唐代的诗学也转移到心灵对物质世界的征服上来。在心与物的关系上，越来越强调主观能动性，心灵向外境的投射，甚至悬想虚拟的造境，心成为物质世界的主宰。前面第四章谈及皎然的《诗式》时，我曾简单勾勒过这种“物从心”的新动向。可以说，随着南宗禅尤其是马祖禅的广为传播，中国诗歌寓情于景的特征越来越突出。

第二，禅宗“直指人心”、“见性成佛”的观点与宋元以来流行的“师心”、“写意”理论相通。禅宗强调“自性”、“心”的作用，认为人的自由的实现全取决于“自性”，不假他求，外部的感性现象不过是“心”的幻影，是没有什么独立自在价值的。这使我们想起黑格尔对浪漫型艺术的论述：

> 艺术的对象就是自由的具体的心灵生活，它应该作为心灵生活向心灵的内在世界显现出来。（《美学》第1卷第101页）

在诗歌艺术中，物境只是人的心灵、情感的表现，因此，如实的摹仿、再现并非诗歌的目的。不过，唐人虽然说“心迁境迁，心旷境旷，物无定心，心无定象”（梁肃《心印铭》），而其诗歌意境理论多少还注意心与物的相互制约，“心不孤起，托境方生；境不自生，由心故现”（《禅源诸诠集都序》卷二），“搜求于象，心入于境，神会于物，因心而得”（王昌龄《诗格》），从而倡导一种情景交融的表现方式。而到了宋代，诗人更注重内心的体验，进一步抛开客体世界，追求内心世界的自我完善。叶适对唐诗的批评就体现了这种倾向：

> 夫争妍斗巧，极外物之变态，唐人所长也；反求于内，不足以定其志之所止，唐人所短也。(《水心文集》卷十二《王木叔诗序》)

宋人论诗，特别注重一个“意”字，这“意”就是观念性、精神性的东西，包括主体的感觉、情绪、意志、观念、认知等多种精神性内容。它不同于六朝诗论重视的“物”，也不同于唐代诗论标举的“境”，而更接近禅宗的“心”。如果说六朝之诗是“穷情写物”，唐诗是“假象见意”，那么宋诗则是“意足不求颜色似”。宋末元初的方回有段话最能说明宋人对心与境的关系的认识：

> （陶渊明）其诗曰：“结庐在人境，而无车马喧。”有问其所以然者，则答之曰：“心远地自偏。”吾尝即其诗而味之：东篱之下，南山之前，采菊徜徉，真意悠然，玩山气之将夕，与飞鸟以俱还，人何以异于我，而我何以异于人哉？……顾我之境与人同，而我之所以为境，则存乎方寸之间，与人有不同焉者耳。……心即境也，治其境而不于其心，则迹与人境远，而心未尝不近；治其心而不于其境，则迹与人境近，而心未尝不远。(《桐江集》卷二《心境记》)

由重视“心”的主导作用而进一步推导出“心即境”的结论。方回同时代的郝经提出“内游”说，认为作家无须待山川之助，只要从前人经典中潜心领悟，就能写出有价值的文章，也是强调创作中主体的绝对主导作用。“身不离于衽席之上，而游于六合之外”(《郝文忠公陵川文集》卷二十《内游》)，这是何等自由的心灵世界啊！它进一步摆脱了物质世界的束缚，无须应物斯感，无须借景寓情，一切源于内心的经验和艺术的想象。所以，在宋代诗歌中，颇有“四十字（五律）无一字带景者”（方回《瀛奎律髓》卷二十五黄庭坚《次韵答高子勉》评语），“四十字无一字风花雪月”（同上卷二十四陈师道《别刘郎》评语）。

第三，禅宗“自性本自具足”的思想与明末强调艺术独创、个性解放的文艺思潮相通。在中国古代思想史上，禅宗第一次在唯心主义的形态下极大地强调了个体的独立自由的精神。禅宗认为“自性”就是永恒，就是绝对，就是宇宙的根本。它不依赖于儒家所说的伦理道德，也不依赖道家所说的和谐自然（道），它本身就是独立自在、圆满具足的。佛不在“自性”之外，就在“自性”之中，所以“顿悟自性”就能成佛。于是，我之“自性”成了天地间最尊严的东西。试看相州天平山从漪禅师的一段公案：

> 问:“如何是佛?”师曰:“不指天地。”曰:“为甚么不指天地?”师曰:“唯我独尊。”(《五灯会元》卷八)

在有着严格的等级制度的中国封建社会中，还没有谁像禅宗这样把“自性”、“我”提高到如此之高的地位，不但超越天地，而且超越佛祖。在看来是极端唯心主义的形态中，包含着对个体自由和人性尊严的高度肯定，因而客观上具有冲破封建思想束缚的意义。宋代不少诗人已意识到禅宗这种观点与艺术独创性的关系，如吴可说:“学诗浑似学参禅，头上安头不足传。跳出少陵窠臼外，丈夫志气本冲天。”(《学诗诗》）杨万里说:“衣钵无千古，丘山只一毛。”(《和李天麟二首》）都高扬自我独创意识，反对步趋古人。到了晚明，笃信禅宗的李贽、汤显祖、袁宏道兄弟等等，或倡言“童心”，或标举“灵性”（汤显祖），或强调“性灵”，否定六经是“万世之至论”（李贽

《童心说》)，反对以孔子是非为是非（李贽《藏书·总目前论》)，尖锐批判程朱理学以伦理纲常压抑人的感情，更进一步深化了高扬主体“自性”的意义和价值。在诗歌理论中，他们主张“任性而发”、“独抒性灵，不拘格套”（袁宏道《叙小修诗》)，提倡“以意役法，不以法役意”，认为只要“人人有一段真面目溢露于楮墨之间，即方圆黑白相反，纯疵错出，而皆各有所长以垂之不朽”（袁中道《中郎先生全集序》)。正如禅家心外不必立佛，他们也认为情外不必设理，“世总为情，情生诗歌，而行于神。天下之声音笑貌大小生死，不出乎是。因以憺荡人意，欢乐舞蹈，悲壮哀感鬼神风雨鸟兽，摇动草木，洞裂金石”（汤显祖《玉茗堂文之四·耳伯麻姑游诗序》)，由肯定自我、标举性灵进而至于追求热烈的情感、强热的幻想，在艺术中虚构理想的世界。显然，晚明的这股受禅学影响甚深的文艺思潮，更加突出了诗歌作为浪漫型艺术的心灵无限自由扩张的特征。

结　语

诗与禅两种文化现象上千年的碰撞交流，不知产生了多少绚丽的景观。但出于篇幅的考虑，也由于学力的局限，在以上九章中，我放弃了禅与儒、道对诗歌美学的影响的比较研究，也来不及追溯禅宗的人生境界与诗人的心理历程的关系，更顾不上循着通幽曲径，去寻访品鉴禅房中的树影花姿，原定第十章“禅诗精赏”亦付之阙如。

尽管笔者初意是探讨诗禅的双向渗透，试图开拓宗教与艺术研究的新视角，但最后落笔时重心仍放在禅宗对诗歌艺术的影响方面。因为禅作为宗教，毕竟更具有形而上的性质，禅对诗的渗透，也更具有形而上的深刻意义，远远超越了形式层面。从以上的描述中可以看出，禅宗对中国诗歌的影响主要表现在三个方面：

（一）以禅作诗，即借用禅宗的思维方式来作诗。唐宋以来近禅的诗人熟悉禅宗的思维方式，逐渐形成了与之相对应的艺术思维习惯，其中又因禅风的演变，各时期不同流派的诗人借鉴的重点也有别，大致有以下三种审美范型：(1)“心入于境”的观照方式孕育出澄澹精致的“王孟胜境”;(2)“绕路说禅”的表现方式培养出生新瘦硬的“江西句法”;(3)“唯心任运”的构思方式造就出自由放纵的“公安性灵”。意境的形成突破了中国传统诗学的“赋比兴”原则，使情志摆脱对感官经验的依附；句法的研讨深化了对“言”与“意”关系的认识，充分发挥了语言结构艺术的能动创造性；性灵的发现则进一步推进了诗歌创作中纵情、自然、浪漫思想的发展，促成对艺术个性的强烈追求。

（二）以禅入诗，是指在诗中表现禅思、禅悦、禅趣。禅宗意识的内容极为丰富，诗中的禅意有的表现为解脱尘嚣的怡悦安适的心境，宁静、和谐、淡泊、清远，而决不冲动、激烈、艳丽、刺激。有的表现为古拙的率真，裸露的天然，毫无虚矫雕饰的“禅家本色”。有的表现为对人生的一种孤寂、凄清、冷漠、虚幻的感受，对人生价值和意义的怀疑。以禅入诗的复杂性给我们带来评价上的困难：那极沉静空寂的禅境中常充满生命的律动，既是消解感情，导向空无，又是肯定人生，指向审美；那不食人间烟火的清高，既有脱离现实、逃避社会的消极倾向，又有促使超功利的纯审美诗独立发展的积极意义；那禅意带来的人生空漠感，既造成士大夫阶层心理上的内倾、消沉，又对封建社会秩序具有某种怀疑和破坏性因素。

（三）以禅喻诗。比学禅如作诗，赞诗思如禅悟，认为诗与禅本质一致。借用禅学唯心主义来喻诗，并不是科学的方法，也远未解决创作和欣赏过程中的心理分析问题。然而，由于诗在创作过程中和思维方式等方面与禅都有某种同构或互文关系，因而以禅喻诗可以在不同参照系的比较联想中，更深刻地认识诗歌自身的特征和创作规律。

总之，禅对诗的渗透，在中国诗歌史上翻开了新的一页。它奠定了中国封建社会后期古典诗歌简淡含蓄的基本艺术风范，深化了中国古典诗歌抒情写意的民族特征，进一步促进中国诗人个体意识的觉醒，开拓出精灵透妙、幽深细腻的艺术境界，并给中国诗学带来不少新术语、新概念、新范畴。

需要说明的是，本书只探讨了传统的五七言诗与禅宗的关系。其实，广义的诗歌还应包括词曲，其中不少作品亦大有禅意。宋人如王安石、苏轼、黄庭坚等人均好以禅入词，机锋峻利、活泼俳谐，别为一体，如苏轼的《南歌子》：

> 师唱谁家曲？宗风嗣阿谁？借君拍板与门槌，我亦逢场作戏，莫相疑。　溪女方偷眼，山僧莫皱眉。却愁弥勒下生迟，不见老婆三五少年时。(《东坡乐府》卷下)

宋人词集已有以禅命名者，如陈与义的《无住词》，杨无咎的《逃禅词》等。吴兴董说，明亡为僧，著有《禅乐府》，以禅林故事为题，纸上机锋，充满禅趣。“词禅”的说法也颇为流行，如清人厉鹗的《齐天乐·秋声》警句：“独自开门，满庭都是月。”谭献（复堂）评曰：“词禅。”又董潮《东风齐着力》一词有句云：“石坛风静，旛影昼沉。阑角嫣然一笑，凝眸处，黛浅红深。君知否，桃花燕子，都是禅心。”凄馨秀逸，说者评为“真词禅”。可见，词心之通禅，与诗心之通禅，并无二致。至于散曲，则更多发挥了禅偈的拙朴率真的一面，与白话僧诗似乎也有某种渊源关系。不过，尽管和五七言诗相比，词曲在形式上有相对独立的审美价值，但就其思维方式、语言艺术、审美意识而言，基本上未能超出本书所探讨的范围，因为从美学层次上看，词曲毕竟还是属于中国诗人创作的诗歌。

禅宗对诗歌的影响已超出中国国界，而这一点，本书也未曾涉足。在日本，《碧岩集》中的偈颂构成中世纪五山文学的真正背景，“碧岩禅”（文字禅）占据了五山禅的主流。五山诗僧如虎关、别源等诗学功夫极深。云外和尚评别源《南游集》说：“诗与境合，见诗即见境；境与诗合，见境即见诗。苟不然则诗境两失。”（《五山文学史稿》第188页）畅言诗境关系，颇带禅学色彩。日本俳句亦浸透禅宗精神，铃木大拙指出：“迄今为止，俳句是用日本人的心灵和语言所把握的最得心应手的诗歌形式，而禅在其发展的过程中，尽了自己卓越的天职。”（《铃木大拙全集》日文版第十一卷第139页）俳圣松尾芭蕉的作品禅意尤浓，如名句“蛙跃古池内，静潴传清响”（古池や蛙飛び込む水の音），写静中之动，寂中之音，艺术风格直逼王孟胜境。

本世纪以来，禅宗对西方（主要是英、美）诗歌也产生了一定影响。意象派诗人在翻译、摹仿中国古典诗歌和日本俳句时，对迥异于西方基督教传统的禅宗精神发生了浓厚兴趣。其中艾米·洛威尔（Amy Lowell）的诗作有时简直直抉禅家的神髓，《中国皮影戏》（Ombre Chinoise）使我们想起禅家常用的把人生视为傀儡戏的比喻，《落雪》（Falling Snow）更把我们带入永恒的空无的禅境中去：

雪在我耳边低语，
木屐在身后的雪地上
留下一串小窝。
可是没有人会顺着这条路
寻找我的足迹，
等寺庙的钟声再次敲响时，
足迹将被掩盖——而消逝。

这浓重的空漠感和含蓄的意蕴，隐然闪现着那“雪泥鸿爪”的著名比喻中的禅理。被美国“垮掉的一代”（Beat Generation）视为英雄的当代诗人史奈德（Gary Snyder），更是醉心于中国诗和禅宗的研究，他曾在日本寺里习禅九年，曾译百丈怀海语录，尤以译介寒山诗著名。其诗歌也力求用禅宗的思维方式构撰，追求“无言独化”的境界。在美国，热衷于在诗中表现禅意的诗人还可找出一些。他们理解的中国诗歌风格，主要是简净鲜明（澄澹精致）的禅趣禅味，这虽说明他们对中国诗歌的了解太少，但也足以反证禅宗对中国诗歌民族特征的形成具有重要作用。

诗禅相通乃是具有世界意义的文化现象，禅宗有中国禅和日本禅的区别，诗歌有五七言诗和俳句的不同，更不用说禅在西方诗歌中的移植、变异。我之所以把本书定名为《中国禅宗与诗歌》，一是因为书中没有涉及域外诗禅的关系问题，不敢僭称《禅与诗》或《诗与禅》；二是因为我真切地期待着学贯中西的学者能从比较文化、比较文学的角度进一步研究这一现象，而本书不过是引玉之砖而已。

后　记

近两年的惨淡经营终于告一段落，好像马拉松跑到终点，一阵轻松，更多的却是疲乏。鼓起余勇检点全书，竟有爽然若失之感，构思中预定的目标，很多并没有达到。诚如刘勰所说："方其搦翰，气倍辞前；暨乎篇成，半折心始。"（《文心雕龙·神思》）这才觉得，那终点不过是无止境的学术研究途中的一个小站，没有半点自我陶醉的理由。

长期以来，我在文学史教学和研究中，时常不可避免地遇到诗人与禅宗的关系问题。现有的文学史教材对此讳莫如深，或概言之曰受禅宗思想的消极影响云云。没有描述，没有分析，只有结论。如果只搞教学，尚可照本宣科，但一涉及研究，特别是唐宋诗歌研究，禅宗的影响便无法回避。我在探讨黄庭坚（个人）、江西诗派（流派）和宋诗（时代）艺术风格时，就深感离开诗禅关系的研究，很多诗学问题是难以深入下去的。

可喜的是，近年来人们已注意到这一点，也出现一些有关诗禅的论著。不过，这些论著有的只注意宏观的美学把握，有的只注意微观的诗人研究，尽管偏师取胜，精彩迭出，却仍有缺乏全方位出击的遗憾。而有的偏师甚至成了偏激，牵强附会，断章取义，带来理论上的混乱。这就是我之所以不避凑热闹、赶时髦之嫌（好心的师友有这样的担心）而写作此书的动机。

沉潜于诗禅世界之中后，我才发现其中竟有着极广阔的天地，并非只有毒草，也到处开放着鲜花。于是，我突然意识到，潜心诗禅研究的更重要的意义，乃是为了更好地认识中国传统文化，取其精华，弃其糟粕，面向世界，面向未来，创造属于我们时代的新的民族文化。此刻，窗外夜静静。从古老诗国的朦胧月色中走出来，现代都市的灯光正耀眼地闪烁。一切追求与答案，都在其中。

本书在写作过程中得到不少师友的关心、鼓励和指教，谨此向一切教诲和帮助过我的师友们致以诚挚的谢意！并向促成此书问世而付出宝贵时间和辛勤劳动的周定国、张美娣诸同志表示深切的感谢！

一九九一年六月二十八日作者识

重版说明

周裕锴教授所著《中国禅宗与诗歌》，1992 年由上海人民出版社出版，1994 年台湾丽文文化公司出了增订版（入选“两岸丛书”）。今再作若干修订，编入“周裕锴禅学书系”，由我社出版。

复旦大学出版社

2017 年 9 月

图书在版编目(CIP)数据

中国禅宗与诗歌/周裕锴著. —上海：复旦大学出版社，2017.10(2024.4 重印)
(周裕锴禅学书系)
ISBN 978-7-309-13097-3

Ⅰ. 中… Ⅱ. 周… Ⅲ. 禅宗-关系-诗歌-研究-中国 Ⅳ. ①B946.5②I207.22

中国版本图书馆 CIP 数据核字(2017)第 168254 号

中国禅宗与诗歌
周裕锴 著
责任编辑/王汝娟

复旦大学出版社有限公司出版发行
上海市国权路 579 号 邮编：200433
网址：fupnet@fudanpress.com http://www.fudanpress.com
门市零售：86-21-65102580 团体订购：86-21-65104505
出版部电话：86-21-65642845
浙江新华数码印务有限公司

开本 890 毫米×1240 毫米 1/32 印张 11.75 字数 271 千字
2017 年 10 月第 1 版
2024 年 4 月第 1 版第 3 次印刷

ISBN 978-7-309-13097-3/B · 615
定价：75.00 元